边角料书系

谢冕

著

人文讲演录

团结出版社

UNITY PRESS

·北京·

© 团结出版社，2025 年

图书在版编目（CIP）数据

谢冕人文讲演录 / 谢冕著 . -- 北京 : 团结出版社，
2025.3. -- ISBN 978-7-5234-1398-2

Ⅰ . C53

中国国家版本馆 CIP 数据核字第 2024P46Z63 号

特约策划：舒晋瑜
责任编辑：张振胜　王　哲
封面设计：阳洪燕　岳　琪

出　版：团结出版社
　　　　（北京市东城区东皇城根南街 84 号 邮编：100006）
电　话：（010）65228880 65244790（出版社）
　　　　（010）65238766 85113874 65133603（发行部）
　　　　（010）65133603（邮购）
网　址：http://www.tjpress.com
E-mail：zb65244790@vip.163.com
经　销：全国新华书店
印　装：三河市东方印刷有限公司

开　本：130mm×210mm　32 开
印　张：10.625　　　　　字　数：236 千字
版　次：2025 年 3 月 第 1 版　印　次：2025 年 3 月 第 1 次印刷

书　号：978-7-5234-1398-2
定　价：68.00 元
　　　　（版权所属，盗版必究）

代序：一个有趣的灵魂的浓缩和显影

舒晋瑜

《谢冕人文讲演录》即将出版了，这是诗坛、更是文学界的一件喜事，我们获得了另一种接近谢冕先生的方式，通过他的讲演，确切体悟他的纯粹和高尚，他的宽容和博爱。收录其中的文章，是他在北大、在安徽、在扬州……不同场合的讲演，他真切地表达自己对诗歌、文艺的感受和思考，表达自己对时代对民族的微言大义。阅读《谢冕人文讲演录》，我们不仅是在重新认识一位诗情激越、心灵纯洁的诗人，也是在认识一位谨严的诗评家，更是重新认识谢冕先生的艺术实践和诗歌精神的过程，这里不仅有声音、有场景，还是一个有趣的灵魂的浓缩和显影。

谢冕先生常说，自己用一生的时间只做了一个诗歌梦。一辈子只做文学，文学只做了诗歌，诗歌只做了新诗，新诗只做当代诗。

"一个人精力有限，除非像王国维、闻一多那样的天才，一般人一生能做的事很少。我认定，我的一生能做好一件事就是我的福分。这是北大教我的，后来我同样教给了我的学生：踏踏实实做一件事，争取在这个领域拥有发言权，这就要付出你的一生。前面我列举了中文系语言学上的许多权威，王力也好，朱德熙也好，魏建功也好，他们无不如此，为一种学问，付出毕生的努力。"（2017年9月7日北京大学中文系2017年度开学典礼上的致辞）

可是，在2018年10月16日在北大举行的"一生只做一件事：谢冕先生与中国百年新诗——《中国新诗史略》新书发布会"上，著名学者严家炎先生上台只说了一句话："谢冕先生不是一生只做一件事，而是做了很多事。"

他的幽默引起满席欢笑和热烈掌声。因为大家觉得，严先生说的也不无道理。

谢冕先生从小喜欢读诗、写诗。考入北大中文系，他参加了北大诗社，后来编《红楼》，是诗歌组组长。大三时，谢冕先生和孙绍振等一起写作《中国新诗发展概况》，这是他从诗人转变成一个研究者的重要转折。20世纪80年代，谢冕先生曾主持中国语言文学研究所，在研究所的名下成立了诗歌中心，编了几年的《诗探索》，"这些都是义工，不仅没有报酬，而且时常自掏腰包。"（2011年9月24日在"北京大学中坤诗歌基金建立五周年学术论坛"上的发言）

作为北大教育者，谢冕先生始终秉承学术自由、思想独立。他尊重每一个作家的自由创作，主张宽容。1980年5月7日，谢冕先生在《光明日报》发表《在新的崛起面前》，在诗歌界引起很大反响。他看了年轻人的诗歌，满心欢喜，知道这是诗歌的希望。诗歌界的泰斗人物对此都反对，但谢冕先生是按自己的感觉说话，认为应该写这样的文章。这也和北大的传统有关：讲究学术的独立，不受任何影响。文学的爱好与写作是多元的，不应固守一隅。

经过一百多年的历史考验，谢冕先生提出新诗和旧诗应该和解。从"新的崛起"到"百年和解"，他为近半个世纪的中国新诗的发展与变革划出了一条简约的脉络。

"新诗的确是展开了中华诗歌的新生面，它规避了古典诗歌那些与世隔绝的弊端，能够零距离地拥抱鲜活的现实生活。一种摆脱了格律约束的、接近于日常口语的自由的诗歌体式，空前地拉近了诗歌与社会变迁、日常生活的距离，于是它成为我们不可须臾脱离的表达思想情感的方式。"（2011 年 9 月 30 日在第三届中国诗歌节诗歌论坛上的发言）

在中国新诗发展的不同阶段，都有谢冕先生的创见和贡献。他热爱诗歌，一直关注着诗歌，不止一次地呼吁改变诗坛沉闷的现状，呼唤新诗回到公众生活，回到诗歌艺术的自身，回到诗性和诗美的建设性的、良性循环的状态：

在中国，诗歌如同往常那样，许多人在写，写得很多，但是很少有让人感动而且广为传诵的诗。也许"面朝大海，春暖花开"真的成了世纪的绝唱，从那时到现在，我们一直等待这样动情的诗歌，然而，奇迹没有发生，而我们依然等待。（2010 年 6 月 23 日，于北京大学中国新诗研究所）

他敏锐地捕捉着好诗，不论是寂寂无名的青年诗人还是底层的打工者。在《河南诗人》创刊一周年大会上的讲话（2011 年 6 月）中，谢冕先生曾朗声诵读《嵩山北部山上的栗树林》："让人沉默的是九月的栗树林／让人疼痛的是远离夏天的栗树林／月光下一群白鸟飞越／让人说不出话，让人感到无望的／是覆盖了整个山坡的风中的栗树林。"谢冕先生并不认识诗歌作者，尚不知作者是河南许昌一家医院的护士杜涯，却为诗人的疼痛、无望与悲伤深为感动；他喜欢陈年喜用生命写的诗，"我的中年裁下多少／他们的晚年就能延长多少"——陈年喜写了中年人的负担，这负担如此沉重，但是他没有滥情。

他为这些好诗没有被及时发现和推广感到惋惜，他希望诗歌能够表达时代的情绪，唤起更多的共鸣。一首《春江花月夜》，孤篇盖全唐。如果没有一个时代在支撑，怎么会有如此淋漓尽致的表达。所以他主张诗歌不能脱离时代，为当代写作就是为历史写作。

有些人老了，难免怀想过去，沉湎在过去的荣光里，或聚在一起兴致勃勃唱老歌。谢冕先生从不参加。

"我才不呢！"我总想起他说这话时倔强而天真的表情。他说："我的青春从中年开始，从今天开始。昨天不属于我，明天不可预测，未来不可预测，只有今天，珍惜今天，为今天干杯。"

"我才不呢！"这里有他对命运的不屈服，对过往的不介怀，更有他少年般的叛逆和纯真。世间万物，都只是短暂，唯有诗歌永远。好诗长存万世，它不会衰老，伴随着一代又一代人，在心灵中永存。愈是好诗，愈是永久，这是世上唯一能够永葆青春的不朽。"在我的一生当中，与诗歌的记忆相连的都是非常美好的，所以我说好像最后我们就剩下诗歌了，剩下诗歌就是剩下我们最大的财富，善良、爱心、悲悯、同情、宽广而伟大的爱，这就是我们人生的最高境界……与诗歌相关联的一切都非常美丽，与诗歌无关的一切可以忘记。"（2012年在首届南太湖诗会上的发言）

谢冕先生不喜欢唱老歌，不喜欢说旧事，也不喜欢絮絮叨叨。他喜爱"二十岁教授"的称呼，欣赏"老顽童"的谑称，但他不是浅薄的乐观主义者，因为他对世间的苦难早已洞彻于心。

多年来，我们在各种会议上有过交集，有过多次采访，并已经超越了普通的采访者和采访对象的关系。谢冕先生的豁达包容的人生观、幽默风趣的谈吐、坚韧不拔的品格总是带给周围人很多欢乐，他所到之处，总有热情的诗人追随，而他总是背着两手，像将军一样昂首挺胸。他的发言让人耳目一新，总能钻到听众心里去。集子中的很多文章，我曾亲耳聆听，如今见到文字，相当于重温了他几席发言。开篇《古典的压力》，是2005年10月25日首届中国诗歌节在马鞍山举办时谢冕先生在诗歌论坛的致辞，当时我也在场。

时间像无声的流水，倏忽已经过去二十年了。我至今记得他自信的神态、睿智的眼神、掷地有声的话语。从作于1975年3月18日的《关于散文》至今，这本《谢冕人文讲演录》涵盖了五十余年间谢冕先生在各种场合中的演讲，处处可见北大中文系的学术传统。从五四新文化运动的启蒙精神，到当代文学批评的前沿思考，谢冕先生始终站在学术的最前沿，以开放的胸襟拥抱各种思想潮流，同时又保持着清醒的批判意识；他既是中国文学传统的守护者，又是新思想的开拓者。这种双重身份使他的演讲既有历史的深度，又有时代的气息；他不仅以深厚的学术造诣滋养着一代代学子，更以独立的思想品格影响着文学界。

（作者系中华读书报总编助理）

目 录

一辑　诗与诗人

二辑　文艺与其他

三辑　北大与其他

一辑

诗与诗人

古典的压力

来到马鞍山，雨山湖有迷蒙的诗意，天是晴的，却总像有雨。那雨点是飘浮在空气中的，把周围的草地、花丛、树林都点染成了绿色的雨山。这个城市被浓浓的诗意包围着，还有那些红灯笼，垂挂在雨山的浓荫之中。诗意的马鞍山，诗意的江东，诗意的中国。2005 年 10 月 25 日，也就是大会召开的前一天，《皖江晚报》的头条标题就是《一座城市与诗歌的千年情缘》。一座城市能与诗歌结缘是一座城市的信服与光荣。

是的，马鞍山是一座不同凡响的诗歌的城市。自南齐著名的山水诗人谢朓开始，李白、白居易、贾岛、杜牧、苏轼等在这里留下了千余首名篇。这里的名单只是例举，宋代只举了苏轼，苏轼以后，我没有再举（昨天的开幕式上，省长还举了陆游），还留有近千年的悬念。我猜想，马鞍山能够吸引历代这么多诗人来此吟咏，一定是他们和我们一样，看到了这里一座座的雨的山，一阵阵的山的雨，如同我们一样地看到了浓荫覆盖着的诗意的城市。

有这么丰富的遗产应该是一件好事，但是，它也造成了无所不在的、历久不去的，而且愈是久远便愈是强大的压力。我把它叫作古典的压力。我曾在采石矶边走过，在浩瀚的长江边，那里岸边的岩石上有一只足印，朋友介绍说，那是李白留下的，他在那里水中捞月而死。从采石矶、从青山、从当涂、从马鞍山走过的，有数以百计伟大的、杰出的诗人。是他们在这片美丽的青山绿水间，在细雨蒙蒙中留下了他们的足迹，我们听得见他们千年绕梁的吟哦声。

昨晚的开幕式晚会，从《诗经》到陶渊明，从杜甫到杜牧，再从苏轼到陆游，支撑这台演出的，是伟大的古典诗歌不减的魅力。这些伟大的歌吟，千年以后，尚令那些童稚和老者为之倾心，这是怎样的一种力量？我想不光是诗人，而是所有的中国人，都会在这样的壮丽辉煌中感受到奇重无比的压力。我在马鞍山感到的，就是这样的压力——古典的压力。

晚会是精心编导的，整个过程充满了优雅、高贵的气氛。整台晚会是古典美丽的集中浓缩的显示，它向我们讲述，几千年来我们的民族是如何沐浴在这种由古典辉煌造就的诗意之中，它怎样铸造了我们的审美趣味、美学追求，而且最后铸造了我们的优美心灵！

2005 年 10 月 25 日，第一届中国诗歌节在
马鞍山召开，这是在诗歌论坛上的讲辞

每年这一天

每年这一天都是春暖花开的日子。今天下午我走过校园，那一片迎春花开满了星星一样的花朵——是迎春，不是连翘，许多人都把连翘当成了迎春，迎春花开得比连翘还要早。那迎春花，是一种迫不及待的灿烂辉煌！

这是一年一度的春暖花开的日子，一年一度的迎春花星星般点亮了校园的春天。走在校园里，想象着这是诗人在向我们报告春天的消息，心里有一种感动，有点怅惘又有点温暖的感动。

最早认识海子，那时他远未成名。我在他刻写的（或者是在他手抄的）小本子上读到了他的许多短诗，其中就有《亚洲铜》。那是20世纪80年代的某一天，海子那时还是北大法律系的学生。在我家，应该是在蔚秀园的那个公寓的五楼上。这是我和海子的第一次见面，一见面，就没有忘记他，没有忘记他这个人和他的《亚洲铜》。

他写着仅仅属于他的与众不同的诗。当大家都为朦胧诗的英雄理想情结所激动的时候，海子向我们展示了神奇的另一片陌生的天空。就在这首题为《亚洲铜》的诗里，他谈到屈原遗落在河边的白鞋子，谈到飞鸟和野花、海水、月亮还有死亡。这是一些全新的意象，随后，我们也认识并熟知了他的麦地，麦地尽头的村庄，村庄里的母亲和姐妹、村庄的空虚和寒冷。

海子是始终都在为春天歌唱的诗人。1989 年 3 月，他继1987 年、1988 年后，第三次修改写于三年前的《春天》这首诗：这是春天，这是最后的春天，我面对的春天，我就是它的鲜血和希望。《春天，十个海子》也许是他的绝笔，写于 1989年 3 月 14 日，那是凌晨三四点的时分：在春天，十个海子全部复活，在春天，野蛮而悲伤的海子，就剩下这一个——

> 这是黑夜的儿子，
> 沉浸于冬天，
> 倾心死亡
> 不能自拔，
> 热爱着空虚而寒冷的乡村

今天的会上我与郁文相遇，我们回忆了那个难忘的夏天，是他和阎月君携带海子遗诗交我保存。我知道这是骆一禾用他年轻的生命整理、保护，并郑重地托付他们两位的。我知道这批诗稿的分量。我记住了郁文和阎月君的深深的友情，记住了骆一禾和海子匆忙而辉煌的生命，记住了中国现代诗歌那悲哀而惨烈的一页。

最后一次和海子见面是在拉萨。是那个惨烈的夏天之前的一个夏天，我们相见在布达拉宫前面的一所房屋。随后，海子就开始了他在西藏的漫游。拉萨一别，我们再不见面，直至令人哀伤的消息传来。但是我们不会忘记他，春天也不会忘记他，他也没忘了在春暖花开的时节来与我们相聚。

那是 1992 年的春天，我在"批评家周末"主持了纪念海子逝世三周年的纪念会。我在致辞中说："时间是无声无息的流水，但这三年带给我们的不是遗忘。我们对海子的思念，似乎是时间愈久而愈深刻。"

1999 年，海子逝世十周年，崔卫平主编了一本叫作《不死的海子》的纪念文集，我写了序言。我说："作为过程，这诗人的一生过于短促了，他的才华来不及充分地展示便宣告结束是他的不幸。但他以让人惊心动魄的短暂而赢得人们久远的怀念，而且，愈是久远这种怀念便愈是殷切，却非所有诗人都能拥有的幸运。"这不能与他的猝然消逝无关，但却与这位诗人对于诗歌的贡献绝对有关。

一个诗人的一生不一定要写很多诗，有一些诗让人记住了就是诗人的幸运。海子的诗让我们记住了，他也就在我们的记忆中活着。让我们如同海子那样，热爱诗歌，热爱春天，作为年长的人，我还要加上一个：热爱生命！

2009 年 3 月 26 日，这是在北京大学第十届未名诗歌节暨海子逝世二十周年纪念会上的发言

长安遗韵

　　这里是古长安，这里是生长诗歌的都城，这里留下了中国历史上最杰出的一批诗人的足迹和声音。长安城里的大雁塔的屋檐下和阶梯旁，曲江边的开满鲜花的河岸，到处都飘散着唐诗的芬芳。渭水从长安的北边流过，沿河的柳枝依然摇曳着千年惜别的伤情。出了长安城，北行不远就是临潼，那里的华清宫的氤氲水汽中，依然弥漫着旷古的甜蜜与哀伤。从临潼往东走，潼关已隐约可见。"去年潼关破，妻子隔绝久。"[①]诗歌不觉间引导我们从大国的盛世来到了战乱的硝烟之中。

　　说到这里，我们还没有说从咸阳到宝鸡的这一段路程。从长安西行，第一站是咸阳，"咸阳二三月，宫柳黄金枝"[②]。而后是武功，附近有一个马嵬坡，在诗人的笔下描写得凄婉而缠绵的爱情故事，终于无奈地在这里留下一声悠长的叹息。过了武功，是扶风，是岐山，是凤翔，沿途到处都散落着唐诗的闪光的碎片。长安以及长安周遭的那些山川城郭，都被那些才华横

---

　　① 杜甫：《述怀》。

　　② 李白：《古风·咸阳二三月》。

溢的诗人们用美丽的诗句"定格"了。我们行走在八百里秦川，仿佛是行走在用灵感和想象力、瑰丽的色彩、动人的韵律所编织的诗的锦绣长廊之中。

那一时代在长安市上饮酒赋诗、在大雁塔上唱酬歌咏的诗人们，此刻已远离我们。但我们依然从他们的诗中看到了他们当年酒后的狂态，也看到了他们当年面对大自然的那份从容与闲适。但当他们面对人世的不公和压迫，也没忘了把这些不安的心迹和揭露的勇气保留在他们的诗中："朱门酒肉臭，路有冻死骨"[1]，"是岁江南旱，衢州人食人"[2]，这就是唐诗中愤怒与哀叹的一例。

有唐一代，诗分初、盛、中、晚，名家辈出，高峰迭起。他们为数众多，但却人各一面，个性鲜明，风格迥异。令人感动的是，当他们面对社稷安危、民生疾苦这些重大的题目时，却是这般心气相近，他们与万民的哀乐与共！

在西安我们感到了言说诗歌的困难。因为我们面对的是古典的辉煌。这种辉煌既使我们感到荣光，又给了我们压力。记得那年在马鞍山，是第一届的中国诗歌节，会议的第一个节目就是古典诗词的吟诵，当时就受到极大的震撼。后来我们到了当涂太白墓，到采石矶谒李白衣冠冢，在那里寻找过诗人浪漫的水中捞月的足迹。充盈在我们耳边的都是千年以前的声音。那时我联系当今我们的诗歌写作，就感到了沉重的"古典的

---

① 杜甫：《自京赴奉先县咏怀五百字》。
② 白居易：《轻肥》。

压力"①。

现在来到了唐诗的故乡，这种古典的压力几乎就是西安的空气。整个诗歌帝国的黄金时代，就这样无声无形地向我们压过来。作为后人，我们因自己的怯弱而无言。这种无所不在的古典的辉煌，涉及了伟大的时代和伟大的诗歌，涉及了诗人与时代之间的默契，它的伟大的灵感和表现力，它的自由、开放的姿态与民众的忧患息息相关。所谓的盛唐气象，乃是诗歌与时代高度完美融合的气象。在今日的西安，我们的耳边总不由得响起早已消失的月色和声音——

> 长安一片月，
> 万户捣衣声。②

这诗句用语平常，却是气势高远，雄浑壮阔。这说明，所谓的大国气象，或者说诗歌的大气，绝不是可以随意"造"出来的。它来自诗人的大视野、大境界。我们常慨叹当今是大国无大诗，我们的周遭充满了所谓的"个人化"的梦呓。因为我们的诗歌创作存在误区，我们太相信和太痴迷于所谓的"与世界接轨"了，我们自觉不自觉地按照世界性的"大师"的"范式"写诗，结果出来的作品，不过是在大师的重复中失去了自己。

相当多的诗人太过"自恋"，他们以为伟大的诗歌只能面

---

① 在马鞍山第一届中国诗歌节，作者发言的题目就是《古典的压力》。

② 李白：《子夜吴歌·秋歌》。

对自己。他们因为鄙弃昔日的"为政治服务"而拒绝社会和
大众,他们甚至对摩天楼的坍塌无动于衷。诗人的自私是诗歌
的羞耻。去年五月的大地震,广大诗人的投入为诗歌赢得了
声誉,中国的诗人以饱含血泪的声音,表达了他们的沉痛和哀
伤,那时的汶川是中国诗歌共同的主题。

较之当前文艺的轻薄时尚,较之舞台和屏幕上的无聊轻
浮,诗歌是相对严肃的。但是我们依然感到了匮乏,主要是缺
少厚重的作品。生当今日,风云世变,也许现今已不是莎士比
亚或拜伦的时代了,但是我们还是怀念惠特曼和聂鲁达那样的
大气磅礴。我们诗歌的格局与我们的大国地位不匹配。至少,
我们缺乏艾青的《向太阳》那样的激情和气势。

自我抚摩和无病呻吟的作品太多,生当和平年月,我们当
然不会排斥快乐和消闲,但不论何时,这些都不会是时代的主
潮。有位经常在电视屏幕上出现的学者警告我们:"谁有权力
对几亿人的快乐说不呢?"[①]当然谁也没有这个权力。同样,谁
也没有权力把文艺的功能仅仅锁定在"快乐"上。我们认定,
除了快乐,也许还有悲哀,还有忧患。如同唐代,写《秋兴八
首》的诗人,也写"三吏三别"[②]。

因为身临古长安,满耳都是唐代的声音和色彩,还有那一
代人的神采气韵,也深深记取他们的诗歌理想。生当当年,李
白尚且感叹:"王风委蔓草,战国多荆榛"[③],"正声何微茫,哀

---

① 见《解放日报》2009年5月1日第17版:《赵本山的"大舞台"》。

② 《秋兴八首》和"三吏三别"都是杜甫的作品。

③ 此句以后的引诗,均引自李白的《古风·大雅久不作》。

怨起骚人",何况我们?李白说,"自从建安来,绮丽不足珍",
他所期待于当世的,是有着建安风骨的"正声"。现在轮到我
们发出慨叹了:

大雅久不作,
吾衰竟谁陈!

2009 年 5 月 20 日于北京大学中国新诗研究
所,这是在第二届中国诗歌节(西安)上的讲话

这是一方福地

我们的会议开了整整一天半，外加一个晚上。共举行了两场老专家论坛、两场中年专家论坛、三场青年专家论坛，以及一个晚上的青年批评家联谊会——即青年圆桌会议，加上简短的开幕式和同样简短的闭幕式，共计十场会议。这是一个热烈、紧凑、讲究实效的会议。

会议的场次是王珂教授设计的，分老、中、青三类，青年中女性学者又单列专场。这种按照年龄段的区分，反映了当今诗歌研究业已形成的梯队的实况，是会议策划者的创意所在。而我却从中感到了另一番深意，那就是学术平等和彼此尊重。我在会场看到的是这样一种三代同堂的动人情景：老人依然年轻，中年已经成熟，青年充满活力。

这是事业兴旺的表征。三代人在一起开会，没有过去常见的那种非此即彼、剑拔弩张的对立情绪，而是消弭了代沟，平等对话。我们的会场始终弥漫着安详和睦的气氛，所有的谈话涉及了丰富的中国新诗史，从胡适、陈独秀到徐志摩、戴望舒，从闻一多、穆旦到北岛和海子，甚至是以往并不受到关注的快板诗和墙头诗，在这里都受到了公开且公平的评述。

历史受到了尊重。新的一代学者，已经不是以往常见的那种号称开天辟地的、目空一切的狂妄者，而拥有了一种训练有素的、笃定从容的姿态。对此，我感到欣慰。记得那年有一场诗会（我没在场，在座的章亚昕教授当时在场），曾经发生过一个"事件"，当时一位年轻人严辞责问郑敏先生："你那个闻一多和我们有什么关系？"此语一出，举座皆惊。

事过二十年，我们终于回到了问题的原点。我们的会议证实，闻一多不仅是"你"的，而且是"我们"的；不仅是一个"闻一多"和我们"有关系"，而是为新诗作出贡献的所有人，都和我们"有关系"。

记得当年，21世纪刚刚到来的时候，当时的我们对新世纪怀有热切的期待，我们希望以此为契机告别动荡的、充满了破坏性的时代，从此开始一个新的、建设性的时代。基于这样的动机，我们建立了诗歌论坛，每隔一年举行一次，先后在湖州、温州、玉林、海口举行过，至今已是第五届。这个讲坛旨在持续有效地讨论新诗的建设问题。现在，我们终于看到这个理想正在逐步变为现实——这次论坛的题旨就是明确的点题：新诗创作和研究的"技法"问题。

我们期待着从此告别无休止的"论战"和"批判"的思维，用我们热情的坚持，呼唤新诗回到公众生活，回到诗歌艺术的自身，回到诗性和诗美的建设性的、良性循环的状态，我们想借武夷山会议作出明确的宣告。

在此会议结束的时刻，我要代表全体的来宾，感谢福建师范大学的盛情接待，感谢汪文顶校长、郑家键院长以及王珂教授和他的团队的积极有效的工作！

现在，作为一个福建人，我要反客为主了。我要以主人的身份欢迎大家从祖国各地，还有岛由子来自友好邻邦——她不仅代表国际、代表日本，也代表北大，是"三个代表"——来到我的家乡。

福建是一方福地。它的将近一半的县名都含有祝福的意愿。今天，我要借用几秒钟的时间，向大家介绍这些代表着美好祝愿的地名，它们是——崇安、永安、同安、南安、诏安、福安、惠安、华安、安溪；福州、福清、福鼎；泰宁、周宁、寿宁、建宁、宁德、宁化、德化；永泰、永定；长泰、长乐；南靖，南平；政和、顺昌……福建气候温暖，山川秀丽，民心和顺，它以这种朴素的方式，岁岁年年为国家社稷、为苍生百姓，也为在座的所有朋友祈福。到过福建的人们有福了！

2009年8月18日于武夷山世纪桃源宾馆，这是第五届新世纪现代诗（武夷山）研讨会闭幕词

他影响了中国文学的新时代

袁可嘉先生在九叶派诗人中，素以理论著称，他被认为是这个诗人群体中始终高举理论精神旗帜的一位。当然九叶诗人当中，从事理论的不止袁可嘉先生一人，唐湜先生也以理论著称，但唐先生与袁先生不一样，他的诗歌创作没有被理论的成就所遮蔽，而袁先生的诗歌创作成就是被他的理论光辉遮蔽了。人们读九叶诗人当中的袁可嘉，从内心深处更愿意接受他作为理论家、批评家和翻译家这样的身份，而有意无意地忽略了他的创作。也许别人没有这样的看法，但至少在我内心曾是这样认为的。最近我认真读了袁可嘉先生的诗歌创作，我觉得我这个看法是偏颇的，袁先生的诗歌创作也是非常了不起的，我一会要用一点点时间讲一下我对他的诗歌创作的看法。我记得袁可嘉先生发表在 1948 年第 12 期《诗创造》上的《新诗戏剧化》这篇文章，读到这篇文章的时候，我还是个初中生，我理解不了袁先生的理论精神，以及他的"新诗戏剧化"对以后诗歌的发展所产生的深远影响，但是我从那时候开始就认定了袁可嘉先生的理论家的地位。

袁先生对英美文学的深刻的造诣是学界公认的。我知道袁先生毕生的经历贡献给了英美文学的介绍，他介绍英美诗歌到中国来，在英译汉方面，他先后系统地介绍了很多诗人如叶芝、彭斯、哈代、布莱克、米列等的诸多名作。袁先生从20世纪40年代开始就致力于理论和创作实践，鼓吹并推进中国新诗现代化，不遗余力地向国内学界介绍国外文学特别是诗歌潮流等。袁先生从理论到创作，全方位地覆盖。我们都怀念伟大的80年代。在20世纪80年代，袁先生是国内介绍外国诗歌流派最有力的一位。他以沉稳的作风、扎实的学风、低调的姿态，向国内介绍外国的诗歌创作和诗歌理论潮流。回顾那个年代，袁先生几乎就是一位站在新潮流前面的最勇敢、最睿智的先锋性的诗人和理论家。他主编的《欧美现代十大流派诗选》《现代主义文学研究》《外国现代派作品选》，著作的《现代派论·英美诗论》，这些简直就是现代主义新潮启蒙的经典性作品。以80年代我们对外国诗歌和外国理论的了解，袁先生所提供的这些文本几乎是圣经似的，影响了几代人，影响了整个中国文学的新时代。我想，不仅我个人，我们所有在80年代生活过的人都会感谢袁先生在这些方面所做的工作。我刚才说过，作为诗人的袁可嘉被理论遮蔽了，他的诗歌创作立意高远，意境空旷，而且诗韵极为精美。我读了袁先生的一些十四行诗，还有十二行诗，他对音韵和节奏的感悟，我觉得，我们现在一些不讲究诗韵的，不讲究诗歌音乐性的诗人，应该感到汗颜。我提议大家多研究一下袁先生诗歌的那种对音韵的讲究，那是非常让人感动的。

我现在想离开这些话，来谈谈我个人和袁先生的交往。我和九叶派诗人，除了穆旦先生没有来得及见面外，其他八位诗人，我都有过接触甚至较多的接触。我个人非常感谢九叶派诗人在80年代诗歌创作、诗歌理论方面所做的非常亲切的、非常友好的、非常温馨的一种支持，袁先生就是其中的一位。这些先生应该都是我的师长，但是后来由于接触多了，交流多了，就变成朋友了，所以我和九叶派的八位诗人几乎就是亦师亦友的关系。记得那时候我和艾青先生有一些误解，关系有一些紧张，因为我还不认识艾青先生，在袁可嘉先生、郑敏先生、陈敬容先生、曹辛之先生等的帮助和推动之下，完成了我和艾青先生的一次会面，而且这个会面是非常友好的。我想袁先生他们这种用心，是为了诗歌界形成一种非常和谐的气氛，能加深了解的一种气氛。我和袁先生的接触不仅是在与艾青先生的这个会面上，而且在曹辛之先生家里，在郑敏先生的家里，我们都有过非常好的接触，几乎是九叶诗派的很多聚会，他们都会邀请我参加。所以对袁先生这种作为老师也作为朋友的感情，我始终怀着一种非常感激的心情。

　　2009年10月31日，这是在"袁可嘉诗歌创作与诗歌理论研讨会"上的发言

奇迹没有发生

不知不觉，新世纪已经过了十年。动乱时世，不堪煎熬，岁月苦长。和平年月，声情并茂，人生恨短。记得十年前，我们满怀激情迎接新千年，有许多的憧憬，有许多的祝福，更有许多的期待。我们的期待是多方位的，首先是，期待着从此告别战乱，也告别"革命"。20 世纪有过两次世界大战，亿万生灵惨遭灭顶。20 世纪在中国还有过长达十年的"史无前例"，造成了永远的伤痛。

我们祈求，如同一位中国诗人祈求的那样：

> 我祈求炎夏有风，冬日少雨，
> 我祈求花开有红有紫；
> 我祈求爱情不受讥笑，
> 跌倒有人扶持；
> 我祈求同情心
> ……
> 我祈求
> 总有一天，再没有人

像我作这样的祈求。①

这位诗人深情呼唤在黑暗的岁月，那时，黑夜到了尽头，曙光尚未来临。过了一年，中国开始了新的梦境和追求。我们把希望和幻想带到了新的世纪。祝福春天，祝福鲜花，祝福绘画和音乐，作为诗人，我们更祝福诗歌。

已经过去的 20 世纪，为我们留下了辉煌的诗歌遗产。那些伟大的心灵，如同百花赶赴春天的约会，纷纷选择 19 世纪的最后时光来到世界：艾略特是 1888 年；阿赫玛托娃是 1889 年；茨维塔耶娃是 1892 年；艾吕雅是 1895 年；叶赛宁也是 1895 年；马雅可夫斯基是 1893 年；洛尔伽是 1898 年；博尔赫斯是 1899 年；来得晚些的是聂鲁达，是 1904 年；奥登是 1907 年；艾青最晚，是 1910 年，距今也整一百年了。他们都把最年轻的生命留在了 20 世纪，他们是那个世纪的骄傲。

中国新诗诞生于 20 世纪，它给那个世纪留下了可贵的诗歌遗产，那也是一个长长的名单。20 世纪的终结，21 世纪的开端，人们总有殷切的期待，期待着如同 20 世纪初期那样，从世界的各个方向，也从中国的各个方向，诗人们赶赴一个更为盛大的春天的约会。而奇迹没有发生。

在中国，诗歌如同往常那样，许多人在写，写得很多，但是很少有让人感动而且广为传诵的诗。也许"面朝大海，春暖花开"真的成了世纪的绝唱，从那时到现在，我们一直等待这

---

① 蔡其矫：《祈求》。

样动情的诗歌，然而，奇迹没有发生，而我们依然等待。

我们不等待别的，我们只等待诗歌。世上有很多诱惑我们的东西，但那些都不长久，财富有多寡，荣誉有隆替，地位有高低，却都是过眼烟云。就是最宝贵的生命，也都不会永存。世间万物，都只是短暂，唯有诗歌永远。好诗长存万世，它不会衰老，伴随着一代又一代人，在他们的心灵中永存。愈是好诗，愈是永久，这是世上唯一能够永葆青春的不朽。

我们一直在等待奇迹，我们对此深信不疑。现在只是新世纪的第一个十年。也许一切都如往常，都如19世纪最后十年那样，未来的伟大诗人，未来的"艾略特"，未来的"聂鲁达"，还有未来的"艾青"，他们已在20世纪90年代动身，正在赶赴新的一场春天的约会。

诗歌是做梦的事业，我们的工作是做梦。人们尽可以嘲笑一切，但是诗歌的美丽、高雅和神圣不可嘲笑。21世纪最初十年，灾难和恐怖不期而至，地震、海啸、形形色色的炸弹和坍塌。但我们依然怀有梦想，期待诗歌的奇迹出现。奇迹没有发生，我们还在等待。

　　2010年6月23日，于北京大学中国新诗研
究所，这是两岸四地第三届当代诗学论坛开幕词

他周围浓浓的书卷气

读屠岸先生的诗是很早的事，知道他是翻译家也是很早的事，至少是在我成了诗歌少年的时代。我也许是在当日的《诗创造》上，也许是在后来的《中国新诗》上知道屠岸这个名字的。那是 20 世纪 40 年代的下半叶，1947 年至 1949 年新中国成立之前的一段时间。那时我无缘拜识先生，只能是在书中"远望"和"仰望"着他。80 年代以后，诗歌界和学术界活动增多，这才有机会接近先生，这时则是"近望"（当然也仍然是"仰望"）了。

屠岸先生待人的诚恳、认真、周密、细致是大家都知道的，他对晚辈尤其平易，总是爱护有加。雍容儒雅是先生的"形"，谦和中正则是先生的"神"，在我的心目中，他是一位让人打内心敬畏的智慧长者。

我们对先生的敬重首先是因为他的人格精神，再就是由于他的博学多才。诗是他的专长，他的新诗最为人称道。先生于西学积蕴深厚，诗歌创作中对十四行体致力尤多。新诗而外，先生的旧诗功力遒劲，有《萱荫阁诗抄》传世。在新诗人中，他是为数不多的既写新诗又写旧诗的诗人之一，至于先生

（用常州话的）旧诗吟诵，已是业内一道漂亮的风景。屠岸先生还是一位杰出的翻译家，对莎士比亚和济慈的翻译，成就尤为卓著。此外，他还是戏剧评论家和编辑家，他的才华是多方面的。

先生祖籍江苏。江南人性情温和，先生更是忠厚长者。他文质彬彬，举止儒雅，即使是那些行止不羁的鲁莽者，在他面前也会变得慢声细语，断然不敢造次。先生待人谦和，对后学晚辈更是厚爱奖掖有加，我本人就时时得到先生默默的支持和帮助，而对他始终心怀感激。大家对屠岸先生的敬爱发自内心，总觉得他周围弥漫着让人心醉的浓浓的书卷气。一般的人总被他的学者风范所折服，往往难以觉察他的坚定和凝重，特别是刚正严厉的、毫不含糊的一面。

我常拿他和我同样敬重的牛汉先生相比，他们是互相敬重的亲密的朋友，但他们又是性格迥异的人。牛汉先生耿直、率性、正气凛然，有北方人的豪放甚至"粗砺"的一面。但是相识久了，就会发现牛汉先生的刚中有柔，他的温情和柔软的一面是深藏不露的。同样，屠岸先生则是柔中有刚，而他的刚，也是被他外显的柔所遮蔽了——他信守的人生准则是坚定的和"不可侵犯"的。这一点，建议大家阅读他的《生正逢时》的"尾声"，在那里，他对著名人物批评的锐利和严厉，可谓是与我们日常印象中的先生判若两人。

屠岸先生系名门之后，不仅家学深厚，而且家风纯正。先生铭记祖母的一句家训："胆欲大而心欲细，智欲圆而行欲方。"这充满哲理的警语，铸就了先生丰富充实的人生。我们由此知道，先生身上展现的精神气质，不仅代表智慧，而且代表尊严。

　　我和屠岸先生的交往，始于20世纪80年代。中国知识分子经过了"文革"以及各种政治运动的余震，面对着一场空前荒漠的文艺，彼此了解加深。不仅是文艺理想的接近，而且更是心灵的接近，大家不约而同地走到了一起。那时我们经常在有关的会议上见面，彼此声气相投，度过许多美丽的时光。除了这里说到的牛汉先生和屠岸先生，还有郑敏先生、邹荻帆先生和张志民先生，他们都是我的老师，又都是我的朋友。

　　　　2010年11月20日于北京大学，这是在首
　　都师大诗歌中心和《诗探索》举办的"屠岸诗歌
　　研讨会"上的发言

《河南诗人》创刊一周年大会上的讲话

　　各位好！很高兴接受邀请来这里一起庆祝《河南诗人》创刊一周年，这个会场非常隆重，省委宣传部的领导，河南文艺界、诗歌界各个机构的领导，还有河南的老中青三代诗人和我们一起来庆祝《河南诗人》创刊一周年。我和匡汉、思敬三个人长期在一起办《诗探索》，我们三个人都充当主编，但是我们也不容易凑在一起的，今天一起到这儿来了。我今天讲话可能要稍微长一点，因为有很多的感受需要跟大家汇报，也长不了太多，我怕占用大家的时间。

　　《河南诗人》我先前只是零星地读到几本，没有一个较为全面、细致的印象。昨天到房间看到全套六本，加上今年的一本，一共七本。初步阅读以后，我有了一个比较完整、全面的印象。我认识到这是一个大型的、全面的、有着自己明确的办刊宗旨和诗歌理想的一本刊物。它不是我们通常讲的官办的诗刊，但是它有准印号，这说明它得到了省委宣传部领导的首肯，但是它又是很独立的民办的刊物，这个身份是很特别的。

　　这本诗歌刊物由一个企业来出资经营，一群充满浪漫情趣的年轻人，由一个稍大一点的年轻人领导着来经营这个刊物。它没有编委会，也没有我们通常见到的邀请诗歌界的名人挂名充当编委。一开始是一个主编，另外有一个策划主管、一个运营总管，也就三个人。第七期时加上一个主编助理，也就四个人。它的几个部门都叫主管，叫采编部主管、美编部主管、摄影部主管、专题部主管，有四五个编辑。这些主管的身份又都是企业的高管。所以由企业来办，由企业高管来编，我觉得这个诗歌刊物的主编和编辑都是"双肩挑"，这给人很新颖的感觉。

杨志学组织我们一班人来到这里，说是要我们来看看郑州。郑州大名鼎鼎，我几次路过，都没有住下来仔细地看看，认真地看看。因为郑州离北京近，我觉得郑州这个地方要认真地看才行，所以一直保留到今天，杨志学一说，我们就一拍即合，我说我需要去看看郑州（关于这一点，一会儿我再讲）。我来到这里，才对刊物有一个印象，我比较全面地认识了《河南诗人》这个刊物，我觉得要是我不看郑州，就只看这个刊物也值得了，这就是我的一个印象。

退休以后，我好像比以前在岗的时候还忙了。现在是没有拘束，不用请假，到处乱跑，到处乱看，也到处乱发议论，当然都是诗歌方面的事情。跑得多了，看得多了，也就有了比较，也有了判断。这个比较和判断我是有自信的，所以今天的讲话，我首先肯定这个刊物。我要说的是：我现在看到的，是我所希望看到的。昨天晚上匡汉问我诗怎么样，我说我没有细读，不敢说，但我可以肯定的是，它的诗是经过精选的，应该说编辑和刊登的这些诗都是很严肃的。就它的策划、设计和总的办刊方向来谈，我是完全赞成的。我可以说，这是我的判断：这是一个有抱负、有理想、有自己追求的刊物。

首先引起我注意的是，主编杨炳麟先生为刊物所写的卷首语。他每期都写，每期都就诗歌的重大问题发表自己的意见。我抄了一些，念给大家听："诗歌应源自干净的心灵"，这是创刊号的标题；"好的诗歌内应该潜伏着一种勇气和力量，应该葆有操守和自觉"，这是一个话题；"贴近诗化思维的判断必须回到诗歌本体，精神层面的回归使诗歌具有了反倾销的力量……创作有精神气质的诗歌，首先要把技巧收起来，露出诗歌原有的本色……"这也是一个话题；"培养内心向上的空间"，这句话太重要了！再重复一遍："培养内心向上的空间，人类需要向好的情怀"，这很重要。"需要创立一个完整的精神谱系。面对文明的裂隙，需要一针一线地缝补。拯救的责任不是仅握于超人之手，我们有责任警惕品质之死。""走出一个缺失公正的怪圈"，"我反对不担责任"。——这句话也很重要："我反对不担责任！""不论愿意与否，诗或诗人的命运都紧系于时代，诗人应身处时代之先。"——在时代的前面。

我对这个主编很感兴趣，就想打听一下主编的文化背景，但没有打听到。今天早上我正在喝咖啡，杨炳麟来了，我就问了一下，我知道了他的文化背景，我也知道他出身于农村。但是我要说，杨炳麟先生的那些话，都是非常专业的。他不仅是一个非常优秀的组织者，优秀的诗人，而且是一个优秀的理论工作者。而理论工作比起写诗来似乎还要困难，他看到的是全局，是根本。这是我想讲的阅读的感受。

刚才杨炳麟已介绍了刊物的特点，首先是卷首语。我也当过主编，我就没有这么勤快过，我希望杨炳麟把他的卷首语坚持写下去，将来出一本书。卷首语我就不讲了，讲讲"窗外"吧。"窗外"现在的七期是由两位女士来写，一位女士叫刘絮冰、一位女士是纪梅，已经写了米沃什、写了阿赫玛托娃、写了里尔克、写了狄金森……我注意看了一下，好像缺了一两期，很遗憾，我希望每期都有。像纪梅、刘絮冰这样的这么年轻的女性，写外国诗歌理论，这非常不容易，也非常异见。下面要做的是阿拉贡、是聂鲁达、是普希金……多着呢！我希望坚持下去。"在场"，远洋写了"在场"，谷禾也有"在场"，"在场"是非常在场的！很靠近现实的，这个栏目很好。还有"红粉茶楼"，这个是很时尚的，都是一些魅力女性在那和我们谈论诗歌，让人眼花缭乱。"诗歌表情"，那真是一个很严肃、很美丽的表情，翟永明和好几个诗人都露面过。还有旧体诗，创刊号登有陈有才的几十首民歌，都是七言体的。

昨天陈有才见了我，说我反对七言体的民歌，我想不起来这个反对。陈有才我们见面的时候不多，大概是在朦胧诗争论非常激烈的时候见过。我没有反对过民歌，要是我有保留的话，可能对古典形式的所谓"古新体"有所保留。我觉得你要写古体诗，就按照古代的规矩来写，我没反对。所以呢，陈有才先生，你的诗我读了，我还找出了好的句子来，你看："母亲就在油灯下，夜半为我补童年。"多漂亮的诗句啊！夜半不是补破衣服，而是"补童年"。还有，他在山间见到几只鸟，他说："它用京腔告诉我，剩下秋色咱俩分。"这也是非常好的句子！所以匡汉和思敬能够为我证明，杨晓民也能够为我证明：我不反对民歌体，我从来都是主张"好诗主义"的。可能朦胧诗的时候有些例外，那时候我要站在现代主义这一边，来反对诗歌一体化、诗歌大一统，来反对那些编辑们的偏见，那个时候的我有一点被妖魔化。

后来思敬可以为我证明：《诗探索》创刊三十周年，我写了一篇短文，我说《诗探索》这个刊物，不是为哪一个流派张扬的，我希望我们能够有包容性。我下面会讲到这一点。所以我只主张好诗，诗人不要老谈一些主义，要多写些好诗，这就是我在三十年的慢慢的进步中所总结出来的一点东西。

总之，这些好的栏目，我们要坚持下去，包括旧体诗，包括民歌体。得到的印象是什么？得到的印象是，刚才诗歌界的几位朋友说过了，我现在说一下，《河南诗人》是大家的，是包容的，是多样的，因而它也是和谐的。我看到的是，这里没有门户之见，没有派别之争，这里也没有新旧之分。这就是我昨天晚上喝酒之余，今天早上早一点起来思考之余得到的一个印象。

我下面谈谈河南。我刚才讲了，郑州是我要郑重访问的地方。大家知道，郑州的东边是开封，我看了地图，开封我没去过，大概是不到一百公里；郑州的西边是洛阳，大概也是不到一百公里。这些地方是中原腹地，我很郑重地留下来，要郑重地访问。河南的北边，我到过安阳。安阳我去过两次。那个地方，丰富就不用说了。我到过西安，我说那是唐诗的碎片。到了安阳，我说，那是《诗经》的碎片啊！那个地面底下挖起来，那不是秦汉，不是宋元，更不是明清啊！在安阳，那是殷商周……那都是非常远古的。我走了安阳，南阳我是更早地走过了。南阳比起安阳要年轻一点吧，但那也是诸葛亮呀！是三国呀！所以，我郑重地留下来，要把郑州、开封和洛阳留下来慢慢地享受。

河南的诗人，我认识得太多了，刚才讲的陈有才，还有没到会的陆健、蓝蓝、王怀让等，多得很，我就不一一讲了。我要说两位前辈，一位是苏金伞先生，一位是青勃先生。苏先生，我很遗憾，没有和他见过面，但是我和他有过间接的对话，是通过蓝蓝。苏先生在医院中对蓝蓝表扬我，他说谢冕是懂诗的。这句话就够了，他这么肯定我，就够了。我不会写诗，但我真懂得一些诗。我读懂了苏先生的《埋葬了的爱情》，我写了一个读后心得，大概苏先生看到了。我特别感动的是它短短的后记。86 岁高龄，为了年轻时代的一个没有完成的爱情，他说："当时我出于羞怯没有亲她，一直遗恨至今……"这就是人性的光辉吧！他让我感动。大概就是在我写了那个读后感以后，苏先生表扬了我。

苏先生的诗我以前也读了一些，特别感动我的是一首《我不知道她的名字》。一个小女孩，大概是一个大学生，苏先生把她看作外孙女。我知道苏先生没有儿子，有好几个女儿，这个孩子应该是他女儿的女儿吧。他劝这个孩子赶快回家："我想拽住她的胳膊，把她扶回家中，她流满泪水的青春的脸，多么使我心痛……"一样的是爱护后代的人性的光辉。这首诗四年以后发表在《诗刊》上，细节我就不讲了。总之，苏先生的诗让我感动，让我想起苏先生非常伟大的人格。青勃先生也是前辈。当时唐晓渡在，我们一起登的黄山。回来以后，青勃先生寄给我一本诗集，后来，他就离开我们了。这就是河南的诗人，让我怀念的河南诗人，让我尊敬的河南诗人。

明天主人邀我们访问嵩山，我怀念《嵩山北部山上的栗树林》："让人沉默的是九月的栗树林。/让人疼痛的是远离夏天的栗树林。/月光下一群白鸟飞越，/让人说不出话，让人感到无望的/是覆盖了整个山坡的风中的栗树林。"这是河南的一位年轻诗人写的诗，十几二十年前，我不认识这位诗人的时候，我读到了这首诗，我就为之感动。谁是研究音乐的，可以去读读这首诗歌当中的那种节奏感、那种音乐性，那种自由诗中体现的韵律，当然，还有她的疼痛感和她的无望，那种悲伤心情。这就是河南的年轻一代的诗人。我不知道我讲了多久了，那就讲到这儿吧！用这些话来祝贺《河南诗人》创刊一周年。

这是在《河南诗人》创刊一周年大会上的讲话

我也有一个梦想

今天的聚会来了很多朋友。他们来自国内和世界各地，张默先生来自台湾，最远的来自冰岛。冰岛属于北欧，是最遥远的靠近北极圈的北欧。在大西洋汹涌波涛中的冰岛，它的东边穿越挪威海峡和巴伦支海峡是欧洲大陆，它的西边接近格陵兰岛就是美洲大陆了。遍地都是冰川、雪山和温泉的冰岛，它的澄澈、透明以及地热蒸发的温情，足以使全世界的朋友对它心存感激。感谢这些近道和远道地前来参加我们会议的朋友们！

我为今天的聚会写了一篇简短的欢迎词，原先想用"我有一个梦想"做题目。后来觉得不妥，因为《我有一个梦想》是美国伟大的马丁·路德·金著名的讲演的题目，我不敢僭用这个题目。尽管我加了一个"也"字，但仍然不敢接近他灼人的光芒。人生说到底都是为寻梦而来，伟大的人有伟大的梦，平常的人有平常的梦。人们总是拒绝噩梦，而且总是彼此祝福天天做个好梦。做梦的权利属于金，也属于我，原是属于大家的。想到这里，我的内心也就释然。

借此机会，我想说说我自己。我用一生的时间只做了一个诗歌梦。孩提时节，我在南方的夏夜，背诵过杜牧的"银烛秋光冷画屏，轻罗小扇扑流萤"①。少年无知，乱写新诗，精品绝无，倒是留下了"一地鸡毛"。及至少长，发现那时代不适于诗，于是自觉"封笔"。但是痴心成梦，毕竟心有不甘，作诗不成，转而读诗。从那时起，读古今中外的诗，也读今天到会的朋友的诗。我的梦想就是为诗歌做点事。我想，我的同事孙玉石、洪子诚、张剑福、骆英等各位先生，也和我一样怀有为诗歌做点事的小小的愿望。

有了梦想，实行起来却是千般万般的难。记得20世纪80年代，我曾主持过一个叫作中国语言文学研究所的机构，我不做文学，也不做语言，私下里只想做诗歌。我在研究所的名下"非法地"（因为未曾正式批准）成立了一个诗歌中心。一台光明牌的文字处理机，加上一个长期在北大周边"游走"的年轻人，开了几次会，编了几年的《诗探索》。这些都是义工，不仅没有报酬，而且时常自掏腰包。因为没有办公场所，也没有经费，过了不久，也就"梦断燕园"了。

这就到了我们今天的会议。七年前，从天降下来一位贵人，此人就是今天到会的骆英。关于骆英，我已经在不同的几个场合谈到他了，今天与会的也多是熟人，也都知道的，此处就省略了。骆英的出现的确在我的眼前出现了一线光明。在他的支持下，七年前我们成立了新诗研究所，五年前建立了中坤诗歌基金，一年前在原有的基础上，成立了中国诗歌研究院。骆英为此投入了大量的财力和精力。这位我当年的学生，这位

---

① 杜牧：《七夕》。

与我同样做着诗歌梦的诗人，由于他的出现，我不再"梦断燕园"，而是得以"梦想成真"。

比起那些叱咤风云的人物，我们的工作是微不足道的，我们只是以平常心，做平常事，如前所说，梦也是平常梦。我经常感慨，人生苦短，除了那些为数不多的杰出人物，大多数人的一生只能做一两件有意义的事。即使是这一两件事，如我曾经怀有的诗歌梦想，要没有时代的机缘和外力的支持，其结果也可能永远只是梦想而难以成真。

因为是在北大说到了梦，又说到了诗歌。我顿然想起在《野草》里写到诸多梦境的鲁迅先生。《野草》的《一觉》也许是先生梦醒之后的感慨。那天先生记起在北大的教员预备室，有位学生送给他《浅草》，他为这青年的赠品而欣悦，他谈到了《浅草》之后的《沉钟》："那《沉钟》就在这风沙澒洞中，深深地在人海的底里寂寞地鸣动。"先生说："我爱这些流血和隐痛的魂灵，因为我觉得是在人间，是在人间活着。"①

这是《一觉》的结尾文字，我读后有悄悄的，也是深深的感动：

> 在编校中夕阳居然西下，灯火给我接续的光。各样的青春在眼前一一驰去了，身外但有昏黄环绕。我疲劳着，捏着纸烟，在无名的思想中静静地合了眼睛，看见很长的梦。然而惊觉，身外也还是环绕着昏

---

① 鲁迅：《野草·一觉》，《鲁迅全集（二）》，第 211–212 页，北京：人民文学出版社，1959 年。

黄；烟篆在不动的空气中飞升，如几片小小夏云，徐
徐幻出无名的形象。①

编《浅草》和《沉钟》的人中，有当年的冯至。先生怀念
的和感慨的"驰去的青春"以及被昏黄环绕着的"很长的梦"，
应该是在怀想北大的年轻诗人，以及中国诗歌的未来吧！

> 2011 年 9 月 24 日于北京大学，这是在北京
> 大学中国新诗研究所举办的"北京大学中坤诗歌
> 基金建立五周年学术论坛"上的发言

---

① 鲁迅：《野草·一觉》，《鲁迅全集（二）》，第 211–212 页，北京：人民文学
出版社，1959 年。

那些空灵铸就了永恒

唯有精神久远

李白说："屈平辞赋悬日月，楚王台榭空山丘。"[①] 他是说，即使是贵为天子的显赫与威仪，也是短暂的，而屈原的诗歌与日月同在。他说了这些话，感到意犹未尽，更强调说，"功名富贵若长在，汉水亦应西北流"。李白的话是对的，世上的一切，包括人们非常看重的荣华利禄，也都只是过眼烟云。能称得上是永远的也许唯有他的酒，以及酒造就的他的诗，和诗造就的人类高贵的精神和充满幻想的诗意世界。

我曾几次沿着唐诗的长廊前行。有时是从古长安出发，有时是从兰州出发，经八百里秦川，或是漫长的河西走廊，想象着当年在长安市上放浪形骸的那些诗酒的精灵们，迷醉于他们沿路撒下的芬芳华美的诗歌的吉光片羽。武威过后是张掖，酒泉过后是玉门，往后是安西和敦煌。从敦煌再往前走，就是那

---

① 李白：《江上吟》。

时的西域了。闺中望月的缠绵，醉卧沙场的壮怀，大戈壁的烽燧依稀可辨，心中默诵的是当时气象万千的诗句："长风几万里，吹度玉门关"，"劝君更尽一杯酒，西出阳关无故人"，"羌笛何须怨杨柳，春风不度玉门关"①，此时想起了诗中的玉门关和阳关，竟是无限的沉醉。

那日黄昏时节到达敦煌。三危山屹立苍穹，如一尊巨大的佛像，接受四方香客的朝拜。这里是沙洲遗址，这里是沙枣墩遗址，这里是日渐浅涸的月牙泉，这里是驼铃叮当的丝绸古道，可是那些诱发美丽诗句的阳关和玉门关却是湮没不存了。对着茫茫沙碛，但见一只鹰在天际寂寞地盘旋。

学者和诗人毕竟不同，学者会用平静的口吻讲述那历史的沧桑："敦煌、阳关、玉门关及丝路通流之盛，去今千年以远。昔时故迹，或隐或没；古人亲见，今多茫然。"②考古学家和敦煌学家们认为古迹的湮没是自然之理，他们几乎摒除了所有情感的缠绕，用近于"无动于衷"的语气讲述那无情的迁徙和消失："不唯现在的玉门县城不能认为即太初以前的玉门关，就是汉玉门县城也不是汉代太初以前的玉门关。"③

那么，旧时那些引发诗人千古兴叹和寄托征人万里乡思的古塞雄关在哪里？我们应向何处寻觅它们的踪迹？时间告诉我

---

① 以上引用的诗句，按顺序分别引自：李白的《关山月》、王维的《送元二使安西》以及王之涣的《凉州词》。

② 李正宇：《敦煌、阳关、玉门关论文选萃·序》，兰州：甘肃人民出版社，2003年8月。

③ 劳干：《两关遗址考》。见纪忠元、纪永元主编：《敦煌、阳关、玉门关论文选萃》第92页，兰州：甘肃人民出版社，2003年8月。

们，持久和永恒的并不是人们通常看重的那些，甚至也不是此刻牵萦着我们心灵的地表上的留存。那一切，都随着岁月的流逝而消弭在历史的风烟之中了，正如此刻我们寻觅玉门关和阳关而无所获一样。而诗歌证实了李白的断言。奇迹是诗人创造的。那些在历史的风烟中隐匿和消失的，却令人惊喜地因诗人的锦心绣口而永存。

现在不是诗人向历史学家求证和寻觅，而是反过来，是学者向着诗人求援了。当学者在现实的地图上找不到两关的迁徙痕迹时，是诗歌向他们伸出了援助的手。这里有一个实例。考古学家考证唐开元天宝时玉门关的位置，认为应当是与贞观时相同的。他引用的不是文化的遗存，也不是史籍和文献，竟是岑参的《玉门关盖将军歌》《玉门关寄长安主簿》和《苜蓿烽寄家人》这些"史（诗）料"。

诗人的作品为考古学家的论证提供了关于时间、人物、地貌、节庆和具体场景，甚至时代氛围以有力的"实证"。下面引用的还是岑参的诗篇《敦煌太守后庭歌》：

城头月出星满天，曲房置酒张锦筵。
美人红妆色正鲜，侧垂高髻插金钿。
醉坐藏钩红烛前，不知钩在若个边。

学者依据诗中描写的情景考据：自苜蓿烽而去，便至敦煌。城头月出时的宴会，应当是上半夜月在上弦的时候。即应当是在正月十五以前。藏钩行酒，是当时岁腊的风俗，时方犹是新年。春酒送钩也应是新春的宴饮。"所以岑参的路，是从现在安西附近，即玄奘所出的玉门关西行，正月初一沿葫芦河过苜蓿烽，正月十五以前到敦煌。现在从安西到敦煌，仍有沿河走的路。——所以贞观到天宝，玉门关未换位置。"[1] 这就是说，物质的玉门关消失了，而精神的玉门关却跨越时空，奇迹般地在我们的心灵中永存。

上面举的那例子，只涉及中华诗词魅力和创造性中很小的，甚至是很不重要的部分。诗歌毕竟不是历史，也不是天文和地理，它提供的主要不是"实有"，而是"虚有"，是精神和气韵。常识告知我们，诗歌是属于心灵的，它的实质和旨归是人们的精神和想象。诗歌会神奇地改变一切。所有的眼前景、身外物，在它那里终将化为恒久的心中情。正是由于它是并非"实有"的"空灵"，于是它能与日月同寿而归于永恒。当然，我们此刻是就诗中的优秀者或杰出者而言，而不涉及那些平庸的作品。平庸的作品不会久远。

伟大诗歌源流

我们为中华诗词自豪。因为它给了我们以智慧，而且更给了我们一颗世代相传的浪漫的诗心。中华诗词铸就了中华民族的灵魂，它使我们擅于幻想，使我们在精神生活中拥有高雅的情趣和隽永的韵致。我们的孩子很小的时候就受到这些诗词的

① 劳干：《两关遗址考》。原载中央研究院历史语言研究所集刊，11 本，第287–296 页。转引自纪忠元、纪永元主编《敦煌、阳关、玉门关论文选萃》，第91–97 页，兰州：甘肃人民出版社，2003 年 8 月。

熏陶和感化，诗歌是他们想象力和智慧的启蒙。当他们并不识字的时候，中华传统的歌谣就通过母亲或祖母的口，传到了他们童稚的心田。

稍后就是李白他们了。中国的孩子很早就学会想象天上的月华——不是天文学上的月球——而是诗歌世界中的天上宫阙、千里外的婵娟、白玉盘、与我共舞的诗性的天边月圆，是如霜、似水漂浮在春江之上，照着花林、照着流水的，让人想家的故乡明月。我们的孩子很早就学会了诗意的幻想。他们的天空是开阔的，也是空灵的和浪漫的。中华诗词哺育和滋养了中华民族一代又一代的子孙，这些诗词融入了我们的血脉，开启了我们的幻想的窗口。

诗词把大自然人性化了，它使我们具有了一种天然的对于自然风物的心领神会，我们几乎是与生俱来地能够用审美的、诗性的目光，审视我们拥有的和想象的一切，从而灵动地、潇洒地，同时更是飘逸地感受和体验那些空灵的世界。其实用不着别人的启示，我们几乎会"无师自通"地从乍放的柳芽中想象那把巧夺天工的无形的"剪刀"[1]；我们也能在迷蒙于有无之间的草色中，感受到季节悄然的转换[2]；至少在一千年之前，我们的诗人就教我们用超功利的目光领略和欣赏春天的江、江上的月、月光里飘散的淡淡的雾，从而发出悠长的叩问：

---

[1] 贺知章：《咏柳》："碧玉妆成一树高，万条垂下绿丝绦。不知细叶谁裁出，二月春风似剪刀。"

[2] 韩愈：《初春小雨》："天街小雨润如酥，草色遥看近却无。最是一年春好处，绝胜烟柳满皇都。"

> 江畔何人初见月，
> 江月何年初照人？ ①

诗歌培养了我们优美的心灵、高雅的情操，使我们即使
面对极度的艰难，也能把那一切的困苦转化为优美和雍容。杰
出的诗歌不仅诗化了我们的人生，而且健全了我们民族的心
智，它的影响贯穿中华民族的全部历史。事情也许不是从李白
他们开始，而是更早，也不仅是先秦，甚至在上古，我们有长
达几千年的完整的诗史。在最早的《击壤歌》那里，我们就听
见了我们的先民无羁、洒脱、自由而浪漫的内心召唤。②此诗
表明古代的士大夫和今日知识者的"清高"，或者对于权力的
警觉与疏离，其自有源。

《诗经》是中国最早的一部诗歌总集，它的年代大约是商
末周初至春秋中叶之间③，至少也是距今三千年的作品。把诗推
到极为隆崇的地位而被视为"经"书，也许是中国所仅有④，也
是中国诗歌的骄傲。问题不在于统治者和民间的重视，更在于
它一出现便是惊人的完整和成熟。《诗经》的开始就意味着完
成（当然是经过后人的"删削"），它建立并宣告了一个诗歌体

---

① 张若虚：《春江花月夜》。

② 《击壤歌》："日出而作，日入而息，凿井而饮，耕田而食。帝力于我何有哉！"

③ 商朝帝辛（纣）是公元前 1075 年，周朝武王（姬发）是公元前 1040 年；春
秋中叶大约是公元前 246 年。

④ 《圣经·旧约》中有"诗篇"，但那是经中之诗。

系的诞生：在诗歌的性质与功能上是"风、雅、颂"并备，在诗歌的艺术与技巧上是"赋、比、兴"俱存。

而《诗经》的意义，远不止于诗歌原则的建树，历来对于《诗经》的评价，都远远地超出了单纯的审美范畴。它被认为是一部"经夫妇、成孝敬、厚人伦、美教化、移风俗"[①]的全能的教典。在古代，《诗经》的功能远不止于艺术的和审美的，它是一种全面的教化。孔子教导他的学生们："小子何莫学夫诗？诗，可以兴，可以观，可以群，可以怨。迩之事父，远之事君；多识于鸟兽草木之名。"[②]在当时人们的心目中，这些诗教不仅在于审美，更在于"实用"，孔子说："诵诗三百，授之以政，不达；使于四方，不能专对，虽多，亦奚以为？"[③]

《诗经》成为"经书"而与《礼记》《左传》《大学》《论语》等并列成为中华文明的经典，是由于它最早就形成"乐而不过于淫，哀而不及于伤"的诗性准则，它承载了中华文明的精髓。《诗经》是中华诗情的源头，对后世的诗歌有着深远的影响。它给了我们最早的诗歌创作典范，即一种全面的由审美进入而达于优化人生的诗歌准则，是一种始于诗性而达于诗教的古代诗歌理念。迄今为止，它依然是中华诗词的灵魂和根本。

《诗经》是向我们全面展示诗歌魅力的集大成者。无论是从抒情或叙事的角度，也无论是从批判或颂扬的角度，它都是

---

① 《毛诗序》。引自郭绍虞主编：《中国历代文论选》（上册），第44页，上海：中华书局，1962年1月。

② 《论语·阳货》。

③ 《论语·子路》。

无可企及的典范。对于战乱的忧思，对于和平的向往，特别是对于人间温暖的缅怀，对于四时风景的咏叹，都为中华民族的优美情操注入了永恒的活力。

> 昔我往矣，杨柳依依。
> 今我来思，雨雪霏霏。
> 行道迟迟，载渴载饥。
> 我心伤悲，莫知我哀。①

《采薇》是征人劳顿思乡的哀歌，吟唱于艰危极重之时，令人震惊的是，这些劳卒的哀伤心情此刻却由于"依依杨柳"和"霏霏雨雪"的"好心情"的"嵌入"而得到了释放。这种近于"奢侈"的审美（对于悲哀）的介入，在提醒我们一种适当的诗的情感姿态。要是只热衷于"言说"而忘记这种"描写"，那么再动人的至情的表达也无从说起。而正是《采薇》一类诗歌的抒情所给予我们的宝贵启示。

《诗经》是产生于中国北方的诗歌结集，它成为上古中国自民间直抵庙堂的美刺之音的空前集结。《诗经》思想境界高远，艺术积淀深厚，四言短句，吟咏再三，回环重叠，蔚为奇观。可以说，"诗三百"美轮美奂的资质之为后世所追崇，其恒久的盛况是空前，也可以说是因其"不见来者"而绝后的。历代都不乏对《诗经》篇章的颂扬的言说。《邶风·燕燕》被

---

① 《诗经·小雅·采薇》。

崇为"万古送别之祖"①，《小雅·采薇》被赞为："历汉魏南朝至唐，屡见诗人追慕，而终有弗逮。"②

中华诗歌在南方的崛起，是由一位伟大诗人宣告的。这就是本文开头引用李白诗中讲的"屈平辞赋"的创作者。要是说《诗经》代表的是以民歌为主体的群体的歌吟，那么，屈原的出现，则宣告了作为个体的诗人写作时代的到来。正如《诗经》是不可替代的一样，屈原所代表楚辞也是不可替代的。屈原充分个性化的诗歌，融君国与个人的忧思于一体，开启了整整一个时代的灵智。屈原创造了一个艺术个性异常鲜明突出的诗人形象，哀郢怀沙，香草美人，奇诡华艳，温雅皎朗。

个性突出的诗人的出现，标志着中华诗歌一个（由群体吟咏到诗人创作）新的时代的到来。北方—南方，群体—个人，歌谣—诗人创作，从自然推进到全面展开，从初始到成熟，中华诗歌就是这样一路经历曲折而健康地行进着。它有惊人的自我调节并自我完成的平衡力，它以绵延不断的后续的奇迹而成为一个古老的诗歌传奇。

一代又一代的诗人沿着屈原开辟的道路，独立而自信地创造着、延续着、展开着。自此而后，诗有魏晋汉唐之盛，词有豪放婉约之分，由此进入元、明，乃至清，以诗词的繁华鼎盛，挺进于日益隆盛的叙事作品之中。这些"侵入"叙事和戏剧的对话与情节乃至细节的诗词曲赋的碎片，如星月点缀了中

① 王士禛：《分甘余话》。

② 陈子展：《诗经直解》，卷十六，第543页，上海：复旦大学出版社，1983年10月。

国近代文学的华彩。中华诗词因之也在所有的文学中永存。

历史抉择与内心隐痛

至于现代文学中白话新诗的出现，毫无疑问，这一场划时代的诗歌革命，它酝酿甚久，并非一时冲动的行为。这只要查看自黄遵宪、梁启超到陈独秀、胡适的一些关于文学改良和文学革命的文献即可明白。这是经过深思熟虑的一种历史性的抉择。

白话新诗的创意是以西洋诗歌为模本，更以数千年的古典诗歌为"假想敌"，必欲去尽千年诗史的繁华锦绣，使之洗尽铅华，抛却隽永之神韵，摈弃铿锵之节律，由贵族返至平民，由台阁回归俚俗的义无反顾的行为。从黄遵宪的"我手写我口"到胡适的"要须作诗如作文"，他们当年的目标，是要对美轮美奂的中华诗歌传统来一个大的手术，务求去其"文饰"而返回自然素朴。这个弃取的过程的确造成了中国几代人的内心隐痛。

这一切，发生在鸦片战争之后、戊戌维新之间，最后完成于五四新文化运动中。新诗革命的缘起与当时的国势衰微、变革图新有关。改革诗歌旨在改变诗歌的与世隔绝状态，使诗歌能够与社会进步、民智开发、民众的日常生活——传达新思想、引进新思维、表达新情感——保持最密切的联系，最终有益于强国新民这一宏大的目标。是故，白话新诗的诞生及其命运不是一个单独的举措，而是与改变国运与中国的社会更新这一重大事件联系在一起的。

我们的确为此付出了代价。这就是：我们为此打碎了一只精美绝伦的古陶罐。这陶罐就是我们的祖先从远古的歌谣开始，经《诗经》《楚辞》以及而后历朝历代的诗人们奇思异想、呕心沥血铸造而成的古典诗歌。而这一主动的"破坏"换来的则是人人能读、能懂，甚至也能写的"白话"新诗——这种诗歌从表象看，与中国古典诗歌相去甚远，却是当日人们拼力坚持和争取得来的。当时的人们很为此兴奋和骄傲了一阵。胡适甚至将它与辛亥革命的成功相比，认为是"八年来一件大事"[1]。

新诗运动的策划者的这种欣悦，是由于他们"攻克"了中国文化中最"顽固"的一座堡垒。这堡垒被认为是（事实可能也是）影响中国前进的障碍。那时的人和现在的人感觉可能不同，因为当时是国衰民弱、内忧外患、充满危机感的社会，当生存都成了问题的时候，对于"陶罐"的破碎是不会太在意的。所以旧诗被新诗所取代，尽管有人感到失落和惋惜，却也有相当多的人感到了解放的快意——它毕竟带来了表达的自由。

太平年月人们的感受与动乱年月会有大的不同，一是距离战乱远了，人们渴望享受精美的东西，一是新诗本身存在问题，写作也不在意，于是愈发怀念旧诗的精致和韵味，从而普遍地产生怀旧的心理。这就是近来旧诗词重新受到青睐，而且

---

[1] 这是《谈新诗》一文的副题。胡适说："这种文学革命预算是辛亥大革命以来的一件大事。现在星期评论出这个双十节的纪念号、要我做一万字的文章。我想、与其枉费笔墨去谈这八年来的无谓政治、倒不如让我来谈谈这些比较有趣味的新诗吧。"（引文中的标点是原来的，未改。）见吴思敬主编《中国新诗总系·理论卷》，第3页，北京：人民文学出版社，2010年9月。

喜爱它的人愈来愈多的原因。这现象同样地引发了维护新诗的人们的担心和警惕，甚至认为是一种倒退。

我们面临着新问题，我们对此需要重新地辨析。事实是时代发生了变化，人们的心境也发生了变化。当今时代我们尽管还有新的忧患，但是国家和社会已经强大和富有，我们不再穷弱，先前那种紧张和危机感得到放松和缓和。我们变得自信而从容。我们不会再把造成衰弱和落后的原因粗暴地归诸旧诗词——事实上它不能为社会的积弱担责。

中国人开始与古典诗歌"和解"。他们开始重新辨识它的博大与丰富、体悟它的精神华彩的魅力，而且重新开启了仿效与摹写的热情。破坏的激情退潮以后，理性与冷静占了上风。人们终于发现，旧诗不曾消亡，也不会消亡。在近百年的时代风云中，它成为一道潜流，依然鲜活地流淌在中华儿女的心中，依然默默地滋润着我们诗意的思维和情感。人们消解了对于旧体诗词的警惕甚至"敌意"，乐于正视新诗与旧诗同源这一事实，在承认新诗革命的划时代意义的同时，也承认新诗的变革中同样包蕴着对于中华诗歌传统的继承。

新诗的确是展开了中华诗歌的新生面，它规避了古典诗歌那些与世隔绝的弊端，能够零距离地拥抱鲜活的现实生活。一种摆脱了格律约束的、接近于日常口语的自由的诗歌体式，空前地拉近了诗歌与社会变迁、日常生活的距离，于是它成为我们不可须臾脱离的表达思想情感的方式。

旧诗有伟大的传统，新诗创造了新的传统。我们完全有理由骄傲和自豪，我们从未失去旧有的传统，我们又创造了和拥有了新的传统。这是双翼，也意味着双赢。当代的中华诗歌，正以宽广的胸怀接受和包容一切形态的诗歌，各种各色的"主义"和方法，各种各样的形式和风格，当然更包容了：源于伟大的古典诗词传统的沿袭，以及同样伟大的白话新诗的无限创造力。

2011 年 9 月 30 日于北京大学中国诗歌研究院，这是在第三届中国诗歌节诗歌论坛上的发言

向诗歌致敬

首先，请允许我以中坤国际诗歌奖评委会和北京大学中国诗歌研究院的名义，欢迎各位应邀出席今天的盛会。

由中坤诗歌基金设立的中坤国际诗歌奖，每两年举办一次，每届分别授予一位中国诗人和一位外国诗人。此外，根据情况另设诗歌翻译奖，授予译介外国诗歌到中国的杰出的翻译家。应该说，全世界以各种语言写作的杰出诗人，都在我们的评选范围之中。但有一个条件，那就是国外诗人的作品必须译成中文，并在中国产生积极的影响。

我们的工作始于2007年，为第一届，2009年为第二届，现在是第三届。中坤国际诗歌奖的前两届，是由中坤帕米尔艺术研究院主持的。感谢唐晓渡、西川和欧阳江河三位先生为这个奖项做了卓有成效的开创性的贡献，从而为我们后续的工作打下了坚实的基础。从第三届开始，评奖工作改由北大诗歌研究院主办。我们将秉承并完善前两届确立的秩序与准则，继续有效地开展这项旨在繁荣创作和促进国际交流的诗歌事业。

中坤国际诗歌奖的评奖委员会由学术界有影响的专家组成。评委会始终殷切期待着那些拥有丰硕的创作成果并享有读者盛誉的杰出诗人进入自己的视野——评委会特别属意那些具有深切的人文关怀、崇高的理想精神、独特而丰富的艺术经验、形成稳定的创作风格的诗人能够成为这一奖项的获得者。中坤诗歌奖具有终身成就奖的性质。

我们之所以有上述这样的价值认定，源自我们长期形成并始终服膺的诗歌理念。在我们的心目中，诗歌不仅是一切艺术形式的高端，而且体现人类文明到达的极致，诗歌几乎就是高贵、儒雅和品位的同义词。诗歌从来都代表人类美好的情感、高尚的情操、博大的情怀，它始终以理想的光芒召唤人类的良知。

我们感谢诗歌，因为它在物质张扬的年代，带给我们以精神的丰满与充实；我们感谢诗歌，因为它在普遍缺乏情趣和想象力的平庸与琐碎中，给我们以梦想和安慰。诗歌告诉我们，世间的一切可能都是过眼烟云，而诗歌可能创造永恒。让我们像敬畏宗教一样敬畏诗歌，诗歌就是我们的宗教。

是的，我们是在表彰一种充分个性化和充满创造性地表达世界和自我的艺术；但我们更是在表彰一种始终与土地和人民欢乐与共、患难与共的可贵情感；我们更是在表彰一种充满悲悯、仁爱和伟大的人性光辉的精神、思想。

为此，我们选择中国最高学府的一座殿堂，举行这个神圣的颁奖典礼。我们选择了远离浮华和喧嚣，以隆重而庄严的方式，向诗歌致敬，向创造了诗歌的诗人致敬！

谢谢大家！

2011 年 12 月 6 日于北京大学百年纪念讲堂，
这是在中坤国际诗歌奖颁奖典礼上的讲辞

热爱诗歌的人们有福了

　　这个专题讲座是箫风先生"强加"给我的，这个不合适，诗会是要大家一起来讲的。但是，今天我先讲话，我觉得还是有道理的，因为好像我最年长，我先开个头，来了这么多朋友，大家一定有很多的话需要交流，我一个人讲怎么都不合适。

　　我从黄山过来，在黄山参加一个诗人朋友的聚会，他是一个非常有成就的企业家，做房地产，开发旅游。他是贫苦农家出身的苦孩子，经历了腥风血雨的磨炼，事业有成，他用他的笔、他的诗歌来批判当代的享乐主义、物质的狂欢。他说，我注定了是一个城市的弃儿。我说，这句话不像是你说的，倒是很像在城市里找不到工作或者在城市底层打工的人说的，但是我相信他有资格说这话，因为他深知 21 世纪的问题在哪里。所以，我说他是一个诗人，也许他是一个伟大的登山家，也是一个成功的企业家，但是最后还是一个诗人。诗人的心是柔软的、温暖的。

　　我在北京，前不久参加了一个诗人的聚会，他是一名法官，法院的院长，曾经当过刑事审判庭的庭长，这么一个进行着很刚硬的工作的法官，他的心却是非常柔软的。他说，我不忍心看执行死刑的场面，于是在诗歌的天地里展开了一片爱情的天空。我遇到了很多朋友，他们有自己的职业，但是我认为他们终身的职业是诗人。我的人生走过了很长时间，许多的阅历从少年、青年、中年时代都经历过，但是我的记忆当中给我印象最深的、与我的生命连接最紧密的就是诗歌。

在这个春天的季节里，大家从各地到这里来，陪着萧风先生喝喝酒，读读自己的诗（即欢迎宴会、诗歌朗诵联欢会），我觉得昨天晚上这个研讨会就已经结束了，这就是我们的目的。诗酒流连，诗酒风流，这就是人生最高境界，一切的功名利禄，相比之下都不如诗歌永恒。在我的一生当中，与诗歌的记忆相连的都是非常美好的，所以我说好像最后我们就剩下诗歌了，剩下诗歌就是剩下我们最大的财富，善良、爱心、悲悯、同情、宽广而伟大的爱，这就是我们人生的最高境界。诗歌的道理很多，我也讲得很多，我觉得都不得要领，做了一辈子的诗和诗歌的研究，最后问我诗是什么，我说不清楚。我想，与其说清楚，我们不如不说，我们就享受眼前的诗歌给我们的温暖、安慰，这就够了。

相隔11年之后，南太湖诗会在这里举行。2001年，沈泽宜在非常艰难的情况下（他那时是湖州师范的一个普通老师，他没有钱，没有权），主持策划了"21世纪中国首届现代诗研讨会"，由他开头，也就是由湖州开头，每隔一年都举办一次，现在还在进行。湖州在我们现代诗的发展当中是有贡献的，沈泽宜先生是有贡献的。

事隔11年之后，我再次来到湖州，遇见的是萧风先生。

跟箫风先生的相遇是很偶然的，我平生交友甚多，但是像这样
一见钟情的并不多。为什么呢？我不认识他，也不是因为他当
政委。有一天，他给我打电话。他说，我整理了郭风先生的散
文诗创作理论和对他的评论，准备出本集子，随后我知道他跟
郭风先生交往很久了。郭风先生是我的乡党，是福建人，也
是我过去没有见过面的老师，一生很寂寞，非常低调，写散
文诗非常专注。他就写短文章，短短的散文诗，但是就是他
的散文诗滋润我，培养了我。他开始是当小学老师的，后
来当文联主席，也是很低调的学者型作家。因为什么我对箫
风先生研究郭风产生了联想呢？因为我小时候投稿，当时我
是中学生，每次投稿他都会用我的稿子，那时候我用的不是现
在的名字，我用的是一个笔名，我也不知道编辑是谁，但每
次投稿他都给我登。1980年，我和几位作家首次回到家乡访
问，那是改革开放的初期，郭风先生到机场迎接我们。说起
旧事，他说当年就是我给你发表的文章。你看，这么一位老先
生，素不相识，我是一个中学生，没有名，什么也不懂，文
章写得非常幼稚，但是就这样开始了我的文学之旅、诗歌之
旅。而箫风先生，我不知道他跟郭风先生怎么交往的，但是
他一直关怀着郭风先生，在郭风先生病重时，他也在他的身
边，我看了很多照片是这样的。讲这些话，就是说箫风先生
与郭风先生之间没有功利关系，我和郭风先生也没有功利关
系，是诗歌把我们联系在了一起，我感谢郭风先生，可以用箫
风先生夫人昨天唱的那首歌（《感恩的心》）来表达，我非常感
动，我就是怀着感恩的心情感谢郭风先生，同时也感谢箫风先

生，这样我们就有了友谊。到南太湖来，是他召唤我到这里来的，来这里看看朋友，特别是看看我的老同学、老朋友沈泽宜先生。

话说回来，诗歌重的是情谊，人间的至情就是一个情、一个义。现在是红尘滚滚，人之间的关系是利益的关系、是利润的关系，而在诗人之间是没有这样的关系的。大家远道而来，自己掏钱或给一些补助，念念自己的诗，这就是我们的目的。我知道，诗人很贫穷，他诗歌的发表得到的回报很少，甚至没有，甚至是负数，也就是说他要自己出钱去出这个刊物，出这个诗集。但是，诗人们乐此不疲，前赴后继，勇往直前，为什么呢？情义二字。

箫风说完了，说说沈泽宜。当年，来自南太湖吴兴地区的翩翩一少年，来到北大，多才多艺，歌唱得好，诗写得好，舞跳得好，多少女生围着他，他眼界高，高到现在都没有降低，不为所动。这不是我当面恭维他，翩翩一少年，一表人才。他现在歌还唱得那么好，想想他年轻时代，歌唱得好，诗写得好，舞跳得好，迷人啊。但是，为了诗歌他献出了一生，他付出了一生的代价。昨天我和老伴见到他，我们都是老同学，见到他非常高兴。几十年的苦难，到现在病痛的折磨，他依然歌喉婉转，嘹亮高亢，还是非常迷人的。为诗歌献出了一生，付出了一生幸福的代价，沈泽宜有遗憾，但沈泽宜更应该得到欣慰，因为大家记住了他的诗，至少我的同代人（我比较他年长一些）记住了他的诗。在那个年代，他的呐喊、他的呼唤惊天动地，呼唤什么呢？呼唤人间的友谊、平等与自由，呼唤

"五四"精神的继续传扬，呼唤一种人间的大爱。就是这样，严酷的年代不允许他这种自由的歌唱，他的这些经历已经都过去了，但是在我的心目当中，我觉得他很高大，我不如他，这是我的真心话。诗歌就是一个情字和一个义字，诸位记住，我们一切都不要，但是我们要诗，如同我一切都可以忘记，但是忘记不了我和诗歌的因缘。

再讲讲下午要去南浔，我要去拜访徐迟先生。我和徐迟先生是忘年之交，我没有一个怀念他的字，我写不出来，人生的至痛，在心灵当中的伤害，使得我不能写徐迟。我在他家里，接受过徐迟先生的夫人陈松先生的款待，我也认识徐迟先生的家人和子女，我的老伴陈素琰知道我和徐迟先生的关系，但是他去世后我一个字写不出来。朋友们，要是写不出的时候，这是何等的痛心。为什么这样呢？说一件旧事，我在北大当学生，名不见经传，是个普通的大学生，还没有毕业。徐迟先生跑到学生宿舍楼，敲开我们的门，那是个冬天，他穿着很厚的大衣，到了我们学生的宿舍坐下来。他说，我和臧克家先生要请你们写中国新诗史。大家想想，一个大学才念了几年的本科大学生，没有任何的名气，徐迟先生把这个重任交给我们。我们也很勇敢，6个人就"胡写乱画"，批这个批那个，什么革命的诗人，什么不革命的诗人，什么反革命的诗人等，"胡说八道"一通，一个寒假我们就把诗歌史写出来了。就是现在大家有可能看到一本书，叫《回顾一次写作——〈新诗发展概况〉的前前后后》，这就是我们6个人的工作，而这个工作就是徐迟先生交给我们的。为什么我怀念徐迟先生而不能写出怀念他的文字呢？我心中非常惭愧，在"文革"中，我什么都没有烧，我烧掉了徐迟先生给我的二十多封信。徐迟先生的字非常美丽，他多半不用格子的纸来写，几乎都是用白纸来写，写到高兴的时候他说，括弧里的，这一段文字是极美的散文诗，还加了惊叹号。我把它烧掉了，为什么烧掉？我为了保全自己，我害怕连累自己，也害怕连累徐迟先生。我们这种交往是不用言辞的，我觉得一辈子最痛苦的事情就是烧掉了这二十多封信，因为我的怯弱，因为我的胆小，因为我要求得自保，非常惭愧，愧对徐迟先生。所以，南浔我已经去过一次了，我还要去，向徐迟先生致敬。很多故事都是他亲自告诉我的，他说我们湖州的女人太美了，他说他告诉金克木，到我那里去找一个理想的爱人。我忘了金克木是哪里人，至少不是湖州人吧。一个暑假，他就到徐迟先生老家南浔去了，结果还真的找到了一个非常美丽的女子。徐迟先生和金克木先生他们都是我的老师辈，这些诗人的事情我是永远不会忘记的，非常美丽。

所以，我今天的讲话概括起来就一句话：与诗歌相关联的一切都非常美丽，与诗歌无关的一切可以忘记、可以化解，诗歌是我们永远的心结，热爱诗歌的人们有福了，我们是最有福气的人。套用毛泽东主席的话讲，我们也是高尚的人，我们是去掉一切低级趣味的人。回到我们昨天晚上的聚会，读读自己的诗，读得好也罢，读不好也罢，听得懂也罢，听不懂也罢，都是自己的声音，这声音是没有污染的，念诗的时候掌声的大小、多少是有的，但是这种心灵的交流是永远存在的。

我们可以忘记痛苦，可以忘记苦难，但是不能忘记这一切。再说一遍，热爱诗歌的人们有福了，你们都是非常有福气的人，让我们继续为诗歌的发展，作出如同箫风、如同沈泽宜那样的贡献。谢谢大家！

这是在首届南太湖诗会上的发言

那些遥远的星星

——中国诗歌，在亚洲，在世界

中国有悠久的诗歌传统。中国最早的诗歌总集《诗经》出现在距今三千余年到两千四百余年之间。这些没有署名的诗篇中，极为精美地保留了来自民间的朴实的歌唱。那些优美的情歌，非常细致地表达了青年男女互相爱慕的情态，还有一些诗篇咏唱了戍边征战的苦情，更多的篇章表达了享受生活的自然质朴的情趣，也有强烈的对于贪婪的统治者的揭露和讽刺。这些诞生在至少两千多年前的诗歌，犹如天边的太阳和月亮，历经时代沧桑而明华璀璨依旧，它们有异常久远而鲜活的生命力。《诗经》的一些篇章至今还在中国孩子中吟咏并口耳相传。

在中国，诗歌是一道连绵不断的长流水。由于受到儒家学说的影响，"诗言志"成为中国人稳定的诗歌观念。在中国，这种诗歌观念不仅熔铸了民族的心智，而且持久有力地传达着民众的情感诉求，诗歌成为表达他们的欢乐、悲哀或者愤怒的最通常的情感方式。基于此，中国历代的统治者，也总是非常重视诗歌在传达民间情绪方面的特殊作用。各级官员的"采风"之行，其实就是他们了解和倾听民意的诗歌之旅。

从长远的影响看，诗歌的功用不仅在于传达民众的希望和心声，诗歌也成了中国社会从平民到贵族的最重要的审美和娱乐的方式。由于诗歌在历代的普及，它也极大地影响并陶冶了这个民族富于想象和幻想的美好心灵。他们喜爱山水，多愁善感，对大自然充满喜悦和感激之情。单就月亮这一意象而言，它在中国民众的心目中是充满诗意的，是永远鲜活而有灵性的。月亮是中国人永远的心灵的朋友。

中国诗歌取得了历史性的辉煌，它成为中国文化史最为灿烂的一页，也为中国人带来了自豪和骄傲。中国诗歌在长期的发展中出现过很多杰出的诗人，这些诗人创造的无数诗章，组成了一串没有尽头的闪光的珠串。他们于是成为经典，也成为不可逾越的规范。这种无所不在的影响，蔓延到周围的一些国家，在日本，在韩国，在越南，也在域外的许多地方，出现了用汉字写诗的外国朋友，他们也是一些杰出的诗人，他们中有的人，甚至写进了中国诗歌史，包括经典的诗歌总集，如《全唐诗》。中国人感谢他们，同样引以为豪。

连绵不断的辉煌组成了中国古典诗歌的历史，同时，这些诗歌的"不可逾越"也意味着发展的极限。古典诗歌在意境的营造、在声律的讲究，更在情感的表达上，达到了无与伦比的完美。这种臻于至境的局面，同时也预示了潜藏的危机。挑战来自诗歌自身，极致和完美带来的是想象力和创造性的衰微甚至枯竭，在诗歌的高潮过去之后，随之而来的是同样无懈可击的、同样"完美"的模仿和重复。

事情到了近代。清王朝已是黄昏景象，社会危机四伏，诗歌也是如此。封闭的、妄自尊大的中国，面对着蓬勃兴起的，同时也是咄咄逼人的世界工业革命和国际资本的挑战。中国在列强的坚船利炮威逼之下仓皇无措。敏感的中国知识分子为了挽救国难，也为了强国新民，发起了激烈的文化——诗歌的革新运动。倡导者们以中国古典诗歌为假想敌，他们激烈地抨击古典诗歌的弊端，他们以白话取代文言，以自由取代格律，从而确立白话新诗的主体地位。

这是中国诗歌史上的一场惊天动地的伟大革命。它宣告了辉煌的，同时又是停滞的古典诗歌的终结，也宣告了自由的、开放的、接近人们日常生活的现代诗歌的开始。诸位现在熟悉的中国诗歌，就是这一革命的成果。它的历史只有一百年，它是年轻的，也是受到中国人喜爱和尊重的。它同样凝聚了中国诗人的智慧和才华。它在近代以来历次的关键时刻，同样发出了代表时代前进的声音。五四运动时有胡适和郭沫若，后来有闻一多和徐志摩，抗日战争烽火中走来了艾青和田间。

新诗与中国人民患难与共。新诗在"文革"结束以后迎接了它的伟大的复活节，这就是通常称之为的朦胧诗的崛起。这个诞生在 70 年代末、与中国的改革开放同步的诗歌运动，以坚定的历史反思的精神，以及非凡的勇气，在思想上批判文化专制主义和现代迷信，在艺术上重新接续了"五四"新诗运动的血脉，点燃诗歌的现代精神的火炬。今天到会的中国诗人，他们不同程度地都参与了这场摧毁精神枷锁、拨乱反正、革故鼎新的艰苦抗争。

2012 年 6 月 3 日草稿于北京大学，2012 年 6 月
14 日修改于伊斯坦布尔，这是在伊斯坦布尔的发言

因为一位诗人而认识了这片土地

　　一个诗人的名字召唤我来到这里。一个诗人使我认识了并亲近了养育他的美丽的国土。我在地图上寻找这片土地，寻找诗人的故乡，伊斯坦布尔，这座被诗人称为"像我姐姐的眼睛一样蓝的城市"①。我知道这城市有一对明亮的"姐姐的眼睛"，一只是浩瀚的黑海，另一只是同样浩瀚的地中海。而在我的想象中，美丽的博斯普鲁斯海峡，则是一条温柔地围在姐姐脖子上的蓝色的丝巾。我因亲近诗人而亲近了这片土地。

　　一个城市因诗人而扬名，一片土地因诗人而赢得人们的想象和尊敬。我说这话是我的亲历。那时我比在座的所有人也许都年轻，北京大学一年级学生。我认识了那齐姆·希克梅特。我读他的诗，希克梅特成了我青年时代的诗歌偶像。他的诗句点燃了我的热情，为人类的和平，为公正和正义，为大地、天空和理想。一本印行在 20 世纪 50 年代的《希克梅特诗集》，伴随我度过美丽的和痛苦的岁月。如今它的书页已发黄，封面

---

　　①　希克梅特：《我想念你》。

也有破损，但是它仍然是我的最爱。

诗人广阔博大的心为他所倾心的理想燃烧，他给全世界的人送去温暖和力量。作为中国人，我们感谢他，在中国艰苦的岁月，他的心和我们跳动在一起："鲜红的血，我的血，同黄河混在一起奔流。我的心，在中国。"[①] 在 20 世纪激情的岁月，希克梅特和他的同时代人：聂鲁达、洛尔加、艾吕亚、阿拉贡、马雅可夫斯基、爱伦坡……站在一起歌唱和呼喊。他们是 20 世纪的良心和希望。

经历过牢狱和流亡的诗人，始终热爱着他的土地和人民，大地上的阳光、谷物和紫罗兰，他形容自己"像一粒子弹似的穿过十年被俘的岁月"，但他依然坚强——"我还是那颗心，还是那颗头颅"[②]。

亲爱的朋友们，这就是在这次庄严而自由的会议开始的时候最想说的话，也就是我作为主办方的代表为会议所作的开幕词。虽然我们此行持有的是旅游签证，虽然我们要借此访问你们美丽的国家，但是在我的内心深处，此行的最大愿望就是向诗人致敬！愿土耳其和中国的诗人如同上一个世纪火热年代那样，始终激励着、燃烧着给我们以美好的安慰和信心。

　　2012 年 6 月 4 日，于北京大学中国诗歌研究院，这是第四届亚洲诗歌节的开幕词

---

　　① 希克梅特：《我的心不在这里》，《希克梅特诗集》，第 109 页，北京：人民文学出版社，1952 年 11 月北京第 1 版；1954 年 3 月北京第三次印刷。

　　② 希克梅特：《还是那颗心，还是那颗头颅》。

今夜，我在德令哈

20 多年前，一位诗人来到距离北京很遥远的一座城市。他为这座城市、为他自己、为他心爱的姐姐写了一首诗。因为太遥远，人们对这座城市很陌生，但是，多情的城市记住了他。令人感动的是，在他离开人世整整 24 年之后，多情的城市以他的名义，以今天这样隆重的方式举办了首届海子青年诗歌节。

为了配合这次活动，《柴达木日报》从 2012 年 7 月 24 日起，连续六天以整版篇幅发表了他的诗、他的朋友的诗，以及纪念他的文章。这座城市的义举，感动了全中国的诗人。他们乘坐飞机、火车，再经过长途汽车，忘了旅途的辛苦，从四面八方聚集在这里，以诗歌的名义怀念他，也以诗歌的名义感谢这座城市。

海子说，"今夜，我在德令哈"。也是昨夜，我坐在海子经过的这座城市的一方书案前，照他的样子接着说，"今夜，我在德令哈"。我在写这些文字的时候，窗外潇潇地下着雨，如同当年当日，海子隔着车窗的雨帘所见那样，潇潇地下着雨。

那些隐身在云层深处的神明，好像感应了这种人间的温情。他们，没忘了20多年前的那场雨。从昨天下午直到晚上我写这篇文字的时候，我的窗外始终都在潇潇地下着这场充满思念的多情的雨。

海子写：雨水中一座荒凉的城。其实那城市未必荒凉，荒凉的是他的心。在座的燎原先生应该清楚，海子写这首诗的时候，应该是1988年的现在这个时候，要是我的记忆没有错，那一年，他也许是从德令哈一路走到格尔木，再从格尔木翻越唐古拉山到了拉萨，或者说，他从格尔木先到拉萨，在格尔木通往德令哈的列车上，认识了这座当时并不知名的城市。当年的海子，满眼都是戈壁，都是荒凉。

1988年，海子到达拉萨的时候，我也在拉萨。我们在布达拉宫广场前的一座房屋里见过面，那是我和海子的最后一次见面。以后，便是令人伤心的1989年3月26日；以后，便是骆一禾整理遗稿，写海子生平；以后，便是同年5月，骆一禾因积劳病倒辞世；再以后，便是同年6月10日，北京的师友在八宝山送别骆一禾那个同样令人伤心的时刻。

朋友们记住了这一切，诗歌界记住了他们，德令哈也记住了那位曾经到达这里，并在列车上的夜晚，在雨中，在灯下，写《姐姐，今夜我在德令哈》的那个人。

20多年不曾遗忘。20多年后的今天，人们用这种方式怀念诗人、怀念德令哈的那个夜晚。作为来自和海子同一所学校的我，今天在这里，愿意以校友和老师的身份感谢青海、感谢德令哈、感谢这一片多情多义的土地。

我祝愿首届海子青年诗歌节圆满成功，更希望这个诗歌节如同青海湖国际诗歌节和世界山地纪录片节那样，有了美好的开头，更有美好的延续。每一年，在这个时候，我们都来这儿和诗人相聚，如同每年的迎春花开时节，北大的师生和他相聚一样。

　　　　2012 年 7 月 30 日于德令哈，这是在首届海子青年诗歌节上的致辞

又是香山红叶时

今天会议的题目是"诗歌批评与细读"，这题目是去年就想好的。得到朋友们的热烈响应。今天北京用香山满山的烂漫红叶迎接各位的到来。最远的是奚密，不远万里，来自美国；佐藤普美子和岛由子来自日本；朱西来自意大利，来自令人向往的美丽的西西里岛；还有的朋友来自马来西亚和新加坡；当然，更多的朋友来自中国大陆各地，来自中国台湾和中国香港。大家都看重我们多年积下的友谊，看重我们的邀请，每次相聚，我们都很感动。

记得去年，也是这个时候，也是香山红叶烂漫的时节，我们相聚在卧佛寺。那次的题目是"中国新诗和浪漫主义"。会间照相的时候，我有意地把"中国""新诗"和"主义"的位置留给了洪子诚老师和别人。我把严肃的和深刻的题目留给了那些有学问的人，单单选择在"浪漫"下面留影。我以为诗的本意在此，其余均为次要。后来是孙晓娅和李润霞使坏，说干脆把"漫"字也去掉，留下一个"浪"字就够了。这说的也是，诗人嘛，放浪形骸，诗酒风流，这原也是诗中应有之理。

这都是与我们的聚会有关的很温馨、很快乐的记忆。我们定的这些题目，还有前几年王珂在武夷山诗会定下的"新诗的技法问题"的题目，都使我产生一些联想，联想到我亲身经历过的新诗的历史。当年我们也常开会，但是谈的都是很沉重的、充满忧患的话题。这还不算，有时有的会议情绪非常紧张、严重，讨论的双方往往充满不信任和敌意。经常的话题是战斗、论战、斗争，较为平和的，要算是批判了。

我本人也"批判"，也"被批判"，也"战斗"，也"被战斗"。记得在那些会议的气氛，有时是杀气腾腾，有时是怒气冲冲。不是你死我活，就是你败我胜；不是你错我对，至少也是你劣我优，总之是水火不容、势不两立。这几年风气大变，开始有了正常的秩序、良好的氛围、平和的心态、兼容的胸怀。许多聚会谈的是友谊、是学习、是艺术，如同我们现在这样，大家避开外界的浮躁和喧哗，找一个僻静的角落，或者如我们现在这样，在临街的紫玉饭店闹中取静，静下心来，读一首诗，细细品味一首诗的美丽和奇妙。

这是人生一大乐事。从小处讲，是求得心灵的安适，从大处讲是告别以往那种厮杀、破坏，从容地一步一步地建设我们的诗歌。不是不谈思潮、走向、宏观，但我们知道，一切宏大的话题，都须从小处做起，从细读开始。我十分赞成胡适先生的话：少谈些主义，多研究些问题。我并不摒弃"主义"，但我始终信守我的主张，这就是"好诗主义"。"主义"是要的，但"好诗"是前提。

        2012 年 10 月 20 日于紫玉饭店，这是 2012 年 10 月 20 日在紫玉饭店召开的"诗歌批评与细读"学术研讨会的开幕词

花香没有边境

利益集团粗暴地切割着我们居住的地球。这种切割破坏了世界素有的安宁，也导致人群和种族之间的猜忌、歧视和不公。掌握着权力的人们为了利益的再分配，频繁地萌发掠夺、仇恨乃至诉诸战争。不信任和阴谋破坏了人类生存的常态，也造就了无尽的苦难和悲剧。但是人类的良知不会泯灭，诗人告诉我们，存在着一个不被伤害的世界，那就是与生俱来的人类的心灵世界。这里的天空是纯净的，这里拒绝邪恶，拒绝阴谋，这里不接受欺诈和压迫。这种世界不靠暴力形成，靠的是友爱、谅解、美丽的灵感和诗意的想象。

那时柏林墙还矗立在柏林的城市中央，一位中国诗人来到墙下，他有点忧郁，但很坚定。他说，墙很高，也很厚，但是，再高、再厚，能挡住那里的阳光和空气吗？能挡住自由飞翔的蝴蝶吗？[①] 显然，墙对于世界的切割尽管无情而冷漠，但是，再高、再厚，也挡不住飞翔的翅膀和渴望自由的心灵。终

---

① 艾青：《墙》。

于有一天，那墙倒塌了。这一事实印证了诗人的预言。预言是强大的，它推倒了很高、很厚的墙。这让人确信，世界上所有的藩篱，不论是墙、是铁丝网，还是埋着地雷的海滩，都不会永存，都会在诗人的预言中消泯。

我来自遥远的中国，在我的国家，一道浅浅的台湾海峡阻隔了两岸中国人的团聚。最早是丘逢甲，后来是余光中，诗人们用诗句传达了浓浓的"乡愁"①。依然是诗歌安慰了我们，诗歌寄托着中国人的团圆梦。中国有一首民歌叫《半屏山》："半屏山，半屏山，一半在大陆，一半在台湾。"这歌曲从我们祖父的祖父的年代就开始流传，它传达了非常强烈的信念：那座山原先是一个整体，后来地壳运动，山分成了两半，分隔在海峡的两岸。但是唱着唱着，那断裂的山就在诗人的歌声中缝合在一起了。诗人相信，半屏山的根部是相连的，它是一座完整的山。诗人确信：政治版图是暂时的，自然的、心灵的版图是永恒的。

我有一位朋友，他一生写着非常美好的诗歌。他出生在中国的河南省，黄河流过他的家乡。但他却长期漂泊在海峡的那一边。中国北方的农民喜欢把收获的庄稼悬挂在住家的屋檐下，他在台湾想念老家屋檐下的那一串玉米，那一串悬挂在老家屋檐下的被风吹、被日晒、被严寒冻红了的"宣统元年"（这是中国末代皇帝的年号）的红玉米：

---

① 丘逢甲（1864—1912），台湾彰化人。他的《春愁》写国土沦丧之痛："春愁难遣强看山，往事惊心泪欲潸。四百万人同一哭，去年今日割台湾。"今人余光中有《乡愁》《乡愁四韵》，洛夫有《边界望乡》等。

它就在屋檐下

挂着

好像整个北方

整个北方的忧郁

都挂在那儿①

　　这首诗传达的是思念的苦痛，乡思是诗歌永恒的主题。诗歌是这样的神奇，它看似"无用"，却能充实那一切的"虚空"；它穿越大海和高山，穿越时间的间隔，让心和心拥抱，让分割复归完整，让破碎终成团圆。诗歌无国界，尽管诗人们说着不同的语言，也许那些文字的传达造成了隔阂，但在诗人的内心，却从来都是畅通无阻的。我读到一首冰岛诗人写的春天的诗：两个穷孩子在贫瘠的海岸行走，他们在轻轻拍打的光中，惊讶地发现了春天，于是他们低语：

两只褐黄色的鸟

飞过浅蓝的水面

两朵娇嫩的花

从黑色的泥土

抖颤着探出橘黄的脑袋②

－－－－－－－－－－

　　①　痖弦：《红玉米》。

　　②　这是冰岛诗人斯泰纳尔的《春天》。斯泰因·斯泰纳尔（Steinn Steinarr，1906—1958），是冰岛乃至北欧现代主义诗歌的先驱者，著有《时间与水》等诗集。

这位诗人从自然界微妙的色彩变化中发现了春天，褐黄色的鸟，浅蓝的水面，黑色的泥土，颤抖着探出脑袋的橘黄色的小花。这让我想起一位中国古代的诗人，想起他的一首关于春天的诗：

> 天街小雨润如酥，
> 草色遥看近却无。
> 最是一年春好处，
> 绝胜烟柳满皇都。①

这位中国诗人同样地在郊外的色彩变化中，发现了春天的踪迹：微雨中，春天正向我们走来，春天的草色，远处看是有的，近处看却没有，还有那远近迷蒙的如烟的柳色。一位冰岛的现代诗人，一位中国的古代诗人，从时间看，他们相隔千年以上；从空间看，他们相隔万里以上。他们的差别实在太多太大，人种、文化、宗教、语言，他们一个生活在濒临北冰洋的岛国，一个生活在中国的古都长安，他们永远不可能相见，但他们却是这样的相知，他们却同样地从周围的色彩中欣喜地发现了春天。他们的心相通，他们的思维方式更是惊人的相通。

这就是诗歌创造的奇迹。诗歌能够超越一切，包括遥远的时间、浩渺的空间，包括冰冷的墙、阴森的碉堡、呼啸的弹片

---

① 韩愈：《早春呈水部张十八员外》。

和恐怖的轰炸。谁能阻挡那自由来往的风和空气，谁又能阻挡那蝴蝶的翅膀和迷人的花香！诗歌从来没有国界，犹如花香从来没有边界。这就是为什么我们历尽苦难，而始终如同爱恋着自己的情人一样地爱恋着诗歌的原因。我来自遥远的东方，我们来到陌生的北欧的北部，这里再往前走就是北极的极地，这里的白天很短，这里的夜晚很长，但这里的诗歌我们一点也不陌生。因为花香没有边界，因为诗歌没有国界。

2013 年 7 月 7 日于中国北京，这是在挪威的发言

百年回首话兴废

新诗从这里起航

胡适发表《文学改良刍议》是在 1917 年，陈独秀发表《文学革命论》也是在 1917 年。两篇文章相隔一个月。[①] 胡适在文中讲到他的文学改良的八项主张，其所指涉多数均为反对旧诗词而言的。至于陈独秀的"三个推倒"[②]，指的也多是旧体诗词的积弊。《新青年》创刊于上海（当时叫《青年杂志》，第二卷起更名《新青年》），就是说，中国的新文学革命和新诗革命的最初的声音，是从我们此刻开会的上海发出的。从那时起到现在，时间过去将近一百年了，也就是说，新诗的建立和旧诗的

[①] 胡适《文学改良刍议》发表于《新青年》第 2 卷第 5 号，民国六年一月一日。陈独秀《文学革命论》发表于《新青年》第 2 卷第 6 号，民国六年二月一日。

[②] 陈独秀在《文学革命论》文中谈到："余甘冒全国学究之敌，高张'文学革命军'大旗，以为吾友之声援，旗上大书特书吾革命军三大主义：曰，推倒雕琢的阿谀的贵族文学，建设平易的抒情的国民文学，曰，推倒陈腐的铺张的古典文学，建设新鲜的立诚的写实文学，曰，推倒迂晦的艰涩的山林文学，建设明了的通俗的社会文学。"

被"推倒",到现在,也是将近一百年的事了。

今天由上海的朋友邀集从事新诗和旧体诗研究的各界人士在这里开会,共同商讨中国新诗和传统诗歌(即此处说的"旧体诗",随后简称"旧诗")的关系问题,即在新诗革命的一百年后重新检讨二者的分与合、革命与批判、对立与融合、破坏与建设、契合与融汇,其间的正误、得失、兴废等问题,是有着重大意义的一件事。我们的会议在举行的时间上、在地域和场所的选择上,以及在与会人员的构成上都有着非常浓厚的象征意义。也许更有意义的是——我们今天的主题是"建设",我们已经告别了昨天,而一百年前的昨天的主题是"推倒"。

这里的"建设"和"推倒"二词均见诸陈独秀的《文学革命论》。当年陈独秀行文的次序是"推倒"在前,"建设"在后,这是非常有趣的词序颠倒。时间走了完整的一个圈,我们回到了原点,但这绝非重复,而是一个伟大的前进,包括我们为这个前进付出的代价都是伟大的。

对立或者融汇

中国的诗歌问题不是一个孤立的问题,如同中国的文学艺术问题不是一个孤立的问题一样,它从来都是与国家兴亡、社会盛衰、民魂重铸这些重大话题联系在一起。1840年第一次鸦片战争以后,中国国势中落,列强虎视,危亡时刻,艰难时势,救亡图存是第一要紧。此时寻找中国积弱的原因,猛然回首发现了传统的旧体诗,发现这些诗与当日气氛的极不协调,于是便把一切导致中国落后的因由往它身上推，便对这个假想敌施以旷日持久的讨伐。

新诗的诞生是近代中国为开发民智、振兴国运、强国新民整体追求的一个部分。新诗的建立是"五四"新文学运动最重大的成果。新诗实现了以白话代替文言的变革，因为新诗的试验成功而促成了新文学革命的决定性胜利。新诗的这种变革从表面上看，是语言形式上的变革，是文体革命，其实正如胡适所言，根本是为了新思想、新事物的引进与表达，是为了表现新的时代与新的生活，新诗于是成了与时代进退、与世界风云、与民众的思想情感相连的极为重要的沟通工具。

从总体的情势观，新文化运动、新文学革命、旧诗的批判与打倒、新诗的试验与建立，这一系列文化改革的事件，乃是当日中国的头等大事。国将不国，国已不国，还谈什么田园情趣，谈什么风花雪月，谈什么抒情和审美！人们轻薄旧体诗自有他的历史的、社会的缘由。大抵社会形势紧张，革命情绪激扬，人们处理文化的和艺术的问题容易冲动甚至表现粗暴，总是顷刻之间，必欲毁之而后快。一百年前推倒旧诗，与六七十年前推倒北京城墙，前者是精神层面的，后者是物质层面的，其情一，其理同。

"五四"的起因是一场爱国运动，其间涵括着一场文化更新和文学变革的运动。这番革命的结果诞生了中国新诗，这是好事；同样，这番革命的结果导致传统旧体诗的消失，这未必是好事。先谈前者，即新诗的建立，很难想象如今的中国人，除了新诗，还能找到什么一种更能传达现代情感的诗的方式？历史是往前走的，正如江河不可回流；历史又是不可割断的，也如江河的不会断流。不论是晚清的诗界革命，还是"五四"的新诗革命，它们都是以旧诗为革命对象的，这都是不可回避的史实。然而，这种新诗对于旧诗的简单取代，却是值得反思的历史悬案。

总是讲新诗是舶来品，这话不含贬义，也是事实。但辩证地看，新诗绝非是自天而降的。新诗生长于旧诗，它们共有一个源头，它们都是用中国文字写成的中国诗——它们之间流淌着永远割不断的中国精神和中国气韵。这样的判断在以往是人们所讳言的，但今天不同了。进入 21 世纪的今天，已经成熟的中国诗歌界，对那场百年前的"革命"进行新的省思，重新提出善待中国诗歌传统的问题，借以为新诗发展提供新的助益，这种建设性的思路，也许不会再被简单地理解为后退或保守的吧！诚然，新诗的初始是"以夷为师"，极而言之，是"用中文写外国诗"①，也有讲"全盘西化"的，但主张是如此，实行起来却未必。

永恒之魅力

现在反过来看曾被人们视为"谬种"的旧诗，其实在当年它就已被妖魔化了。诚然，旧诗有它自身的诸多局限，却拥有

---

① 这样讲的有朱自清，还有别的人，最透彻的是梁实秋："我一向以为新文学运动的最大的成因，便是外国文学的影响；新诗，实际就是中文写的外国诗。"《新式的格调及其他》，《诗刊》创刊号，1931 年 1 月 20 日。转引自吴思敬《中国新诗总系·理论卷》，第 150 页，北京：人民文学出版社，2009 年。

无可比拟，也无可替代的永世价值。中国传统诗歌是中国文化的瑰宝，也是最能体现灿烂辉煌的中华文明的极致。几千年的悠久历史、数万里的壮丽山河、全部的中华民族的智慧和灵感，都被历代诗人的锦心绣口所熔铸，结成了堪与日月同辉的诗性传承。所以说，传统诗词集中地体现了中华文明的精华，中国语言——汉字的魅力在历代诗人的吟哦之间被发挥到了惊天地泣鬼神的境界。

旧诗在语言的运用上非常考究，它在词语的精练、准确、传神上把汉语的魅力发挥到惊人的完美，其中包括当时受到极大质疑和责难的格律方面取得的成就。中国传统诗歌自《诗经》开始，历经数千年的淬炼，创造了后世不可企及的艺术高度，旧体诗词的写作，在意境、在情趣、在韵味上，所达到的成就是空前的，甚至是难以超越的。单就韵律这一点来看，我们的前人把中国语言文字的特点捉摸透了，就语音言，一句之中，平仄相间，两句之间，低昂互节，轻重错置，[1] 求的是"异音相从，同声相应"[2] 的原理。玩铸字、玩练意、玩神韵、玩性灵，旧诗集中地体现了中国诗歌自远古绵延而来的诗性传承。

历史上对旧诗有过毁旧立新、废旧立新的说法和举措，其实对于我们世代相传的诗学传统不仅不可毁、不能废，而且应当继承和发扬光大。

---

① 《宋书·谢灵运传》："欲使宫羽相变，低昂互节，若前有浮声，则后须切响。一简之内，音韵尽殊；两句之中，轻重悉异。妙达此旨，始可言文。"

② 刘勰《文心雕龙·声律》："异音相从谓之和，同声相应谓之韵。"

只论优劣无新旧

诗歌只有优劣，无所谓新旧。昨天的新，就是今天的旧，今天的新，就是明天的旧。今来古往，你我交融，诗中难辨，二者往往处于彼此消长的状态。从"新"的角度看，它一定有着"旧"的影响，影响的侵入是不可阻挡的。你可以不承认，但你无法拒绝，因为你是中国人，你写中国诗，你不可能把中国的影响完全消除，退一步说，这种消除做得到吗？有益吗？诗歌的历史已经证实，不是凡是旧的都不好，也不是凡是新的都好。

近来旧诗引起了许多人的兴趣。舆论的障碍解除了，人们有充分的自由享受旧体诗写作的快乐。人们在它有节奏感的铿锵的音韵中得到满足。写旧体诗的人越来越多，其中有些人取得了喜人的成就。手边有一个材料综合地总结了近年来旧体诗词创作"诗意生活从田间到城市"的盛况。[①] 但是总的说来是佳作不多，其间懂音韵的、合平仄的更少。许多爱好者古汉语的修养差，不懂音韵且不说，不会用文言写作，更不会用典——一般说来，适当用典是必须的，这一点，有写作经验的

---

① 《北京日报》记者路艳霞：《传统诗词创作，民间逆生长》。报道说："中小学没有专门开设讲解传统诗词格律的课，即便是开设有古代文学的高校，也很少开设诗词创作课程，但这并不妨碍传统诗词创作在民间的生存。首届'诗词中国'传统诗词创作大赛刚刚落幕，此次大赛以手机短信和邮件为主要参与平台，共收到有效参赛作品 3.8 万首，而用手机发送并转发的诗作总量更是接近 1.29 亿人次。流淌在中华民族血脉中的传统诗词，不仅仅在课本里、典籍中、讲堂上，它更活跃在人们的生活中，顽强而执意地生长。"见《北京日报》2013 年 7 月 16 日。

人们都清楚。许多旧体诗近于顺口溜，介乎快板与民歌之间的。总之，不像。

令人欣慰的是相关的教育部门开始重视这个问题了，这次会议上发给的《诗铎》便是复旦中文系的朋友们做的，全部旧体诗词，原创，繁体，厚达四百余页。编者弁言谈到一个很重要的观点："自魏晋以迄明清，经历了发生、发展、兴盛、衰微的过程，一方面，旧诗词在形式上已臻于完美、达乎极致。另一方面，由于时代关系，旧体诗词的创作已经永远告别了主流文学，而成为一种小众的雅事。因此，我们主张，对于旧体诗词的创作重要的是传承而不是创新。"[1] 我所在的北大中文系一些中青年教师多年来也关注此道，他们领导学生读、写、评，连续出了两册《藤荫吟课》。指导老师用文言文写了序跋。[2]

新诗也有一百年的历史了，杰出的诗人出了不少，也有诸多名篇传诵于世。但新诗存在的问题也不少，特别是在当下，由于不适当地强调口语化，使诗中充斥着垃圾一般的废话，这种倾向把新诗语言的先天弱点无限地放大了，冲破了诗歌可容忍的底线。这底线就是形式上的精练与内涵上的诗性。其实诗无新旧，只有优劣，我们不能因为"白话"而忘了"诗"，也不能因为"新"而忘了"诗"。现在的问题恰恰是，我们写的

---

[1] 《诗铎》第二辑，陈思和胡中行主编，上海：复旦大学出版社，2012年8月。

[2] 北京大学中文系自印。北大五院紫藤如盖，故曰"藤荫"。书的封面注曰："小班教学试验课程诗词格律与写作。"可惜只是"小班试验"，何时能升格为"大班正课"呢！

不是诗，而是繁冗的废话。我说的是相当多的一部分，当然不是全部，诸位新诗作者别介意。

　　2013 年 7 月 31 日由上海作家协会、上海诗词学会联合召开的《新旧交融抒心声——新诗旧体诗创作论坛》在上海巨鹿路 675 号上海作家协会大厅举行，这是在此次会上的发言

看月亮非常重要

找一个最美的季节，找一个最美的地方，看一年中最美的月亮，这就是人生最美的事情。看月亮真的有这么重要吗？是的，非常重要！因为这可能意味着永远。世间有很多事情，人们有很多追求，对比看月亮而言，都是短暂的。我们对于月亮的追求是和我们的诗歌相联系的，因此可能永远。月亮，加上诗歌，或者再加上酒，这就是最美，也最长久的人生。这就是我们心中比一切都重要的不朽。

借此机会，我要说两个古人。先说曹操。曹操有盖世的功业，但如果没有月亮，或者如果也没有酒，人们也许会把他视为一个普通的帝王而把他遗忘。而曹操因为有酒、有月，加上有诗，所以他不朽。"月明星稀，乌鹊南飞"，这里有月；"何以解忧，唯有杜康"，这里有酒。当年横槊赋诗的曹操，不仅是三军统帅曹操，更是诗人曹操。当年的征战已成历史，当年的诗人依然活着。他的诗有点悲凉，也许是因为征战太残酷，也许是因为饮酒太多，但是面对月亮，他成了永恒，成了不朽。

再说李白。只有诗酒风流，并不是李白，只是一名诗人。

只有加上月亮，那才是真实的、完整的李白。"长安一片月，万户捣衣声"，"峨眉山月半轮秋，影入平羌江水流"，李白比一切帝王更有名气，月亮最后成就了李白。因为有采石矶那个捞月沉江的美丽故事，李白高于帝王，高于一切世俗和流行。所以我们始终承认这个真理："屈平辞赋悬日月，楚王台榭空山丘。"

在最美的长白山，在最美的中秋夜，看一年中最美的月亮，听诗人们吟诵诗歌，此时此刻，我们成了世上最幸福的人。这个最美的夜晚，完成了我们今生今世最美的记忆。给予我们这个幸福的际遇的，是吉林的朋友，是长白山的朋友，他们都是诗人，有诗歌的灵感和想象力，他们为了这个中秋月，用火车、用飞机，也用长途车把我们从全国各地迎到这里，看一年中最美的月亮。对此，我们有说不尽的感动。

最后，我个人还要对一位年轻的朋友致谢。感谢她在代我写下的文字中表达了我一贯的信念和此时的心情："我觉得自由梦想、公平正义、有情人生这三者是诗人缺一不可的信仰。我觉得诗能让人的心灵得到享受，让人的灵魂得到休息，让人的精神得到升华。诗的世界，是宁静的；诗的世界，是美丽的；诗的世界，是充满了无限的可能的。在无限的可能中，我们发现了彼此，发现了促进彼此灵魂成长的东西。"

"今天，相聚在此，皆是缘分使然，在长白山下，希望借东方神韵，让现代诗歌吸收灵气，展现新诗的艺术生命力！我相信，通过这次相聚，我们都会成为朋友，希望长白山愈加秀美，长白月愈加皎洁动人。祝大家团团圆圆，中秋快乐！"①

  2013 年 9 月 19 日凌晨 2 时，于长白山宝石温泉度假酒店 708，此日癸巳中秋。

  这是在吉林延边州安图县二道镇长白山宝石国际酒店广场举行的"长白月天池情"中秋晚会上的开幕词

---

  ① 这位年轻朋友是吉林商报的记者马丽颖。最后带引号的两段文字，都引自马丽颖为我草拟的讲话原稿。我这样做，是为了感谢她对我的理解和深知。

我们再一次为诗歌相聚

我们再一次为诗歌相聚，为诗歌相聚总是带给我们快乐。我们是一群凡人，却又有超凡的灵智。诗歌使我们超越一切人间的藩篱而息息相通。加里·施奈德是美国人，叶夫图申科是俄国人，谷川俊太郎是日本人，亚当·扎加耶夫斯基是波兰人，我们语言不同，肤色不同，信仰也各异，但我们的心灵相通。

我个人特别欣慰能在我的学校与痖弦先生相见，感谢他不远万里①来到我们的现场接受我们对他的敬意。记得三年前我们在台湾相聚，曾有过一段共同的行旅。那日我们从台中来到台南，在台南的成功大学操场，那里有一棵大榕树，榕树的树荫遮住了半个操场。台湾南部濒临太平洋，海水蔚蓝，阳光明艳。我和痖弦就站在榕树下。

痖弦指着远处的一排房子说，那是我们当日的军营，我住在那里，司马中原和朱西宁也住在那里。痖弦说："那时我们日夜挖坑道，怕你们打过来。"说话时他面带笑容，他知道我

---

① 痖弦先生长住多伦多。

也曾是军人。我回答他说："你在海的这边挖坑道，我在海的那边也挖坑道①。我也怕你们打过来。"

大榕树见证了我们的谈话。我们没有虚言，说的都是实情。那是 20 世纪 50 年代初，也许是某年某月，我们分隔在海峡两岸，我们隔海为"敌"，但我们无从相识。岁月蹉跎，一切都过去了，我们终于化"敌"为友。

今天，在北京大学的百年纪念讲堂，在中国新诗的诞生地，我们用隆重的仪式欢迎痖弦先生和朋友们的到来。我们是响应诗歌的召唤而来的。我们已经把过去的阴影留在了身后，我们也把彼此的"你们"留在了身后。记得那次成功大学操场会面后，诗人詹澈为此写了一首诗，好像题目就叫《坑道》。

坑道或者误解是暂时的，尽管它为我们带来了伤痛和苦难。而诗歌和谅解是永远的，它带给我们的是爱心和信念，是心与心相通的幸福感。

> 2013 年 11 月 10 日急就于昌平北七家，这是作者在第四届中坤国际诗歌奖颁奖会上的发言

---

① 1952 年 10 月 11 日至 14 日，南日岛战斗失利后，我上岛备战，也是日夜挖坑道，1953 年随军离岛。

鲜花一般芬香的是诗歌

亲爱的朋友们，这里是北京大学，今天这里来了许多朋友。远道的朋友来自法国，中国的朋友来自中国各地，他们都为诗歌而来。诗歌是当今世界最美丽的事业，我们的聚会是美丽的。现在，我代表北京大学中国诗歌研究院、代表中坤诗歌发展基金，也代表诗人骆英欢迎大家的到来。

今天是中法诗歌节的首日。我特别欣慰能在我的学校接待来自法国的朋友。法国对于中国人来说不遥远也不陌生，相反，是一种生发于内心的熟悉和亲近。普通的中国人，即使没有到过法国，也会如数家珍地谈论巴黎，谈论那里伟大的雨果笔下的巴黎圣母院，谈论凌空而起的埃菲尔铁塔、凯旋门和凡尔赛宫，知道那里有一条充满香气的香榭丽舍大街——不仅是因为这条大街汉译文字本身就很美丽，就充满了花的香气，可能还因为那里满街都飘着香奈儿的迷人的香气——中国人还知道那里有一条同样美丽的河流，甚至"熟悉"塞纳河沿岸撑着花伞的露天咖啡座，也许更进一步，还知道萨特或者罗丹。

中国人是那样地钟情巴黎，钟情法国的文学、艺术、诗歌、雕塑，还有哲学以及法兰西传统。中国人知道法兰西的伟大。伟大在她的思想和激情，也许还有令所有人羡慕的法国式的浪漫。关于文学，从巴尔扎克、莫泊桑到罗曼·罗兰，法国创造了非凡的文学奇迹。关于诗歌，那更是无比璀璨辉煌的满天星斗，他们是一长串闪闪发光的名字：雨果、波德莱尔、蓝波、艾吕雅、马拉美、魏尔伦、瓦雷里、阿波里奈、圣琼·佩斯……中国现代伟大的诗人艾青，早年从巴黎，从被他称为彩色的欧罗巴，带回了一支芦笛[①]。在中国，这支芦笛化作了一支呼唤黎明和太阳的号角。艾青动情地说："我耽爱着你的欧罗巴啊，波德莱尔和蓝波的欧罗巴。"

这些代表了法国的理想和智慧的诗人，都是中国诗人的朋友，甚至是他们的老师。中国诗人从他们那里学到了理想的歌唱的语言和方式。了解中国诗歌历史的人们都知道，在中国新诗的草创期，就受到了法国诗歌极大的影响，许多诗人从法国诗歌那里获得了创造的灵感。在朱自清为中国新文学大系诗集所写的导言中，多次提到这种法国的影响："留法的李金发氏又是一支异军"，"戴望舒氏也取法象征派，他译过这一派的诗"，"后期创造社三个诗人，也是倾向于法国象征派的"[②]。朱自清给早期的新诗总结为三个诗派：自由诗派、格律诗派和象征诗派，其中最具创新意义的象征诗派主要是受到法国象征主义的影响。由此可知，早在当初设计新诗的时候，中法诗人的交流和融汇就已经相当深入了。

人类的文明没有高低、优劣之分，它们以各自的独特性造

---

① 《芦笛》是艾青为纪念阿波里奈而作的一首诗。

② 此处所指创造社后期三个诗人是：王独清、穆木天、冯乃超。

就了多彩丰富的世界。诗歌也是如此，所有伟大的诗歌都是人类共有的财富。在现今并不理想的世界上，诸种文明的互惠，多元诗歌的无保留的热爱和彼此欣赏，平等的、不含任何世俗目的的交流，超越了国界，消弭了政治和宗教的分歧和差异，达成了心灵层面的尊敬和谅解，这是并不美丽的世界的最美丽的一道风景。鲜花一般芬香的是诗歌，海水一般透明的是诗歌。也许诗歌无法消除恐怖活动和彼此仇杀，但是至少此地、此时、此刻，我们的内心是安宁的，我们的笑容是灿烂的。

祝中法诗歌节成功，祝朋友们健康快乐！

2014年5月7日，首届中法诗歌节在北京大学召开，这是当日的开幕式致辞

又是红叶时节

亲爱的朋友们，不到一年的时间，我们又在香山重逢了。王光明先生在去年香山会议论文集的后记中，把红叶节中的香山比喻为"这个城市最美季节的最美山娘"。遗憾的是那时我们见到的只是这位"山娘"卸下盛装后的朴素与大方。今年我们把会议提前了二十多天，我们终于有幸一睹她盛装的华彩与艳丽。我深信，漫山遍野的红叶一定会引发我们谈论诗歌的热情。

今年会议的主题是中国诗歌的现代性问题。说起来也有意思，从晚清开始，"如何现代，怎样新诗"这项惊天动地的诗歌变革工程，我们苦干了一百多年，如今才郑重其事地把它作为一个专门的学术问题提出来。我们的讨论无疑是非常必要也非常迫切的。现代性有很多层面，"现代"首先是相对于"古代"而言，因此首先是一种时间的概念。人类对时间变得越来越敏感了，这种敏感又跟工业革命、跟理性意识的兴起有关。尼采宣告"上帝死了"，意在提醒人类必须自我承担。实际上说的就是理性社会世俗与宗教的现实，在理性的主导下，人类实际上既重新设计了政治经济制度，也调整了知识结构和感受方式，个体与群体的思维方法、价值取向也随之发生了很大的变化。

无论是主动还是被动，也许还是半推半就，中国理所当然地也加入了人类寻求现代性的宏远工程。也许在进入现代的时间上、程度上人们有不同看法，但进入 20 世纪后，在制度结构层面，中国已经逐渐实现了由君到民、由朝到国、由家到群的转变。而在知识、文化、感受和想象方式方面，白话对文言的打破和最终的替代，则是有目共睹的事实。朱自清先生在《中国新文学大系·诗集》"选诗杂记"中认为，新诗之新，或者说"启蒙期诗人努力的痕迹"，其实质乃是"怎样学习新语言怎样寻找新世界"的问题。

可以这样认为，中国新诗的现代性追求，究其实质就是"学习新语言"和"寻找新世界"这两项。"学习新语言"就是寻找放弃文言的思维和写作习惯，在言说与书写上采用接近现代汉语的方式。"寻找新世界"就是寻求现代的美学意境、美学情趣和新的美学风格。在这种"学习新语言"和"寻找新世界"的一百多年行程中，中国新诗的现代性呈现出非常丰富，也非常复杂的情态。其中有对工业化、对科学民主、对新事物的无保留的礼赞，也有面对时代巨变的惊恐不安。语言形式上也是如此，在抛弃了旧形式之后，新诗还要不要见了新的形式？有人说新诗就是自由诗，据此提倡新诗的"定型化"，有人倡导新诗的"二度革命"等，不一而足。在这些层面，我们总是在不安与惶惑之中。

诗歌领域中的矛盾与斗争呈现出非常复杂的胶着状态，追新与炫奇、否定与肯定之间的错综复杂，在这些现代性景观的层面，一方面显示了现代性具有"永动性"和不稳定性的特征，另一方面，也暴露出它潜在的许多问题。正因为如此，才出现了我们今天的题目："怎样现代，如何新诗"。毫无疑问，新诗的现代性寻求，必须追寻到这种寻求的本身：为什么一百年过去了我们还在重复地、苦苦地寻求这一寻求的答案？

谢谢朋友们不远千里、万里而来。谢谢你们对香山聚会的热情。如同一年一度秋风中燃烧的红叶那样，你们的友谊总是这样地让我们感动。

　　　　2014 年 10 月 31 日于香山饭店，这是 2014
中国诗歌现代性问题学术研讨会开幕致辞

在阮章竞诞辰一百周年座谈会上的讲话

我对阮章竞先生始终怀有敬意，很尊敬他。在我的研究当中，始终没有忘记他的创作。20世纪70年代末，改革开放刚开始的时候，我在《北京文学》上发表了一篇比较长的文章，就是《解放了的漳河永欢笑》。在我主编的《中国新诗总系·50年代卷》里，我把《漳河水》全文选进来了。在这种选本中，全文选进来也是不容易的。在我自己的新诗研究当中，抗战到1948年这一段，我专门写了阮章竞的创作，这就是我向他表达敬意的一种方式。

今天我要讲的是三点。

第一点，我就说我对太行山的认识。阮章竞先生的灵感是孕育于太行山。他生在温暖的南国，是中山市（过去叫中山县）人。他的家乡有很青翠的山，也有看不到边际的蓝色的海洋，但是他把太行山当作自己的第二故乡。没有到过太行山的人也许不知道，这座大山的伟大和魅力。我到过我敢说。为什么阮章竞那么热爱太行山，因为这座山太伟大了。

我曾经从山西进入太行山，从河南进入太行山，从河北进入太行山。在山西那一段，莽莽苍苍的王莽岭，非常高，有非常大的峭壁。没有南方的山那样的妩媚，是非常雄伟的。王莽岭上面有一条公路，叫挂壁公路，公路挂在万丈峭壁上面，太壮观了，太险峻了。河南进入太行山，是从安阳到炎陵县进入；河北进入太行山，是从邯郸进入；山西进入太行山，是从平顺、晋城那一带进入。到了太行山的腹地，你才觉得这座山太伟大了，它为什么成为抗日战争、解放战争的重要根据地，八路军就在山里。那个地方的人民也很伟大，所以阮章竞热爱她，把她当作第二故乡，并且取得灵感，那是有道理的。现在看起来，阮章竞先生的诗人气魄，本应该是很温柔的南方人，怎么有那样大气、那样豁达，是大山的灵魂给了他很多的滋养。

我和阮先生作品近距离接触应该是 1949 年到 1950 年那段时间，我在部队文工团。部队文工团演出《赤叶河》，我自己曾经是《赤叶河》当中跑龙套的人。当时是一边读《漳河水》，一边演出《赤叶河》，我感觉这个诗人、剧作家才华横溢，写出了非常漂亮的文字。这是第一点。

第二点，我讲时代。《漳河水》的写作是，1949 年 3 月 26 日初稿于卧虎坡，1949 年 12 月改写完毕于北京；序文小引里面注：1949 年除夕序于北京。也就是 1949 年咱们解放那一年除夕，在北京写的序言。这本长诗正式出版在 1949 年 9 月，作为《中国人民文艺丛书》的一种，由上海新华书店发行。正式发表是《太行文艺》第一期，1949 年 5 月 1 日；《人民文学》第二卷第二期，1950 年 6 月 1 日发表。

可以看到 1949 年我们的新中国成立前后，也就是《漳河水》写作和发表的前后。这部诗歌的写作、出版时间和共产党酝酿的时间几乎是重叠的。我把它看作：告别了一个旧的时代，迎接了一个新的时代。

在关于新中国的歌唱当中，我们印象深刻的有两首抒情诗，一首是何其芳先生的《我们最伟大的节日》，另一首是胡风先生的《时间开始了》。这两首诗都是抒情诗，胡风先生的是一首很长的抒情诗，何其芳先生的短一点。里面都写到这个新生的国家诞生时候的雷雨，隆隆的雷声，何其芳先生写会场上人民政协在开会的时候，外面的雷声自远而近。胡风先生写到雷雨："好猛烈的狂风暴雨，好甜蜜的狂风暴雨，夹着雷声，飞着电火，倾天覆地而来了。"何其芳先生的也是雷雨声："在隆隆的雷声里诞生。像暴风雨一样打击着敌人，像雷一样发出震动世界的声音。"强烈的暴风雨，非常大的雷电，在宣告革命的胜利。

但是我要说革命是狂风骤雨式的，但是阮章竞先生所表现的革命的胜利，是更深刻、更深邃的，那是钻入人心的。他是讲人怎么改变自己，怎样由于时代的变革，改变了人的命运。刚才大家讲到《漳河水》里的几个人物，还有那三个女性的对立面，那几个男人，他们带有旧时代的一种被奴役、受创伤、求解放的痕迹。所以阮章竞先生笔下这些长诗所展现的，是革命带来更深刻、更内在的成果：那就是人的改变，人的命运的改变。也许我们大家对这场革命，有新的认识，有新的发现，但是我觉得在暴风雨的同时，还有很温柔的，还有春雨般滋润的，春风、春阳一般温暖着人心的，这种内在的改变。在许多诗歌写作当中，这一点我觉得是阮章竞先生给我们的贡献，包括他的歌剧《漳河水》也是这样的一种创作。

第三点，感受就是艺术。我的判断是，《漳河水》把新诗写作的民族化推向一个成熟的经典化的高度。长诗写作于新中国成立之前，出版、发表于新中国成立之后，这是一部跨时代的大诗歌，这是一部史诗性的作品。它不但将我们革命的外在变化，而且将非常深刻的内在变化表现了出来。

那个时代讲妇女解放，在那之前都是父母之命，都是嫁鸡随鸡，嫁狗随狗这样一种状态。从新时代开始，妇女能够自己选择自己命运，《漳河水》里头写了好多都是经济独立的表现："街上有说又有笑，岑岑唱着回来了：拿帚，扫扫土，炕上一头另撑铺。你要对我不好，今天就分开睡觉，你在这个铺，我在那个铺。"岑岑给二老怪算经济账："去年穿俺五对鞋，一对就按五工折，两身布衫一身棉，至少不算个十万元？去年俺织了十个布，一个值钱两万五。卖了俺布买驴回，草驴该俺有三条腿。"妇女经济是独立的，人格是独立的，所以讲到人性内在的变化，人的命运的内在变化，是这首长诗给我们的。

在这之前，就艺术方面来说，在延安有李季的《王贵与李香香》，它的写作是信天游的形式，两句一节。每行都押韵，换一节换一个韵，有的同韵到底，有的换韵，这是李季先生非常了不起的学习民歌的成果。但是我们也看到带来的呆板，与民歌太过接近。诗人显得很难发挥更多的创作余地和想象余地。我们看阮章竞先生的写作是一步一步来的，《盼喜报》是他写的。后来到《圈套》。《圈套》的副标题是"俚歌故事"。俚歌是民间民谣，《圈套》是不分行的，却是押韵的，写的是故事，也就是说它是叙事的。中国的文学艺术革命、诗歌革命，在延安座谈会讲话前后有重大的变动，那就是叙事的成分加多、加强。《王贵与李香香》就是一首叙事诗，游击队怎么解放，怎么复辟，最后大团圆，王贵与李香香结婚，讲的是故事。《圈套》讲的也是一个故事，农民被收买，收买过后又怎么觉悟过来等。但是阮章竞先生写的时候非常在意，他没有分行来写，但是又是诗。诗一般来说不擅长叙事，但是革命成果要求叙事，要求讲故事。因为革命要求我们把革命的故事讲透，把革命故事里的人物树起来。阮章竞在做了。

到了《漳河水》的时候，他这里头就复杂多了，这里头既有民间小曲二行的形式，也有四行的形式，还有三个音节到五个音节这样的顿，这样民歌传统的形式，他混合起来使用。这样就使得诗中人物的对话、情景、故事的进展，有了更多活泼自由的余地、空间。这是结构上面的东西。然后更重要的一点那就是，被忽视的古典文学、古典诗歌的影响。今天会议从铁凝开始，大家引用了"漳河水，九十九道弯，层层树，重重山，层层绿树重重雾，重重高山云断路"。前前后后，从《往日》《解放》到《长青树》，这些章节，既像民歌，又像旧时的词，把古典诗歌的元素引入到长篇民歌故事的写作中来。这对于阮章竞先生，是他的爱好，是他的追求，也是他的素养，他的古典文学素养的体现，非常漂亮。

所以我们可以看出，他在革命的转折关头，苦苦追求的是艺术的完美。我们可以看到人，尤其是女性在封建压迫下是怎么样的痛苦，也可以看到在新生活的召唤下，怎么得到新生，最后是一种很欢乐、很美丽的结果。这就是我们阅读以后的感受，这种感受是非常深的。

我的判断是：这是一部跨时代的，跨新旧两个时代的、经典的、史诗性的作品。对我们启发非常大。

后来的演变是阮章竞先生始料未及的：口号泛滥，公式化概念化严重，就不说了。但是在很多诗人在讲雷声雨声的时候，在隆隆雷声当中，我们记住有这么美丽的、非常温暖的、人民解放的长诗。

这是在阮章竞诞辰一百周年座谈会上的讲话

温州山水记

　　记得 2003 年我第一次来到温州时，温州的朋友就构想要把江心屿建设成国内第一座诗之岛。我们现在所在的地方就是瓯江的江心屿，这是已被命名的中国的诗之岛。当年我们考虑这名字时，曾想到舒婷的家乡鼓浪屿，应该是与诗有关的，后来觉得鼓浪屿是中国的钢琴之乡，虽然音乐与诗关系亲密，但鼓浪屿更应该是音乐岛。事情当然不是我定的，但我的确参与了当年的讨论。现在，诗之岛的碑石已经立起来了，江心屿于是正式成为我国第一座以诗命名的岛屿。

　　此刻我们开会的这座楼叫浩然楼，首先让人联想的是令李白倾心的孟浩然。"吾爱孟夫子，风流天下闻。红颜弃轩冕，白首卧松云。醉月频中圣，迷花不事君。高山安可仰，徒此揖清芬。"[①] 我知道历代很多诗人到过江心屿并留下诗篇，那都是确定的，至于孟浩然是否到过温州，到过江心屿，却有待考证。但眼下这座浩然楼肯定与另一位诗人有关，这就是文天

---

　　① 李白:《赠孟浩然》。

祥。也许这楼正是为他修建的。不论是诗人孟浩然，还是诗人文天祥——后者用自己的生命谱写了一曲气壮山河的诗篇——都证实了此岛与诗的深厚渊源。在江心屿，在浩然楼，我们此刻的感受是，我们的先人在为我们今天谈论诗歌提供久远的启示："天地有正气，杂然赋流形"，正是这种正气成就了古今伟大诗篇的灵魂。

江心屿立于瓯江中流，这里无疑是谈论诗歌最佳的场所。我们从浩然楼的窗口望去，但见瓯江两岸青山绿水排闼而来，一派清丽风景。瓯江流过这边，楠溪江流过这边，这厢是雁荡山，那厢是天台山，再远些，是李白梦游过的天姥，还有烟雾缥缈的仙居，那是神仙居住的地方。

我们到来的时候，正是瓯柑花开时节，瓯柑的花开得细细的，它的香气也是细细的。为看瓯柑，我们来到一个叫作泽雅的地方，泽是润泽，雅是清雅，泽雅这名字让人联想古老的文明。这原是被高雅的文明润泽的地方，不然的话，这么文雅的地名从何而来？在泽雅，我们访了古老的造纸作坊，高低的炉灶、连片的化浆池，以及晾晒场，我们看到的造纸文化，是如今还活着的"古董"——不是目前随处可见的那些假古董，而是几百年前建造的、如今还活着的"古迹"，是有生命的、还在运行的活化石。

我对泽雅这名字充满了敬意，我问过博物馆的人，为什么是"泽雅"，为什么是"纸山"，为什么是如此这般的充满诗意的高雅的命名？博物馆的讲解员查了，说，这里的地名原先是"寨下"，音译并被雅化成了"泽雅"。我知道当今乱改地名的恶习还在瘟疫般蔓延，原先优美的、有历史感的地名正在被浅陋的，甚至恶俗的命名所代替。温州有泽雅，说明这里是国内少有的、充满文化气息的地方。

光有泽雅还不够，附近还有一座山以纸命名的——因为造纸，做出的纸需要晾晒，那些写满了诗句的纸片铺满山峰，那山峰于是就被命名为"纸山"。不是纸糊的山，而是铺满了诗句的山。当地人把整座山诗化了，那山上写满了诗句。我猜想，像"池塘生春草，园柳变鸣禽"这样的名篇佳句，一定是一遍又一遍地被写在纸上、被晾晒在山坡上，而被堆成了一座诗山。

由此引发了我关于诗歌写作的联想，我们原以为诗写山水是一定的，其实，诗意山水是诗人争取的，是因为争取而实现的。在我国古代诗中，就《诗经》而言，诗有风、雅、颂，而我们的先人首先推崇的不是风，不是雅，而是颂。颂是歌颂庙堂的，传统视角看重这个。《世说新语》有一则记述，谢安和他的子侄们聚会，谢安问他们：毛诗中何句最佳？谢玄回答说，是小雅中《采薇》的句子"昔我往矣，杨柳依依，今我来思，雨雪霏霏"。谢安不以为然，认为最佳的诗句出自大雅，是"訏谟定命，远猷辰告"，"谓此句偏有雅人深致"①。其实他所看重的这八个字，不仅枯燥古板，且毫无诗意可言，不知佳在何处？谢安是朝廷命官，看重的是诗的社会功能而不是诗意的表达。《世说新语·文学第四》真实地记载了这段轶事。

其实，谢安他们涉及的，是诗歌观念上的互异和冲撞。诗

---

① 【南朝宋】刘义庆《世说新语·文学第四》。"訏谟定命，远猷辰告"，见于《诗经·大雅·抑》，此八字的意思是，重大的方针一定审定，国事大计要及时通告。

是言论？是说教？就言志和缘情而言，究竟何者为重？子侄一辈肯定了诗的使命在抒写情怀。诗的根源在山水，在山水作用于心灵，至少是抒情为先，说教退让，此乃常理，是不辩自明的。还有一则似乎也与此有关，也来自《世说新语》，还是谢安与晚辈讨论文章要义，谈话间，"俄而雪骤"，公欣然曰："白雪纷纷何所似？"其中一位侄子说，"撒盐空中差可拟"，女诗人谢道韫（她是左将军王凝之的妻子）夺了头魁，她的续句是："未若柳絮因风起"。这故事，大家都熟悉，也是以自然景物的诗意联想取胜。

所以，诗不是理论，也不是概念，诗的精灵是情感。而情感是感时伤怀的产物。情动于衷，因有感于丰富生动的自然山水而发为心音。每次来到温州，我们受到的诗歌启蒙，首先是山水与诗的亲密关系的启蒙。刘勰《文心雕龙·明诗》讲："庄、老告退，而山水方滋"，见游山水诗，以康乐为最。康乐就是谢灵运，他当过永嘉太守，是温州的山水启发了他不竭的诗情。他是中国山水诗的第一人，他也是最多产的山水诗人，是他把诗从玄言引导到山水中来，谢灵运，一句"池塘生春草"成了千年的诗学启蒙。

前几天我访问了广西很边远的一座村庄（北流市六靖镇社埇村），那里盖了一座谢氏祠堂，祠堂供奉了谢安和谢灵运的神位。乡亲殷勤嘱我题词，我写了"池塘春草总难忘"七字留赠。"池塘春草"为什么难忘？比起谢安的赫赫功业而言，谢灵运可能是平常的，但在文学和诗歌的贡献上，他走在了谢安的前面。难忘的是，谢灵运能在非常平常的事务中发现并肯定了诗。而这种发现可与谢安的文治武功相媲美。沈德潜对他评价甚高："大约经营惨淡，钩深素隐，而一归自然，山水闲适，时遇理趣，匠心独运。建安诸君，都非所屑。"①

从诗经开始，历代注家往往把诗解释成政治，就是这"池塘生春草，园柳变鸣禽"也是如此。权德舆解为"王泽竭，侯将变"。沈德潜对此反驳说，"偶然佳句，何必深求"，要如此，"何句不可穿凿耶"？沈是懂诗的，而权则未必。山水有诗，诗不是理论。

> 2016年4月26日始写于温州，2017年1月5日续写于北京昌平。
>
> 2016年4月24—26日，应温州大学文学院和温州瓯海区邀请参加"山水集"聚会。
>
> 这是闭幕会的专题讲座，原题是："在山水诗的圣地欣赏美丽山水"

---

① 沈德潜：《古诗源·谢灵运》。

诗意的人生和学术

各位朋友们早上好，在开始之前我要跟各位介绍一下我的一些情况。我已经多年没有做这样人多的讲座了，因为我有限的体验和积蓄，都已经写在文字当中了，我觉得没有什么新鲜的话可以跟诸位交流的，多说就是重复，重复是我所不乐意做的。但这次不同，这次是福建家乡的图书馆，是家乡的邀请。它的邀请是充满温馨而美丽的，我很看重这样一次和大家交流的机会。感谢大家在台风过后，牺牲周日休息的时间到这儿来听我讲话。我也非常看重这一次讲话，所以我在会议匆忙的间隙中做了一些准备。大家看看我写的这样一张纸，一共写了六张。但是六张纸写了以后，我还是忐忑不安。因为实际讲话的效果，不可能看着上面来，这个地方一点，那个地方又一点，我不知道去哪个地方找当初的思绪，我找不出来。但要是念讲稿效果也不会好，大家听了也很乏味。所以，我今天的讲话可能是错乱的，可能是不连贯的，也只能如此了，请大家多多包涵。但是我会告诉大家，这些不连贯之处都是我想到的、要讲的，我感谢大家来听我讲话，这使得我有机会来整理我的思绪。

我的一生和诗歌的关系，可用所谓诗意人生、诗意学术来描述，我的一生是和诗歌相伴的，这是应该告诉大家的。我们到会的朋友们有的年长、有的年轻，我的年龄大，大家对我的了解也不同，对诗歌的了解也不同，没关系，大家听听我这个过来人是怎么学习诗歌，怎么爱好诗歌的。我在正式讲话之前，要讲讲我们现在所在的场地，我要跟大家讲一个过去的经历，这是我从来没告诉过别人的。刚才在给图书馆题字的时候，我说六十年前这里是我向往的一个殿堂，为什么是"六十年前"，又为什么是"殿堂"？我要跟诸位讲一讲，这是我人生的一个"秘密"。六十年前，福建省立图书馆是我梦寐以求的一个地方。1955年，我奉命从部队复员。因为我是在福州参军的，一纸通知书就送到了福州市民政局，由民政局安排我的工作，那年我23岁。从部队复员，对我个人来说是战争年代结束了，要开始和平岁月了。那时候我是读完福州三一中学的高中一年级，就参军去了。我读书太少，学历太低，我对就业没有任何思想准备。那个时候我就知道省城有一个图书馆，叫福建省立图书馆。我就向往这个地方，想到这里工作，我就想图书馆有很多书，我要读书。年轻不知世事，我写了一封信给这个图书馆，我说某某人是什么什么经历，现在部队复员想谋职，想到图书馆去当个图书管理员，不知道你们能不能用我。我为什么选择图书馆呢？我对自己有个分析，我一个高中都没念完的学生，短短的部队几年的经历，我能够做什么呢，我什么都做不了。实际上，当时要是民政局安排工作，我可能能当个小学老师，或者当个公务员。我不甘心，我还是想要读书，读书怎么读呢，就到图书馆读书。那时，这个图书馆就是我心中向往的、最了不起的一个地方，我在这个地方要给大家服务、要保护这些图书，而且我自己要看书。大家知道一个年轻的小子，他写一封信到这个机构里头来，想当然，求职信写给谁，寄往何处，手续应该怎么样，这些都不清楚。这番冲动的结果，当然是石沉大海，当然是没有回音。

1955年4月我回到老家，我想，既然图书馆没有回音，我就不等民政局给我分配工作了，我自谋生路，我决定参加当年的高考。因为我在部队的级别太低，没有资格当调干生，不能直接被保送入学，必须像高中生一样参加高考。那么高考怎么办呢？参军时高一的功课念完了，又隔了六年的时间，在部队打仗啊、行军啊、海防啊、守备啊、练兵啊，我原先的学业荒废了。我和另外一个同学相约报考，我们向一位朋友的中学老师借了全部高中课本，在我的家里就开始复习功课，我们准备用同等学历来参与1955年度高考的竞争。

福建省立图书馆在我心目当中是曾经向往而不可达的地方，那时候我与图书馆失之交臂是多么遗憾，今天我回到这个地方来，倍感亲切和温暖。我想象，要是六十多年前我就在这里服务，现在应该是省图书馆退休的老职工了。也许退休后我会在这给大家看门，给大家做一些别的服务，写写东西，整理书什么的，和大家有缘，有了今天的相会。尽管时间过了六十多年，这里依然是我心目当中的一座圣殿。我认为我能够到图书馆服务，是一个最奢侈的念想，当然，这念想当年落空了，当时有点失望，现在得到了补偿。

除了就业，上大学就是开始我的和平岁月的另外一条出路。所谓我的和平岁月，就是要重新读书，拿起书本来。每本书都会说话，每本书都有生命，每本书都是我们的心灵的朋友，当然书有好坏，我讲的都是好的书、有益的书，那些坏书不在我的考虑之列。我今天和书的作者见面，和书中书写的心灵沟通，这是最大的幸福。我写过一篇文章被选用在一些高中课本当中，在大学课本当中也经常被引用，就是《读书人是幸福人》。因为读书，我们可以和最有才华、最有智慧的人交谈。我们能够打破时空的界限，和千年以上、百年以外的人交流，听听他们的声音，听听他们的言说，他们告诉我们人生的意义，我以为这是最幸福的一件事情。我后来读书，就开始藏书，藏书也是很有味道的一件事。要是有一套书拿到手，缺了其中一本或几本，那就非常遗憾，就要千方百计地把它补齐。

我给大家讲个经历。记忆中是上海万象书局，二三十年代出过一套中国作家选集，也可以叫作自选集，从鲁迅开始，包括林语堂、沈从文、郭沫若等，整套是二十本。二十本，我积攒了好多年都没有补齐，几十年后，到了北大，到了北京的东安市场，我凑齐了，记得最后一本是《沈从文选集》，高兴得不得了！这套书伴随我几十年的光阴。那年我复员回到家里，首先找的就是这套书。书还在，它们一直等着我，继续陪着我。久别重逢，重新拥有，从此不离不弃，从"文革"一直到现在，这是人生的大乐趣。书有点黄，封皮也都破了，我自己把封皮重新包装了，把它整理好了，这是太幸福的一件事情了。

这是讲我和福建省图书馆、我和图书的关系，再讲一讲题外话，讲讲这座城市，讲此时我们说话的环境，这就是福建省福州市，是鼓楼区。我就诞生在这座城市中，1932年出生在这，所以这是我的母亲的城市。我的祖上是从长乐迁移过来的，长乐的历史我就不知道了，我是诞生在福州的，所以我像爱母亲一样地热爱这座城市，我在它的怀抱里头生活了17年，从1岁到17岁，17岁离开。我去找过去的地方基本上找不到了，根据记载，郎官巷里面有一座祖屋，是我的祖父或者曾祖父曾经住过的地方。但是我的大哥告诉我，当时叔祖因为生意失败，就把房子卖掉了。后来我们一家就到处流落，我出生在什么地方不知道，后来找到一个地方，叫化民营。是我的朋友们帮我找的，他说这可能是我的出生地。这个化民营在哪我也不知道，又有个地名叫杭城试馆，他写的是杭州的杭，其实不是，后来经过考证，是航海的航。航城试馆的航是"吴航"，是长乐区的别称，航城试馆可能跟长乐有关系。我不知道我出生在哪，但记忆里是深宅大院，有很多树，院子天井里有水井，母亲就在水井边静静地洗衣服，花落了满地。这花呀就无声地落下来，可能是龙眼、荔枝的花，很细小的花。但是我长期住的地方是福州仓山区的程埔头，程埔头有一条短短的街道叫马厂前，马厂前这个地方的房子也被拆掉了，被新盖的很丑陋的房子替换了，我的房子呢，我少年做梦的地方，那很暗的阁楼，没有了。这个地方虽然没有了，但这座城市在我心中永远存在着。所以有的人说我的乡情很重，就是这样。凡是福建有召唤我会响应，只要能够做得到我都会去做，因为我始终认为这是我心灵的故乡。

人生有很多的快乐，也有很多的痛苦，快乐和痛苦是在一起的。大家不要认为人生纯粹就是快乐，不对的，人的一生很丰富，你要经历一切，你要享受欢乐，同时你也要承受痛苦。痛苦可能对你更重要，它能够考验一个人怎么渡过生命的难关，怎么战胜遇到的困苦。这个战胜当然一靠家人，二靠朋友，但是主要是靠自己，你自己要承担。你战胜了疾病也好，灾难也好，意外的损害也好，战胜了，你就是个成功的人。所谓成功，不是挣大钱，不是当大官，而是你能够战胜你面前的一切，你战胜了就是胜利者，就是有成就的人。这一点体会，是我通过自己的经历所感受到的，欢乐是暂时的，而痛苦可能是常在的，经常会有的，我想一些岁数大的人都体会过各种各样的痛苦，而这痛苦对我们来说也是财富。

我要给各位讲一个很遥远的故事。我1932年生人，17岁离开福州，我的经历一定是非常复杂的。但是我只讲一讲我的童年，和这个城市有关的我的童年。我刚才讲的，我17岁离家，23岁回来，我想在这个地方谋一个职位，但是没有结果，我要讲一讲我怎么度过我阴暗的童年的。秀美秘书长要我做一个简要的提纲，我匆忙当中没有做，因为杂事太多没有时间做准备。我说题目就叫：福州，诗意的城市，没有诗意的童年。

我现在讲讲没有诗意的童年是怎么回事，诗意的城市大家都知道了我就不讲了，我说的没有诗意的童年怎么回事？我的童年基本上谈不上温饱，整个童年是在饥饿或半饥饿里过下来的。母亲太伟大了，我不知道在整个家庭没有收入的情况下，母亲怎么把这么多孩子养大，养大以后还让他们上学，学文化，母亲太了不起了！我们这个家，哥哥弟弟姐姐这么多人，衣服从哪来？按照福州习俗，每逢过年都要给孩子穿新衣服，这么多的孩子，这些孩子的新衣服，她是怎么弄出来的？在福州过年都要给孩子穿新衣服穿新鞋戴新帽，再贫困的家庭也要有个面子在，母亲怎么做的，我都不清楚，所以想想心里非常的难受，有悲怆的感觉，母亲真的太伟大了。

讲了母亲，我也讲讲自己，接着上面的话题讲下来，当年的日常生活基本上是饥饿状态或半饥饿状态，但更严重的是学费，这个学期上了，不知道下个学期能不能够再升学，因为交不起学费。学费没有着落就谈不上继续学习，你想想看，我弟弟要上学，我哥哥要上学，没有学费，那么这个钱从哪来啊！为了省钱，我除了学习，还要做一些家务劳动。那时候叫作读书人，清高啊，自己怕被人瞧不起，可是家里穷，不做不行。你们可能不知道，过去城里人家都是烧柴火，你们在座的就是年纪大的几位可能也都不知道，福州人过去烧柴火，要么是到山上去砍些小树枝，要么就花钱买柴，柴是从乡下挑上来卖的，物价飞涨，柴火都很贵，松木有这么大，一捆一捆的很贵，贫穷的家庭是买不起的，可是做饭要烧火，买不起柴火就要上山砍柴火，砍柴火也不行，山上的草啊什么也很少，做饭也不够用。福州的程埔头，仓前山下来，就是仓前街那边的上渡或下渡的渡口，渡口边上有锯木厂。那时候福建的木材很名，木头从闽北建瓯南平那边一路运下来，木排运下来到福州的锯木厂经过半加工，把杉木的外皮去掉，然后把里头的东西变成有用的木材，外面那个皮就是我们贫穷家庭居民们的烧用材。它没有再加工，就那一片一片的东西，你要自己到锯木厂去买，买了自己要抬回来，背回来。这个工作，知识分子的家庭、爱面子的家庭、有虚荣心的家庭孩子们是不肯做的，但不肯做也要烧火，也要买便宜的柴火啊。我和我弟弟天黑了下课回来，同学老师都看不到我们了，我们两个就趁着天黑去背，从这个仓前山到闽江口那个锯木厂把柴火背回来，然后把它砍断了砍小了用作烧材。当时很爱面子很虚荣，读书人的老毛病，就是读书人的清高，其实就是虚荣心，瞧不起劳动，可是家里穷，不能不做。所以心里的压抑、心灵的压抑是非常大的，像这样的事情还有很多，所以整个童年的天空是很阴暗的，但是尽管阴暗、尽管饥饿，我都挺过来了。

我这个人有很多缺点，但是我也有好的品质，这品质就是我知道让。家里人口众多，一大桌人吃饭，因为贫穷，菜是很少的。我知道有些菜是不能吃的，我就留下给哥哥、弟弟，给爸爸妈妈吃，我自己忍受那份"馋"。一个土豆在碗中，我都舍不得吃，留给别人。这都是因为贫穷学会的，生活教会了我应该怎么对人，怎样对待自己。自己省一点、苦一点没关系，家里太穷了嘛。当年吃肉什么的是很奢侈的事情，米缸经常是空的。这个不多讲了，尽管城市很美丽，但是我的童年不美丽。要是从我的出生到我17岁离开福州算起，我还没有成年，我所经历的一切都是和贫穷、苦难，和艰难的事业联系在一起的。你想想看，我1932年出生的，1937年抗战起来我才5岁，5岁就是殖民地的经历，5岁就是日本侵略军铁蹄下的民众。你想想看他的心灵压力有多大！我要反抗我的命运，一有机会我就会出走，离开这个地方，我要自己寻找我的天地，开创我新的生活。

人生总要做一点事，做事是为了谋生，其实说透了就是这样。你做事情，自己得能够活下去，一家人能够活下去。你事情能够做得好，你自己就过得好，家人就过得好，人生就是这样。丰功伟业有人做，但是家长里短，一些平凡的，我们来做。我以及我们的后代，你要想在人世站得住脚，你就要学会一个本事，这个本事就是我们活下去的本钱。所以，我不认为当年选择高考有什么了不起。你学会真本事，你的人生就有意义。最怕的是你没有本事浑浑噩噩地过一生，于人于己，均无好处。所以工作是没有高低尊卑之分的，你能够自己养活自己，很尊严地活着就是了不起的人生，这是我的基本观念。

学术是什么呢，学术就是一个谋生的手段，这可能跟兴趣有关。那读书也是兴趣，读书为了什么呢，过去讲书中自有千钟粟，书中自有黄金屋，说读书为了做官、读书为了发财，这个不能说错，我只强调读书为了服务，低调则是谋生。但读书也要有兴趣，学术是每个人的选择，因为我们是知识分子，是书生，那当然要讲学术。那么工人他就不讲这个了，讲技术，我要是能把汽车修好我就是好样的，对一个汽车修理工而言，他就是了不起的。而对书生来说，他没有别的本事，他就做学术。我最近有个朋友要我写字（我字写得很差的），因为他看了我一本书上面，我给北大的研究生学刊写了几个字，"以平常心，做真学问"。少年壮志，天高地阔，我要做很多很多事情，这不一定对，因为做不到。我的人生经历就是，你一生能做好一件事就了不起了。我做学术做什么呢？学海无涯，瀚海无边，天高地阔，我能够做多少呢？不会多，我穷其一生只能做好一件事，我在一篇文章中这样讲过。其实，像我这样的年龄不应该说这个话的，因为王国维先生、闻一多先生，他们四五十岁就做出了很大学问。只能说人跟人不同，我比不上王国维，也比不上闻一多。闻一多40多岁既研究《诗经》又研究《楚辞》，还研究新诗、写诗、画画、篆刻，真是了不起！王国维也一样，人刚中年就成为学问大家，一般人做不到。

我知道我也做不到，我做什么呢？我做诗歌，研究诗，研究诗也不是研究全部诗，古典诗歌我前面说了，我不敢讲。古典当中那么多文章我不敢讲，我讲新诗，中国新诗当中的现代部分，我也不敢，我的专业在中国当代诗歌。你看，退到这个地方来了。这个地方是不是很容易呢，也不容易。所谓术业有专攻，学海无涯，就这么一小点也要用毕生的精力去应对，也要一辈子的积累、一辈子的勤奋，才能够达到。此话怎讲呢，比如说，我要研究中国当代诗歌，首先我要有一点创作经验，自己哪怕写得很差，总得写一点诗吧，不写一点诗怎么对诗人讲话呢。然后研究当代诗歌，你总得知道当代诗歌当中哪些人有些成就，一百年当中，哪些诗人是出色的，哪些是一般的，总得有个说法吧，你要是没有读过，你要是不知道，是不行的。在座的诸位，年轻一点的不一定知道，要是说当代诗歌，艾青可能知道，和艾青齐名的田间，你就不一定知道了。抗战的时候，闻一多先生在昆明讲过，田间说自由向我们来了，艾青说太阳向我滚来，他说，你为什么不滚向太阳，你为什么不向着自由走去啊！这是田间和艾青。田间你不知道，你要知道的话，你得读田间的诗啊，田间有什么诗，田间有《假如我们不去打仗》《赶车传》等。只有知道了这些，你才有发言权。

所以，我要强调的是，即使在这个小小的领域里头，诗歌，从古典诗歌到当代诗歌，这里头你要取得发言权需要付出一辈子的努力，没有一辈子的努力你在这个学科领域，就不能讲话。所以我就告诉我的学生，要是没有读过，你半句话都不要说。你必须读过，你才敢讲。我胆子大，敢讲，因为我读过，读过很多。

所谓学术，不一定要做大学问家，大学问家在历史上和现实社会中都有，但不是人人都做得到的。一般人只能够做那么一点，一点就够你一辈子奋斗、一辈子努力的了。要是这一点你都没有，你都没有用功过，那你什么都不要谈了。这就是我的学术观。

现在再讲讲为什么我会爱上诗歌，为什么我要与诗歌相伴一生、与诗歌共命运，为什么一辈子决心充当诗歌的义工呢，这个说起来就有一点意思了。我开始时讲到省立图书馆，讲到我要读书，讲到家乡，讲到家乡美丽，有诗意，但是我的童年不美丽，也没有诗意。既然我的童年没有诗意为什么我还要讲童年呢？今天讲的第一个问题就是我的童年和诗歌的关系，这个贫穷的家庭，上顿不知下顿，这个学期不知道下个学期，非常孤独、非常无奈，也可以说非常绝望。说来你们也许不信，17 岁以前我没到过鼓山，那时的感觉是鼓山太远了，去鼓山很不容易。但那时老师带我们去远足，都是去比学校和家要远一些的地方。假定说这个假期四月四日是儿童节，老师带我们去西湖一游，就是很盛大的活动了。许多孩子都盼着这一天，但春天经常下雨，将近清明前后，雨非常多，福州的雨季已开始了。要是这一天天晴，大家非常高兴，穿上新鞋子带上吃的东西去野餐，那时没有麦当劳什么的，无非就是自带些吃的东西。然而，别人最快乐的一天，却是我最痛苦的一天。我没有新衣，没有新鞋，平常对付着就行了，但是大家去春游，同学们高高兴兴的，我却没有稍好的衣服穿，而且我不能带午饭，甚至我身上没有零钱，一点小小的费用我都拿不起。拿不起怎么办，不能告诉同学说我因为没钱家里穷我不好参加，因为爱面子虚荣心，这时候就托词有什么事不能参加了，但我内心非常痛苦。你想想看，老师们带着同学们玩去了，我一个人在家里，而且要说谎我为什么不能参加。其实，就是因为贫穷。每逢这个时候，我就把自己关在阁楼上读诗。现在回想，读诗这个感觉真是太好了，那时我能够把白居易的《长恨歌》《琵琶行》整个都背下来，读诗的过程使我快乐，忘记了痛苦，读诗可以忘忧。也许同学们此时在划船，但我在读诗，我在背诗。这个时候我真的感激诗歌，因为它安慰了我，因为它抚慰了我，抚慰了我受伤的心灵。

我就是这么爱上诗歌的。爱上诗歌，为了感恩，为了它在我寂寞无奈之时安慰了我。那个诗啊真是太美妙了："七月七日长生殿，夜半无人私语时。在天愿作比翼鸟，在地愿为连理枝。"这个时候你也许懂，也许不懂，但是这么漂亮的音乐的效果，这么有节奏感的语句，这么极美的意境，让我感到我比同学们还要富有，我比同学们还要快乐，我在痛苦当中拥有了诗歌，诗歌安慰了我。

这就是我和诗歌最初的接触。那是唐诗，懂与不懂没关系，年纪小不懂但是长大了就理解了。太美丽了，太动人了，这个理解，就到了心里头来了。从此我就知道诗为何物。后来，我悟到了诗歌它有一个性质，它的特质：诗是"空无"的，诗是看似"无物"的，进而我还悟到诗是做梦的。有用与无用，在什么地方区别开来呢？政治有用，经济有用，军事有用，工业有用，商业有用，银行有用，手机有用，而诗歌却是空无。所有的东西它都在告诉你实际上拥有的东西，诗歌不告诉你这个，诗歌告诉你的，是梦幻，是无中生有的想象，是幻想。世上哪有什么三千丈的白发啊，只有诗人可以这么说。诗人这么说，大家都信了，这是诗人的言语，诗人是说梦话的，诗人是说疯话的。要是你不做梦，要是你不说疯话，你就不是诗人，这就是诗歌。

从此我悟到了一个道理，就是我们看起来虚幻的东西它实际上可能非常有用。这个有用，就是如前所述的在我非常痛苦的时候，我没有钱买零食，我没有零钱去坐车，我没有零钱买公园的入场券，但是我有诗歌。诗歌使我非常的富有，比我的同学和老师都要富有。这个时候，我知道在现实的世界之外，还有一个天上的世界，一个幻想的世界，李隆基和杨玉环在那里谈情说爱的世界，人间天上的美妙的爱情的世界，我有了，他们没有，所以我比他们富有。

这说的是我最初对诗歌的热爱和对诗歌的感悟。所以大家不要认为诗歌真的没用，诗歌实际上非常有用，它能够丰富人的情感，能够让人忘记痛苦，把人间的一些东西超然，在幻想当中得到圆满。所以我经常写一句话：诗歌是做梦的事业。所有的人都不能像诗人那样做梦，一般的文学家也不能，但诗人是做梦的，他在梦中构想一个世界，这是一点。所以我爱诗歌，诗歌也教会了我诗歌的道理，这是又一点。

我不妨再谈第二个问题，也是跟我个人经历有关系的。我不是诗人，但是写过诗，我写诗的事，大家都不知道，以为我是做理论的，是批评家或者是学者，不知道我曾经梦想过当诗人。如同我梦想过当图书管理员一样的，我梦想当诗人。那时候我因为读了诗，先读了唐诗，然后读现代诗，这样一路读过来，然后就写诗。写诗把我"害"苦了，老师在上边讲课，我在底下偷偷地写诗。我有几个前后桌的同学，在用诗歌唱和，上边在讲物理、在讲化学，下边呢，这边我写一句，那边他写一句，还要押韵，还要想三个字或是四个字押韵。然后都要围绕着一个主题，意思都要连贯起来。比如说，你要是说秋天的郊野像什么，他要接着来什么。你说这个时候还有心思听课吗，我的功课能好吗？当然不会好，但是我很开心。这些诗我都保留下来了，当日的课堂"唱和"也都保留下来了，但我功课却荒废了。这么个痴迷诗歌的初中生，开始是读，后来是写，写着写着，就想当诗人。我那时候的梦想是当诗人。

我在初中三年级的时候开始发表作品。那是1948年到1949年，往前推，1947年以前，1946年以后，都在疯了一般地写诗，有的居然也发表了。我那时候发表的诗是空灵的，有味道的，我学何其芳、学卞之琳、学徐志摩，那时不学艾青，也学林庚。学着写，写得很开心，甚至很疯狂。后来我发现，我不能再写下去了，我的诗歌当中有着与当时的提倡不相容的内容，这个是另外的问题了。诗歌是表达内心世界的，诗歌是表达自由想象的，诗歌是个人的，诗歌是个人的隐秘的诗语，诗歌的个人化是非常重要的，它是从自己出发，到达社会和民众。我敏感地发现我的追求遇到了问题，于是，我停步了。

诗歌总是个人的话语，要是个人诗语这个自由不被尊重，我只能选择放弃。当写作被告知你应该写什么，应该怎么写，那就是一种伤害。我发现我受到伤害。我与其用自由的代价，去写那种无谓的诗，不如不写。也就是从那个时候开始，我就告别了诗歌的写作，这是 1949 年以后的事情。我不能失去我的内心自由，我很早就悟到我不能再写诗了。因此，与其用自由的代价来取代不自由的写作，我不写。所以，我是觉悟比较早的知识分子，我与其充当那种三流、四流诗人，我不如不当这种诗人。那么这就使我悟到了，诗歌的根本精神，是自由。不放弃内心的自由，宁可放弃诗歌，这样就有了我和诗歌短暂的告别的年代。当然后来我也写了不是自己愿意写的那样的东西，那些东西，我不愿承认是我的作品。我到了北大以后，陆平校长那时候说中文系来了个诗人，其实他误解了我，我不是。那时候我已经基本不写诗了。

现在讲第二点，就是因为我写诗，遇到了整个时代的局限，于是我就放弃了继续写诗的梦想。现在就回到我们讲话的这个地方来，回到我可以看得见的地方来。我在童年时代，欢乐和幸福被放逐，诗歌留下来了。在中学的课堂上，数学和化学、物理被排斥，这是我排斥的，诗留下来了。而且我那个学校英语特别好，三一中学，就是现在福州的外国语学校，那时英语课是第一，汉语中文是第二。第一重要是英语，那时英语重要到什么程度呢，我用的课本，是英国的初高中用的语法课本，这么厚一本，一个中文字也没有的。除了课堂的英语课文以外，还有英语写作，还有英语书法，还有英语会话，都是专门的课，我们简称英会话、英写作、英书写，还有英语本课，还有英文法，充满课堂都是英语，我也没学好。所以物理化学，包括英语在我的中学时代统统被排斥，唯独诗歌留下来了。因为贫穷，我不能参加春游，因为贫穷，零食零花钱都被剥夺了，诗歌留下来了。即使当年，我穿上军装，沿着这个乌龙江南下，背包里头装的是自己的简单的行装，有步枪，有100发子弹，全副武装，那么沉重，诗歌还伴随着我。复员回来，我第一个时间，跑到我的阁楼看一看，我的诗还在不在。诗还在，都留下来了。袁水拍的《马凡陀山歌》，辛笛先生的《手掌集》《中国新诗》《诗创造》，这些大家未必知道的，都在。关于《诗创造》我在这里要多说几句，《诗创造》是臧克家先生主编的，在上海出版，很薄的一本，但是价钱很贵。这么小的薄本从上海过来，那边有个书店，专门卖上海和香港来的书，我口袋里的钱再少，我也要买这个《诗创造》，其中有一期《诗创造》叫作《灯市》，封面设计非常漂亮的，我没有钱也要想办法买到，这些都留着。《灯市》是一首诗，是我们福建陈侣白先生的诗。陈侣白先生，你们可能不认识，90多岁了，前不久还给我写信，我在这里要向他问好，他的《灯市》写的就是我们福州南后街，元宵节的花灯。我的人生经历，有枪，有笔，还有诗。即使在"文革"当中，那样动乱的岁月当中，绝望，但是诗还伴随着我。白天无休无止地被批判，有一个时期夜晚还要烧锅炉，回来写诗，从夜晚写到天亮，天亮，再劳动，再批斗，回来还写诗。这个经历，别人都不知道，我保留下来了，几千行的残诗《告别》，我要告别我过去的岁月，我要告别我很珍惜的岁月，我要向人间告别。但是，活下来了，诗歌让我活下来了，即使是这样的岁月，诗歌没有离开我。我在"文革"当中因为诗歌获罪，被打成"现行反革命"。在绝望当中，我脱口吟出了杜甫的诗，"不眠忧战伐，无力正乾坤！"无休止的斗争让我睡不着觉，我没有力量改变现在的状况，让它回到乾坤的正道上来。这是杜甫的诗，我念着诗，我的朋友听到了，在"文革"当中就揭发出来了，他本人也戴上了"反革命"的帽子，我也戴上了"反革命"，而且是现行！当时我因为这两句诗获罪，但是我觉得很安慰，我不是儒家、我不是杜甫，但是我有杜甫一般的心肠，诗歌在这个时候表达我内心的感受，这就是诗歌，诗歌让我这时候的生命更加丰富，更加博大。

在黑暗中充满了光明，充满了对光明的向往，古典诗歌也好，现代诗歌也好，当代诗歌也好，优秀的诗歌滋润了我、鼓舞了我，伴我一生，医我一生，教我一生，爱我一生。所以，我的整个生命是被诗歌占领了的，这种占领是温柔的、是亲爱的、是我心甘情愿的。

最后讲几句我最近的思考。最近思考很多，因为最近大家在网络上、在媒体上都在讲纪念中国新诗的一百年，这一百年的思考我想跟朋友们、跟舆论界提出一个我的想法。我的想法是一百年了我们忘记的东西很多，当然拥有的东西也很多。我今天不全面讲，我刚才讲的是诗歌的梦想也好，诗歌的自由也好，当然还有其他。我最后要讲我们忘了什么，我们写了一百年的新诗，我们究竟欠缺什么，我们最后应该反思的是什么，从胡适、陈独秀开始倡导新诗到今天，我们写了一百年我们究竟怎么样，这个题目太大我今天只讲一点，我们忘记了诗的文体的特质。诗歌是一个特别的文体，特别的文体有特别要求，例如说精练，所谓练句也好、练意也好；例如想象；最重要的是它和其他文体唯一的区别，和散文、小说、戏剧、新闻报道、理论文章最大的区别是它具有音乐性。我们在一百年前新诗诞生的时候，就有许多人说过，我们不能因为"新"而忘记了"诗"，不能因为新而忘记了诗的本质，不能因为自由而忘记了诗。说来说去，说到根底上面，就是不要忘记诗的文体特征，就是它的节奏感、音乐性，在这个地方古典诗歌是我们的老师，这个话大家不要误解，以为我要回到古典，新诗有它的长处，其中最大一点是它的自由，自由的心灵，自由的表达，自由的格式，但是不要忘记了这个文体是有要求的，你写的诗不像诗，有时最重要的原因，是它没有乐感，没有节奏感。这就是我们最大的遗忘。开始的时候就是这样，黄遵宪先生说的"我手写我口"，胡适先生说要使"作诗如作文"，都有误导。诗和文不一样，作诗不能像作文一样，"我手写我口"不是诗的长处，诗的长处是在有节奏感的声音语感当中，享受音乐的快感、节奏的快感。这点被许多人遗忘了，我们应该回到精练的、有节奏感的路上来，回到诗的本身上面来，回到诗的文体上面来。不押韵可以，不整齐可以，但节奏不能忘记。比如艾青的诗，有一些诗他写得好，散文化，没关系，因为它有鲜明的节奏感。

好像下面有些朋友说要跟我交谈是吧，我就说到这了。

谢冕阅改记录稿后记（2017年10月27日于北京）。感谢为我记录整理的朋友。这篇讲话按照当时约定，是"随便聊聊"，没有讲稿。这在我确实是一个"冒险"。现在回头看，我对自己不满意，我本来应当更认真地做这件事的，因为内容涉及很多复杂的学术问题，匆匆说不清楚，是"随便"不得的。我本想从头另做，但是时间太紧，做不了了。抱歉，遗憾，还请读者原谅。

我有两个天空

——百年中国新诗与外国诗

过去我们只有一个诗的天空，

现在我们有了另一个诗的天空。

过去的那个天空是辽阔的，但是有点古老、宁静，然而寂寞。它让我们回到过去，回到古老的宁静；现在的这个天空是同样辽阔的，但是它对我们却是全新的，前所未有的，同时，更值得珍惜的是，它是充满活力和朝气的。

我曾在中国南海滨夏天的夜晚，望着天边的星星，反复吟诵那些不朽的诗句："银烛秋光冷画屏，轻罗小扇扑流萤。天阶夜色凉如水，卧看牵牛织女星。"这些诗句让我忘记当时的战乱与饥饿，忘记身边的苦难，在遥远的辉煌中忘记眼下的贫瘠与困苦。它让我做了一个远离尘嚣的旧梦。是一种安慰，也是一种忘却，极而言之甚至是一种麻醉。而现在，我们拥有的这一片全新的天空，它不仅是新鲜的、充满活力的，而且是战胜遗忘而"不忘当下"的，是与我们所处的现实同一个节拍、同一个脉搏的。正是基于这样的原因，我们因同时拥有两个天空而变得富有起来。这种富有，当然是精神层面的和审美层面的。

　　为什么说"五四"那批先行者了不起？因为他们敏锐地感到了中国固有的丰富中的匮乏。他们告诉我们，只有中国的古旧，不够；中国应当拥有新的天空并面对新的世界。他们告诉我们，要向西方学习，从西方引进新的思想和新的知识，他们告诉我们要"以夷为师"。"夷"这个字在中文中有歧视和自大的意思——旧时的中国皇帝甚至平民都认为我们处于世界的中心，周边都是不开化的蛮夷。现在我们排除这语言背后的傲慢心态，所谓"夷"就是西方的新世界。"以夷为师"就是放眼看世界。西方世界对比当时的中国是先进的，于是，一批又一批的中国人（其中也有中国诗人）漂洋过海到法国、到德国、到英国、到美国和日本，向世界所有的先进学习，学习物理、化学、天文、航海，也学习文学和诗歌。

　　这样，我们由此结识了从荷马史诗、但丁《神曲》开始的异邦的歌者和诗人，结识了莎士比亚和拜伦、雪莱、雨果、歌德、海涅、席勒，一直到普希金、莱蒙托夫、马雅可夫斯基、松尾芭蕉和泰戈尔，还有阿拉贡、聂鲁达和希克梅特……作为一个中国人，我们多么幸运，我们不仅有从《诗经》《楚辞》到汉魏乐府、盛唐李杜和两宋苏轼、陆游、李清照的珍贵的遗产，同时又有了上面提及的那一长串闪光于世界的、绵延不绝的光辉的名字。我们不仅拥有了古旧的辉煌的诗的天空，而同时又拥有了另一个同样辉煌的崭新的诗的天空。感谢我们的先人引导了我们。一百年来，中国人就这样开始不再孤独，而与陌生的、全新的世界相识且融为一体。

　　尽管我们有三千年辉煌的诗歌历史，它们滋养了世代的中国诗人，但可以断言，要是没有惠特曼，就不会有郭沫若狂飙突进的《凤凰涅槃》《女神之再生》，以及《天狗》的狂吼和《立在太平洋边上放号》的排天巨浪。郭沫若自言，他在"五四"当年的内心积郁，是被惠特曼唤醒的，他不仅找到了"喷火口"，而且找到了"喷火的方式"。就是说，他"五四"当年的创作激情，以及表达激情的方式无不受到《草叶集》的深刻影响。同样道理，在鲁迅那里，是那些他所景仰的"摩罗诗力"，启迪了鲁迅那些充满反抗和批判精神的写作，并以这种写作唤醒中国民众。这样的例子不胜枚举。

大家都承认，中国现代所有重要的、杰出的、伟大的诗人，他们的创作无不"自然地"流淌着中国传统诗歌的血脉。但几乎也是无一例外地，他们更从西方的诗歌经典中吸取了母乳般的营养。胡适是不必说的，他坦然承认，他的译诗"关不住了"是他"新诗创作的新纪元"。他的《尝试集》中有一些是译诗，他把这些诗，理所当然地、不分彼此地当成了自己的创作。从写作的渊源看，戴望舒与法国诗，徐志摩与英国诗，冯至与德国诗，特别是艾青，艾青的诗全然可以看作是"用中文写的外国诗"——尽管他的诗歌内涵也全然是中国的。在艾青那里，他可以用完全欧化的语言抒写他对一个中国奶娘的母亲般的深情。他在北方的冰雪风沙中吹响的凄厉的军号，与他从彩色的欧罗巴带回的芦笛，血肉相融地汇成了一体。在国土沦亡的年代，诗人心中的激情和眼中的"泪水"，是与法兰西的自由传统和浪漫精神完美结合、融汇的产物。

中国所有的有成就的现代诗人，不管他承认与否，无一例外的都是中国《诗经》《楚辞》、李杜苏辛的传人，又几乎无一例外的都是（直接地或间接地）吮吸着西方从希腊罗马开始的诗歌传统的乳汁成长的，广而言之，他们可能都是异域"大堰河"的"养子"。我无法细说这些中国现代诗人所受到的西方影响的事实，这里，我只能以当年西南联大的师生为例来说明，即使是在异常艰难的环境中，中国诗人是如何如饥似渴地坚持着向西方汲取营养的事实。王佐良对此有一段叙述：

> 这些诗人们多少与国立西南联大有关，联大的屋顶是低的，学者们的外表褴褛，有些人形同流民，然而却一直有着那点对于心智上事物的兴奋。在战争的初期，图书馆比后来的更小。然而仅有的几本书，尤其是从国外刚运来的珍宝似的新书，是用着一种无礼貌的饥饿吞下了的。这些书现在大概还躲在昆明师范学院的书架上吧；最后，纸边都卷如狗耳，到处都皱叠了，而且往往都失去了封面。但是这些联大年轻诗人们并没有白读了他们的艾里奥脱与奥登。也许西方会出乎地感到它对于文化东方的无知，以及这种无知的可耻，当我们告诉它，如何地带着怎样的狂热，以怎样梦寐的眼睛，有人在遥远的中国读着这两个诗人，人们在许多下午，饮着普通的中国茶，置身于乡下来的农民和小商人的嘈杂之中，这些年轻作家迫切地热烈讨论着技术的细节。高声的辩论有时深入夜晚；那时候，他们离开小茶馆，而围着校园一圈又一圈地激动地不知休止地走着。①

---

① 王佐良：《一个中国诗人》。此文为《穆旦诗集》附录，见黄礼孩、陈陟云主编《新诗九十年序跋选集》。

西南联大简陋的校园里当时会聚了闻一多、朱自清、冯至、燕卜荪等一批热衷于促进中国新诗走向世界的前辈诗人，在他们的引导下，联大的年轻诗人理所当然地延续了"五四"开启的向西方学习的传统，而需要强调的是，在此时，中国的诗歌主流（不说全国，也是相当广大的国土）却是全力推进与之相悖的新诗的本土化（实际是所谓的民歌化）的方向，这是当时几乎不可逆转的时代大潮。对比之下，这些西南联大的师生们所致力的却是有异于这个大潮流的另类实践。昆明的这座校园，在当时的一片"民歌化"的整体气氛中，实际上是一座诗歌的"孤岛"。在这里，还有一段引文可为当日诗歌继续"向外看"的佐证，引文的对象是英国教授燕卜荪：

> 我们对他讲的不甚了然，他绝口不谈自己的诗，更是我们看不懂的。但是无形之中我们在吸取着一种新的诗。这对于沉浸在浪漫主义诗歌中的年轻人，倒是一剂对症的良药。……当时我们都喜欢艾略特——除了《荒原》等诗，他的文论和他主编的《标准》季刊也对我们有影响。但是我们更喜欢奥登，原因是他的诗好懂。他的那些掺和了大学才气和当代敏感的警句更容易欣赏。何况我们更知道，他在政治上不同于艾略特是一个"左派"，曾在西班牙内战战场上开过救护车，还来过中国抗日战场，写下若干首十四行诗。这一切肇源于燕卜荪，是他第一个让我们读《西班牙》这首诗的。①

---

① 王佐良：《穆旦：由来和归宿》。

当日中国正深陷于外国侵略的大苦难中，为了民族自救，中国的西北发出了诗歌回归民族传统的号召。提倡向古典和民歌回归是适应救亡形势的需要，当事者要把文学和诗歌的创作引向广大的战争支持者能够欣赏的，亦即适应所谓的"喜见乐闻"方面来，这样一来，当然就忽略了，甚至相当程度地放弃了"五四"新诗创立的师法西洋的初衷。西化的道路因此被认为是错误的，在西北根据地，人们开始批判文艺方向上的"大、洋、古"，在此氛围下，昆明联大校园的追求与坚守就不仅是孤立的，而且甚至是有点"悲壮"的。

正是由于这样的坚守，导致了一批经典作品的产生，文献记载，冯至完全仿效西方的《十四行集》就是在这样的艰难的环境中诞生的："在一个冬天的下午，望着几架银色的飞机在蓝的像结晶体一般的天空里飞翔，想到古人的鹏鸟梦，我就随着脚步的节奏，信口说出一首有韵的诗，回家写在纸上，正巧是一首变体的十四行。"[1] 更重要的是，这种有效的阅读和创造使新诗能够持续地获得外国诗歌的营养，为此培养了一批视野开阔的后来被称为"联大诗群"（包括九叶诗群的穆旦、杜运燮、袁可嘉、郑敏等人在内）的一批有成就的诗人，他们成为在"文革"后兴起的新诗潮的坚定支持者。

外国诗歌就这样在新诗百年的历史中不间断地输送着世界诗歌的营养，它从形式到内容影响着中国新诗的创造性发展。是它启发了我们灵智，开启了我们更为广阔、更为浩瀚的诗歌的天空。外国诗的影响是深远的和全面的，一篇短文无法尽数

---

① 冯至:《十四行集》序，明日社，1942年5月。

这一切，但要告诉广大读者的是，就连我们现在新诗的书写方式，包括标点（使用或不使用）以及分行、断句或跳动、留空等已成习常的手段所带来的便捷和愉悦，甚至是惠特曼式的狂啸，马雅可夫斯基式的奔放，他们的歌唱方式，也都是中国不曾有过的，是我们学习引进的成果。我们因这而丰富。因为我们除了传统的一个天空，还同时拥有了另一个与之迥异的新的天空。

至于我本人，我是怀着感恩的心情讲述这一切的。我中学学英语，大学学俄语，毕竟依然"文盲"一个，借此机会我还要向由外国诗的引进而扩展到那些为这种引进"搭桥"的人们感恩，是他们的翻译工作让我们能够听到来自"天国"的福音，为我们揭示了另一个天空的深邃和美丽，为他们曾经经历过的艰难的路径。在今天，在美丽的"春风又绿江南岸""二十四桥明月夜"的扬州，我们庆祝新诗诞生的一百年，此刻我们想起的不仅是那些曾在这里歌唱春天和明月的中国古典的诗人们，而且想起了那些生活在他国异邦的诸多文明中用他们的创作启迪并滋养了我们的外国诗人们。

2016 年 11 月 5 日凌晨草稿于扬州宾馆，2017 年 2 月 5 日整理于北京北七家。

2016 年 11 月 5—6 日，由北京大学中国新诗研究所、首都师范大学中国诗歌研究中心、扬州虹桥文化艺术交流中心、虹桥书院和扬州市作家协会联合举办的"纪念新诗百年：新诗与外国诗歌译介学术研讨会"。这是开幕致辞

百年新诗的回望

现在我们讲中国新诗，其中的"新"字是什么意思？新诗对应的是旧诗，中国旧诗是中国传统的古典诗歌，源头从《诗经》开始，经历了三四千年。新诗是新时代的产物，到现在为止才一百年。

所谓新诗的百年是说诗歌样式产生一百年。新诗诞生一百年有各种说法，究竟哪一年算开始？

朱自清先生在《新文学大系·诗集》的导言中讲到新诗的历史，指出胡适是第一个阐述新诗的。胡适先生1916年开始尝试新诗，新诗的发表是1917年4月1日；1918年，新诗作者除胡适之外的还有沈尹默、刘半农；但是大家忽略了另外一个时间段，也就是1917年2月6日，《胡适的白话诗八首》发表。1916年、1917年、1918年这三年，从胡适开始尝试写新诗，到胡适发表"诗八首"，应该都算作新诗的诞生期。

新诗和旧诗的关系如何？旧体诗有几千年的历史，而且创造了非常辉煌的诗歌时代。《诗经》以后经历汉魏六朝到唐诗、到宋词非常辉煌的诗歌时代，出现那么多伟大的、杰出的诗人，创造了中国文化一个经典性的顶峰。为什么我们要用新诗这样看起来像口语而且很粗粝的语言代替它呢?

新诗的诞生

一百年来,中国的学者也好,普通老百姓也好,都有一个心结,就是觉得我们不应该抛弃旧体诗,不应该把它打倒。我今天就试图来解释一下这个问题。

新诗诞生于忧患。

18 世纪、19 世纪之交,正是中国社会空前危难的时候,内忧外患,中国陷入生死存亡的挣扎当中。1840—1860 年,两次鸦片战争,国门破壁,外国军队如入无人之境,导致京城沦陷,帝后出逃,圆明园沦为废墟。历经道、咸、同、光这四个朝代,危境愈演愈烈。1895 年日军袭击我国经营多年的北洋舰队,"定远""来远""威远""靖远"先后被击沉,北洋水师全军覆没,提督丁汝昌拒降,服毒自尽。正是在这个背景上,也是国耻之年的 1895 年,康梁始议变法图强,乃有公车上书之举,1898 年 6 月 11 日光绪皇帝下"明定国是"诏,宣布维新变法,是年 9 月 21 日六君子惨烈弃市,变法告终,世称百日维新。中国近代第一场革新之梦破灭。中国面临的危机,引发中国有识之士不竭余力地寻求救亡图存的道路。那时的人们对世界缺少了解,对世界贸易和经济规律也缺乏了解,他们理所当然地把导致中国贫穷落后的原因归之于中国传统的文明。

中国把挽救危亡的全部注意力,锁定了中国自身。知识界把中国危机的根源指向中国的传统文化和旧文学。一战结束,中国是战胜国，却遭到不公的待遇，五四运动是一场挽救民族尊严而爆发的抗议浪潮，本是一个政治行动，很快就转换为对于旧文化——其实即儒家文化的批判运动。中国新文学的开山之作、鲁迅的《狂人日记》明确地把批判的矛头对准了中国的历史："我翻开历史一查，这历史没有年代，歪歪斜斜的每页上都写着'仁义道德'几个字。我横竖睡不着，仔细看了半夜，才从字缝里看出字来，满本都写着两个字'吃人'！"

他们理所当然地把中国积弱的原因归结于中国的传统文化。这种批判是有力的，也无过错。但事实是，中国的传统文化中既有让国人为之自豪的精华，也存在并影响中国前进的消极成分，问题在于把中国的积弱完全归咎于传统，认为这是中国的"病根"，并对之施以讨伐和全面否定，此举难免失之鲁莽和轻率。那时的人们面对无边的暗夜，救国无门，急切中找到了中国文化的痼疾，从而把文化的批判和革新视为救亡图新、重铸民魂的唯一出路。我们从"五四"的先驱者身上看到了这种愤懑和激情。鲁迅从事文学的经历便是如此，他由寻找医治身体的"药"转而寻找疗救民族精神的"药"。

那时候就树了个假想敌，旧体诗被拿来开刀。有人认为"五四"新文化或者"五四"的新诗，造成了与传统的割裂或者断裂。事实并非如此。我们用文言写诗创造了辉煌，新诗代替它，并没有构成我们新诗和传统诗歌的两节，它们仍是一脉相承。怎么讲？第一，用汉语写作没有变，只不过所谓白话是现代汉语，所谓古典的诗歌写作是用古代汉语写作的。汉语在不断地历史变革中慢慢变化，到现在还在变。唐代的语言和明清的语言看上去是一回事，但也有很大的变化。第二，诗歌的使命始终没有变。中国讲"诗言志",诗歌是有用的,是用来教化民众的。当然诗歌有很多功能,有欣赏的价值,有知识的价值,也有表达民众思想情感的价值,特别是意识形态的价值。"兴观群怨"的诗歌功能到现在一直没有变。诗歌用来教化民众、改进民智这点没有变,从语言的角度、从诗歌传达的作用来看,一直没有变,所以诗歌是有用的。中国新诗保持这样的一个传统。

"五四"的时候我们重新捡起这个问题,想用新诗来传达现代人的情感和思想,这一点是和中国的诗歌传统一脉相承的。唐代诗人李白、杜甫、白居易,他们写诗用的是唐代当时的语言,表达唐代的情感;我们今天用现在的语言,传达当代人的情感,这也是一脉相承。要是说中国诗歌史上有辉煌唐诗的话,也有辉煌的新诗,那就是白话写作的新诗。这个新诗一个是白话写作,另外一个破除格律,要自由体。自由体、白话诗,这就是新诗伟大的功绩。

所以我的归纳是,新诗是前进的,同时又是建设的。传统没有断裂,唐代人创造了中国诗歌的辉煌,中国的现代人,现代诗人也创造了中国诗歌的辉煌。那么当时胡适先生为什么积极打破新诗的格律呢?因为当时有非常明显的一个问题,现代科技发达了,许多新名词、新概念、新知识要进到诗里头来,但是进不来,五言七言这个门槛非常严格。黄遵宪先生想装但装不进,结果所谓诗界革命就宣告失败。到胡适、陈独秀,把旧的一套打倒,用白话写作,不要旧形式,要自由体,变动非常大,所以说是惊天动地、翻天覆地。一时守旧的人不接受,认为是异端。胡适他们照样做了,这样新思想、新知识、新思维都可以装进来，在诗歌中，国计民生、时代盛衰、社会进退、民间忧乐都能得到表达，没有了约束。这是千年诗歌史上最大的诗学挑战，取得成功，至今一百年了，一百年来我们享受前辈的冲锋陷阵、打破一切陈规的战果，今天大家都能接受新诗，并能得心应手。

今天的中国人应该感谢"五四"那一代的先行者，今天我们才能够和诗歌产生密切的关系，诗歌传达思想情感没有障碍。要是我们还守着五言七言的话，不可能表达这么丰富的情感、这么丰富的世界。所以这一点来看我们的传统没有断裂，新诗的传统就是中国诗歌的传统。

我们有美好的愿望：像李白那样写诗有多好，但是做不到。因为大唐有大唐的气象，今天的年代不同了，气象不同了。我们怀念唐诗宋词，怀念它的美丽，我们拥有丰富的诗歌资源，我们可以欣赏它，可以阅读它，千秋万代都可以读下去。而我们写的白话新诗，没有格律的现代口语的诗歌，我们也感觉亲切，因为它表达我们现在的感受，和世界没有距离，和我们的生活没有距离，和我们现代的生存状态也没有距离，这就是我讲的第一个问题：百年心结是怎么解开的。我强调的是中国新诗的传统，也就是中国诗歌的传统，它是中国诗歌史不可分割的一部分，而且它继承了诗言志的传统，继承了用汉语写作的传统。

但是，新诗怎么样写才无愧于我们当代，无愧于祖先李白、杜甫、白居易他们，这是一个问题。

百年坚守

"五四"那一代人创造了新诗，在创造新诗的过程，我们借鉴了外来的影响，因为他们都是一些留学回来的人。所以梁实秋先生讲，所谓新诗就是用中文写的外国诗，这话可以说没错。我们开始都是写的平平仄仄仄平平。"五四"以后我们把外国的诗歌样式搬过来，诗歌的分行、空格，包括标点符号都是从外国学来的，我们开始没有诗歌标点。学外国诗不等于我们写的就是外国诗，我们说新诗以异为师，用外国人当我们老师，学着老师的样子来写诗，但是写的还是中国诗。

我们一百年获得了什么呢？获得了一个个性解放，表现自我，非常自由地传达自我的意识。开始不是这样。直到郭沫若出现——我认为郭沫若是新诗一个非常重大的标志，他的个性和时代结合非常紧。就是说，他传达的是"五四"时代狂飙促进的时代声音，所以他创造的形象，凤凰也好，天狗也好，很多东西都放大自我，那种"我"是开天辟地的"我"。当然他的诗歌中古典意向非常浓厚，郭沫若深知我们中国的古典传统，像凤凰、女神，这都是中国的古典意象，但是写出了时代精神。所以那一代人创造了一个非常自由的表达个性、表达自我的传统，这个传统一直延续一百年。

一百年坚守什么？坚守的新诗诞生以后民主自由的传统文化。在一百年中社会发生很多问题，文化环境时好时坏，诗人的处境也时好时坏，但是民主自由，真民主真自由，表达自由的心灵一直坚守了一百年。这一百年，诗人也遭受过很大的苦难，但是不管多大的苦难，多么艰苦，多么难以接受，还是坚持下来了。

前些年去世的牛汉先生，很多诗歌是在被下放时非常艰难的生存的环境中写的，他写《华南虎》的意象，他在某个地方看到一只华南虎被关在笼子里，它要自由，用爪子挖周围的水泥，墙上留下了带血的爪痕；他写枫树的意象，那一棵最大的枫树被砍倒，三天芬芳都没有散尽，大家悼念这一棵树……像这些都是苦难，是经历苦难的生命发出来的声音。尽管发表很困难，但是他坚持写作，到了解放的时代就能得到发表。我们对这一代诗人充满了怀念，敬佩他们这种坚守的精神。

我再举个例子，河南的苏金伞先生，86 岁写的《埋葬了的爱情》让我非常感动。

> 那时我们爱得正苦 / 常常一同到城外沙丘中漫步 / 她用手拢起了一个小小坟茔 / 插上几根枯草，说：/ 这里埋葬了我们的爱情
>
> 第二天我独自来到这里 / 想把那座小沙堆移回家中 / 但什么也没有了 / 秋风在夜间已把它削平
>
> 第二年我又去凭吊 / 沙坡上雨水纵横 / 像她的泪痕 / 而沙地里已钻出几粒草芽 / 远远望去微微泛青 / 这不是枯草又发了芽 / 这是我们埋在地下的爱情 / 生了根

苏金伞还有一首诗《我不知道她的名字》，让我更加感动，因为诗人表达自己的内心情感，同时也关心世界上的事情，关心社会上的事情，这使我对前辈诗人充满崇敬。很多时候他们

带着伤痕、带着血迹、带着风雪，回到了诗歌的殿堂，给我们很多新的作品。知青那一代更是这样，他们在边疆，在非常艰苦的环境下，在煤油灯底下写诗，来读《相信未来》，来读《这是最后的北京》，酝酿了朦胧诗的大世界。

这一切都证明，中国的诗人并没有放弃争取自由、争取民主的传统。这个传统是一百年的传统，是新的传统。

一百年的坚守让我们感动，那么这一百年究竟成就怎样？有人说"给我二百块大洋我都不看"，这不对。短短的一百年，我们创造了诗歌史上的辉煌。胡适先生一直说，要去掉我们新时代的旧词调，要彻底地去掉。他认为只有两个人做到了，一个是鲁迅先生，一个是周作人先生。周作人先生写的《小河》，已经是新诗了。到了徐志摩再往后，语言日渐精进，何其芳先生的语言是非常美丽的。

新诗百年，我也在不断做研究，要说从一百年中选出诗人来，我觉得可能有 100 名到 200 名诗人可以写进诗歌史，可称之为无愧于时代的诗人，包括舒婷、海子都应该列在其中，因为他们的诗是无可代替的。海子的"面朝大海，春暖花开"是无可代替的，舒婷的《致橡树》是无可代替的。我们的确有好诗，有好诗人，的确创造了中国用白话写诗的新的历史。

百年期待

当前诗歌创作有几点非常重要，第一，规模太小，格调太低。小悲哀，小欢乐，小境界，而且还相当的自我欣赏。我期待一种诗歌有大气象，我不反对表现小我，我觉得个人情感非常值得珍惜，而且表现得越细腻越好。但诗人不能老是这样，杜甫有《春望》，他还有"三吏三别"、《北征》，为什么他能称为"诗圣"呢？因为他诗歌写得非常全面，有个人情感，更有家国关怀，我们一些现代诗人只有小趣味。

我读钟嵘的《诗品》，他批评近代有一个叫张华的诗人，他诗写得不错，但是美丽的句子太多，又恨其儿女情多，风云气少。所以他不把张华评为上品，他认为中品都不够。我想借此来批评当前中国诗人的写作。儿女之情，我没有反对，而且我很看重儿女情，但是儿女情多了，风云气少了，这就是诗人的问题。汶川大地震诗人们觉醒了，我写得很不好，但是我也很真心地写了。汶川大地震诗人觉醒，写了很多诗，但是留下来的不多。我现在记的还是手机上传的，《孩子，快拉住妈妈的手》，这首诗让读者非常感动。

第二，我还期待诗人们向古典学一些东西，例如古典诗歌当中的精练、含蓄、言外之意，寥寥几个字，言外有无穷的意蕴。我们今天的诗歌语言太粗糙。汉语写作可以写得非常优美，白话可以写得非常优美，何其芳先生《预言》里头句子有多么美！但现在的诗人不考究。洋洋洒洒，支离破碎，好像讲得越不像样子，越是诗歌，越是诗人的样子。我非常期待诗人们有一个大的改变。写得含蓄点，语言精练些，意境开阔些，更加优美一些。我们要向古典学习，向传统学习，用传统宝贵的东西来滋养今天的新诗。有人说新诗另类，我把它看成像唐诗那样是一个阶段，唐诗是伟大的，新诗也是伟大的，无愧于它的时代，把时代追求和理想表达出来，就是伟大的。

我不主张现代人用旧体诗形式写作，虽然有些人写得不错，但大部分写得不好。现代人没有文言文写作的习惯，没有古典文学的背景和素养，写成老干体、民歌体。我也不主张新诗建立新体式，创造新格律体，闻一多、何其芳、臧克家倡导新格律体，没成功。做试验不要改变新诗的格局。

新诗用白话写作后，到现在发展为口语的泛滥，语言非常不讲究，口语化使诗意荡然无存，更谈不上反复体会、咀嚼，一唱三叹。诗是美丽的，不是丑陋的。格律打破后，重要问题是，诗歌文体特点要不要维护？诗歌文体就是音乐性，诗歌是音乐的文学，音乐性去掉，诗不是诗了，是散文，这条线必须守住。诗歌的语言是精练的语言，诗人的写作不考虑语言、声音、音乐的效果，连节奏感也没有，这个问题非常大。

第三，我期待大家保持诗歌的文体特征。诗歌是文学当中的音乐，是音乐当中的文学，过去诗能够歌，现在做不到了，诗歌的音乐性非常匮乏，几乎到零，这点我是非常痛心的。创造一种文体或者恢复到旧体诗上去，写五言、七言，写律诗、绝句，这都不是问题，新诗可以保持自由的无拘无束的写作，但是要保持音乐性，保持节奏感。诗就是跳舞，散文才是散步，诗不是散步，诗更不是社论。

这是 2017 年 6 月 10 日在海淀剧院的讲演

我们共有之财富

我们今天的话题是："新诗百年：历史变迁与空间共生"。历史变迁是时间的概念，空间共生当然是指向空间的概念。两岸四地，时空交错，造成了中国近代文明的一道奇观。

先说历史。中国诗的历史是三千年，中国新诗的历史要短些，是近代以来的一百年。三千年是从《诗经》《楚辞》开始的，那是中国诗歌的远祖，为我们所共有。我们都是诗经楚辞的后裔。我们不论是生活在海峡的哪一边，我们都可以追溯到从桑间濮上到哀郢怀沙的歌吟。

再说空间。一百年的新诗，对我们而言，也有一个共同的起点，那就是五四新文化运动的组成部分的新诗革命。"五四"的火种在海峡彼岸也是以直接或间接的方式得到传扬。那是中华民族近代觉醒的年代，对于我们都是一种启蒙。从这点看，中国新诗也是我们共有的财富。时序有代替，历史有变迁，但我们今天的写作，无疑都受到百年新诗的影响与启迪。

1949 年以后，两岸隔绝。我们尽管是隔岸遥望，却依然是心心相印。那时台湾实行戒严，"五四"以来的书，大都成了禁书。大陆这边，也都是政治运动不断，彼此失去联系。直到国门开放，这才有一种久别重逢的惊喜。原来在我们封闭禁锢的年代，台海彼岸的诗歌仍然在前进、在展开。他们的丰富的填补，使我们因"文革"造成的历史不再"空白"。

至于香港和澳门，那里的空间是连通世界的广阔。他们所拥有的国际性的背景，给了我们以遥远又亲切的启迪。

就我本人而言，自那以后，我个人陆续结识了许多亲密的朋友："创世纪"的，"现代诗"的，"蓝星"的，"葡萄园"的，也包括"笠"诗社的杜国清以及韩国的"中国诗人"许世旭在内的诗人，我在北大接待了他们的来访，我们有深厚的友情。特别是在朦胧诗受到批判的日子，那些来自海峡彼岸的支持和慰问，给我以非常温馨的感受。

中国历史悠久，幅员广袤，海疆辽阔，东西、南北，此岸、彼岸，文化的落差极大，诗歌也如此，社情、习俗、政治，都有很大的差异，这不是缺憾，这是上天给予我们的眷顾，它造成了文化上多彩多姿的灿烂。

从事艺术的人都知道，整齐划一的同质化对于艺术，特别是对于诗歌而言，可能意味着一场灾难，而异质共生，不同审美观念的对立、碰撞、交叉、互融，则不啻为极佳的生态环境。就艺术美学的层面讲，愈是个别的、独特的，就愈是创造的、正常的。

　　2017年6月30日于北京大学，2017年6月
30日，"两岸四地第9届华文文学研讨会"在北
京师范大学召开，这是开幕式讲话文稿

世界悄悄爱你

　　我怀疑我走错了会场，因为这里是青春的聚会。杜杜很青春，来宾很青春，美丽的马奈草地很青春。作为导演和主持人的杜杜，我是认识的，我们曾有过美好的合作。而作为诗人的杜杜，则是刚刚认识，她过去瞒了我她的这个身份。昨天刚收到诗集《世界悄悄爱你》。这是一本美丽得让人爱不释手的书，从作者、装帧、插图到书名，都是一派青春风景。

　　读杜杜的诗，不需要从第一页开始读，随便翻开任何一页，都会有美丽的诗句跳出来，让你心动，给你惊喜。开始的时候，我还用职业的习惯打量过，诗人是如何分第一部分、第二部分的，再看这些标题："梦境""你在，春天在""你看我一眼我便妖娆了""世界悄悄爱你"。原来无须寻究，她的每一部分都在轻轻地、甜甜地说同一个字：爱。

　　杜杜为爱而生，也为爱而写，这不是我的判词，她自己说过的，"爱充盈我身边万物，是我的生活，我的诗歌恒定的旋律"①。诗歌永远的主题是"爱",几乎所有的诗人都在用诗表达爱情,这个被古今中外诗人重复了无数遍的主题,足以让无数天才望而却步。可是这位对许多人说来还是陌生的诗人,她真的是举重若轻!硬是把这千年老题材写出了新意。不是偶见佳句,而是口吐莲花般联翩而出。

她说,爱你一生爱不够,如果你允许我贪婪,那就再爱一万年;她说,爱是多么神圣的字,说轻了如一缕浮云,说重了如一声叹息;她还说,爱着你,一辈子太短,等着你,一秒钟太长。②这些句子,清爽、明亮、智慧而且飘逸。这真的用得上老前辈李白的赞辞:"清水出芙蓉,天然去雕饰。"③

爱情是一个复杂的事物,它可以让人欲死欲生。在许多人为表达爱而困扰的时候,诗人杜杜却是轻松地、风情万种地"脱口而出"。她有一种以最简约表达最复杂的能力,而这种能力很少人能做到。"泪水因甜蜜而缺少深度",④而她却轻而易举地表达了深度。没有缠绕,没有迂曲,更没有晦涩,而是直接传达内心的真实瞬间。

"一朵花入眼就是美丽,一个人入心就是风景。"⑤我就借诗人的锦心绣口为青春祝福,为我们今天的聚会祝福,为就要到

---

① 杜东彦:《世界悄悄爱你·后记》。
② 这都是诗集《世界悄悄爱你》中的诗句,分别见于《爱你一生爱不够》《诉衷肠》等诗。
③ 李白:《经乱离后天恩流夜郎忆旧游书怀赠江夏韦太守良宰》。
④ 见《遇见喜悦》。
⑤ 见《晚安》。

来的春天祝福。

　　2018 年 1 月 20 日，杜杜诗集《世界悄悄爱你》发布会在北京马奈草地俱乐部举行，这是在会上的致辞

诗心即佛心

有山的地方就有佛，有佛的地方也就有诗。在古代，那些有山有寺庙的地方，那些参禅礼佛的出家人，很多就成了诗人。我们拜望名山，我们也寻求名山有诗。我们今天在九华山礼佛诵诗，当然是人间最快意的事。

古人讲，"姑苏城外寒山寺，夜半钟声到客船"。寒山寺夜半的钟声，也就是佛的声音。那里传达的正是诗的美好的旋律。古人又讲，"南朝四百八十寺，多少楼台烟雨中"。江南烟雨，雾锁楼台，周遭一片梵音。讲的是寺，寺中有佛，却也有诗。名山，胜景，与佛结缘产生的诗，当然也是古今最美的诗。

"魅力朱备"，朱备是一个古镇，它的魅力从何而来？朱备人也许觉得光有九子岩、莲花峰还不够，朱备人想到了此刻提到的这一缕灵思，要把山、寺、佛和诗融为一体，于是，它从全国各地请来了诗人，让诗歌来完美和完善这座古镇。朱备要写一首普天下最美的诗。

今天在九华山将有一场关于佛教文化和中国诗词的论坛，许多专家和诗人将有精彩的言论要发表，我敬佛且不知禅，不敢贸然发言。但我坚信的是如下一点：佛缘与诗缘是一致的，诗心即佛心。诗人的心是菩萨心、大喜乐、大悲悯、大关怀，也就是普天下的大爱心。因此，那些悟得佛性的诗人，往往就是大诗人。

　　2018 年 4 月 21 日于九华山。

　　这是在池州九华山 2018"魅力朱备"第二届乡村沐野节暨首届九子岩诗歌征文大赛颁奖典礼上的致辞

那湖水有点灰有点暗

他在诗歌的林莽深处默默地辛勤工作着。他是默默地为诗歌播撒种子的人、施肥培土的人、修枝护花的人。历时数十年，他默默地做诗歌的义工，为培育新时代的诗歌，他无言，且无限地辛苦并快乐着。他是自愿的，没有人要求他这样做，他只听从内心的召唤。编辑林莽、主编林莽、组织者林莽、策划人林莽，一件件隆重的诗歌赛事在举行、在展开，朗诵会、发布会、研讨会，春天送你一首诗，华文青年诗人奖，驻校诗人，诗探索奖，红高粱奖……他是中国诗歌界最忙碌的一个人，忙碌，默默地，他喜欢，且乐此不疲。在别人成功的时候，他微笑着送上无言的祝福，这就是我所认识的林莽。

就是这样，我们被上面那些乱花迷眼的现象遮蔽了，从而造成一个不容辩解的过错，我们忘了这个诗歌界最忙的人的最主要的身份是：诗人林莽。而且，他还不是一般的诗人，而是中国新时期诗歌革新运动中走在队伍最前面的那些优秀诗人中的一员。和他站在一起的有芒克、多多、江河和根子，他们是白洋淀诗歌群落的成员。而白洋淀诗歌群落是紧密地联系着诞生于北京的地下刊物《今天》的。是他和他的朋友们在动荡的年代为我们带来了充满水乡气息的新诗潮最初的潮音。

林莽的诗歌诞生于艰难的岁月，诞生于一个美丽而又让人伤心的地方——白洋淀。如同当年所有的青少年一样，他被无情的现实从学校和家庭驱赶了出来。他开始在远离父母亲人的陌生地漂泊。前途迷茫，无奈地忍受着孤独和悲伤。这是一代中国青少年无可摆脱的命运。他这样描写当年的心情：孤岛上的日子，既有正午的阳光，也有深夜的冷雨；没有星光和渔火，既凄楚又担忧；冬日的树木凋零，几丛芦苇在岸边摇曳；世界无依无靠。

我看过林莽早期的一些画，我发现那湖水绿得有点灰、有点暗，泛着一种惨淡而白的光。不若我们今天所见的那种透明的、让人发晕的满眼绿意。林莽当年那些画面承载着他的无援的伤心与哀愁。记得那湖边坐着一位渔家少女，是背影，看不清她的面部，但也是忧郁的、迷惘的。那是他想象中的爱情吗？或者是他当年的一个梦？

林莽不仅画笔忠实于他的生活和时代，诗更是如此。我们因为享受着林莽的忙，使我们不能静下心来，享受他笔下的苦难岁月中的悲哀的心境。他的诗情同样来自白洋淀。白洋淀的悲伤是林莽内心的悲伤。穿越冥思的梦想，时光转瞬成为以往，在肃杀的秋寒中，我们听到一片秋天的悲凉和哀伤：大雁孤独的鸣声，像挽歌一样凄楚而哀痛，深秋里的人，何时穿透这冥思的梦境。秋天过去是冬天，冬天的白洋淀更是一派令人心疼的景象——

> 初冬的原野上，挣扎着违时的嫩苗
> 孤独的柳树，无奈地抖动着光裸的枝条

他的诗和画中的广漠的背景都是那有点灰又有点白的湖水，那里充盈着他的特殊年代的记忆。1968年或者1969年，整个的时代都是这样"违时的嫩苗"在冰雪原野上"挣扎"的景象。林莽早期的诗中没有欢乐，尽管那土地是多情的，但依然掩盖不了内心的荒凉。最典型的诗篇是《悼1974年》：

> 簌簌的雪花飘落在祖国的土地上
> 又是白皑皑的一年
> 城市冒着浓烟，乡村也在燃烧
> 一群瘦弱的孩子
> 摇着细长的手臂说
> 我们什么也没有，我们什么也不要
> 在那些沉重的夜晚
> 我觉得一切都丧失了生趣
> 连憎恨也软弱无力

城市因何冒烟，乡村因何燃烧？憎恨因何无力？在他的画上所见到的湖水，带着寒意的、泛着惨淡的绿。那就是林莽忠实于现实的质朴。风格如人，正如林莽之为人，诚恳，忠厚，平实，没有虚幻的"乐观"，也不用夸饰的词语，用的是近于白描的线条和色泽。寒冷，令人想起当年艾青笔下的冰雪原野。白花花，空荡荡，一无所有的孩子伸出的手臂，也如同艾青当年战乱中乞丐的永不缩回的手。时代是不同的，而苦难则是惊人的相似。林莽以他诚实的形容表达了诗人对于时代的诚实。诗到底是属于心灵的，诗人的内心对于世界的洞察有多深，诗歌对于现实矛盾的揭示就有多深。

说到这里，我想到了自己经历过的时代。我和林莽是隔代人，我经历过的"春天"他没有经历过。他有属于自己的"秋天"。我写过我的春天，但我的春天是虚幻的，我们被时代所欺骗。所谓的百花盛开的早春时节，终于演成了一场前所未有的"阳谋"。我的虚假的"欢乐"被证明是盲从和轻信所造成。而他的秋天是真实的，他的朴实的诗句背后，是他自立而觉醒的人生。诗人的使命在于洞穿时代的残忍与虚伪，以锐利的批判体现诗人的使命。这一点，当年的我没有做到，而林莽所属的觉醒的一代做到了。

面对他带着血丝与泪痕的1974，对比我曾经有过的虚假而天真的1956[①]，面对他对于一个时代的成熟而深邃的揭露与批判，对比我的幼稚、天真与"顺从"——他的一曲哀歌，我的一曲颂歌，两个人，两个时代，两种诗，他选择的是直接面对和质疑，而我选择的是回避和顺从。我是如此地愧疚和遗憾！令人欣慰的是，毕竟一代新人从苦难的深渊走来了，带着他们的觉醒与抗议。这正如林莽说的："仅仅为了在作品中找到自己，仅仅为了与心灵的真挚对话，那些作品是内心情感最自然的流动。在没有文学的年代，正孕育着一代文学

---

① 笔者在当年的《北大诗刊》上曾发表过题为《1956年骑着骏马飞奔而来》，此诗后被收入臧力、西渡主编的《北大诗选》。

新人的崛起。"①

      2018 年 5 月 25 日于廊坊师范学院文学院，
这是 2018 年 5 月 26 日在林莽诗歌研讨会上的
发言

---

① 林莽：《心灵的历程》。此文写于 1987 年春。

一百年来一件大事

今天我们在北京大学阳光大厅隆重举行中国新诗一百年纪念大会。今年是戊戌维新一百二十周年，也是北京大学建校一百二十周年。这些重要的日子重叠在一起，给我们的大会增添了庄严的气氛。一百年前，即公元 1917 年，陈独秀就任北京大学文科学长，将《新青年》从上海迁来北京大学，当时的办公地点是东华门外箭杆胡同。移刊后的《新青年》刊登过"分期编辑表"，这些编辑依次是：陈独秀、钱玄同、高一涵、胡适、李大钊、沈尹默。这些人都是北大的教授，也是新文化运动和新文学革命的领袖人物，他们也都参与了中国新诗的提倡与建设，有的本身就是新诗人。

《新青年》创刊时，陈独秀曾对中国青年提出六点希望：自主的而非奴隶的；进步的而非保守的；进取的而非退隐的；世界的而非锁国的；实利的而非虚文的；科学的而非想象的[①]。这六条，简括起来，也就是"科学民主"四个字，这既是《新

[①] 陈独秀：《敬告青年》，《新青年》发刊词。

青年》杂志的办刊宗旨，也是北大的立校根基，更是体现了新文化运动和新诗革命的基本精神。谈到新诗的历史，《新青年》是绕不过去的话题，我们不妨从一个角度来看《新青年》与新诗的密切关系：胡适是"尝试"新诗的第一人，也是发表新诗和出版新诗集的第一人。他的"白话诗八首"是中国新诗的开山之作，刊登于《新青年》二卷六号，时间是民国六年，即 1917 年。他的这些最先发表的白话诗与陈独秀的《文学革命论》发表于同期刊物，可以认为是文学革命的先声。接着是《新青年》四卷一号，即 1918 年 1 月，发表胡适、沈尹默、刘半农三人的《鸽子》《人力车夫》《月夜》等诗九首。1918 年 5 月，《新青年》四卷五号，鲁迅以唐俟为笔名发表《梦》《爱之神》《桃花》三首新诗[1]。这些新诗的纪元之作，均与《新青年》有关。

距今一百年前，与鲁迅笔下的狂人发出"救救孩子"呐喊的同时，中国的新诗人也满怀激情地立在地球边上狂歌五千年古国的凤凰涅槃，那是呼唤"女神之再生"的狂飙突进的时代。[2] 中国新诗是中国诗人的一个时代梦。晚清道、咸以降，列强肆虐，国势凌迟，内忧外患，凄风苦雨。有识之士，天下才俊，寻求救亡图存、强国新民的道路，遂有了通过"新"文学、"新"诗以达于"新"中国之诉求。简括地说，当日的目标在于通过改造旧诗而为新诗，期待着以诗的革新使新知识和

---

[1] 与发表《梦》等诗三首同期，鲁迅的《狂人日记》也刊登于《新青年》四卷五号，时间是民国七年，即 1918 年 5 月 15 日。

[2] 郭沫若的新诗《立在地球边上放号》《女神之再生》。

新思想得到展现与传播。新诗生于忧患，也成于忧患。由此看来，一百年前进行的新诗运动不仅是一场文体革命和艺术革命，也是一场思想革命。这是百年来的一件文化建设的大事。[①]

19 世纪末，诗人黄遵宪等曾倡导"诗界革命"，提出"我手写我口"的主张，但因未能打破旧格律的束缚，诗体未能解放，这场预设的革命没有成功。胡适"尝试"新诗的贡献在于，他勇敢地确立以白话代替文言，以自由代替格律，实行诗体的大解放。"因为有了这一层诗体的解放，所以丰富的材料，精密的观察，高深的理想，复杂的情感方才能跑到诗里去。"[②] 这是大破坏之后的大建设。因为冲出了格律束缚的大障碍，于是获得了新诗发展的大生机。一百年来，因为有了白话写作的自由体新诗，我们于是能与世界诗歌"对接"，从而拥有了表达现代人情感和思想的最理想，也最亲民的抒情方式。新诗的诞生实现了中国人的百年梦想。

新诗从最初的"尝试"到日臻成熟的自立的过程，我们可以从周作人的"小河"到艾青的"大堰河"[③]的持续实践中，看到几代诗人以白话写诗所进行的英勇行进的轨迹。摆脱了传统格律的新诗人，在日常口语的陌生和单纯中寻求鲜活的语言和

---

① 胡适的《谈新诗》有一个副题："八年来一件大事"，此处借用。胡适原意，指辛亥革命以来政治上乏善可陈，唯有新诗革命取得成功，故有是论。

② 胡适：《谈新诗——八年来一件大事》。见《星期评论》"双十节纪念专号"第五张，1919 年。

③ 分别指周作人的《小河》和艾青的《大堰河——我的保姆》。《小河》刊于《新青年》第 6 卷第 2 号，1919 年 2 月 15 日。《大堰河——我的保姆》刊于《春光》第 1 卷第 3 号，1934 年 5 月 1 日。

精美的抒情，他们不同程度地取得了成功。几代诗人的探索实践，积累了丰富的经验，终于建立起并实现了无愧于千年诗学传统的现代审美风尚。我们从这个过程中可以看到，新诗不仅是中国诗歌传统的革新，更是中国诗歌传统的延续，它全面地继承了中国诗歌"诗言志"的精髓，它所实行的彻底的变革，如前所述，最终是为了诗的"有益于世"。

匆匆百年，战乱连绵。挺立并前进于战火中的，不仅有英勇抗战的举国军民，在抗击侵略者的和争取民族解放的队列中，同样行进着中国诗人激情而无畏的身影。他们投身于全民抗战的激流中，他们因国家民族的不幸而自觉地"放逐抒情"①，甚至为此牺牲宝贵的生命。他们以自己的行动谱写了全民抗战的壮丽史诗。我们都记得诗人艾青，那年他"从彩色的欧罗巴带回了一支芦笛"②，他在这首诗的前面引用了诗人阿波里内尔的法文诗句：

> 当年我有一支芦笛
> 拿法国大元帅的节杖我也不换

但当诗人面对着暴风雨所打击着土地时，他决绝地将那支

---

① 徐迟语，也是他的一篇文字的题目。徐迟《抒情的放逐》，《顶点》第1卷第1期，1939年7月10日。徐迟说："也许在这流亡道上，前所未见的山水风景使你叫绝，可是这次战争的范围与程度之广大而猛烈，再三再四地逼死了我们的抒情的兴致。""至于这时代应有最敏锐的感应诗人，如果抱住了抒情小调而不肯放手，这个诗人又是近代诗的罪人。"

② 艾青：《芦笛》。刊于《现代》第3卷第1期。

芦笛换成了呼唤自由解放的号角。不仅是艾青，中国所有的诗人都自觉地告别唯美的竖琴和短笛，那些他们曾经心醉的、柔美的旋律，顿时化为了呼唤自由的、进军的鼓点：九月的窗外，亚细亚的田野上，自由呵，从血的那边，从兄弟尸骸的那边，向我们来了。[1] 也许我们此种悲壮的追述还可延续下去，因为苦难曾经是那样的绵长。但我们只能适可而止。

曾经有过一个时代，诗歌被禁锢，阳光被垄断[2]。然而诗人在抗争。那是一个焚书毁琴的年代，诗人被流放、被监禁、被冠以种种恶名。然而他们在监狱，在劳改农场，在遥远乡村昏暗的灯光下继续创造着光明和温暖。地火在燃烧，岩浆在熔化，终于有一天，十月的阳光冲破至少长达十年的暗夜。一切也如同神话描写的那样，被雷电劈倒的悬岩边的树，失去生命变成化石的鱼，[3] 一起都在新的阳光下复活了。带着肉体和心灵创伤的诗人，满怀希望地迎接重新开始的生活[4]，他们走上街头，欢庆文明对于邪恶的胜利。他们祈求从今以后"爱情不被讥笑"，祈求"跌倒有人扶持"[5]，他们如同发现新大陆那样欢呼：诗啊，我又找到了你！[6]

禁锢的闸门终于打开，解放了的诗歌冲破思想和艺术的牢

---

[1] 田间：《自由，向我们来了》。刊于《烽火》，1937 年 11 月 14 日。

[2] 白桦：《阳光，谁也不能垄断》。《诗刊》1978 年 12 月。

[3] 此处行文涉及曾卓《悬岩边的树》、牛汉《半棵树》《悼念一棵枫树》和艾青《鱼化石》。

[4] 邵燕祥：《假如生活重新开头》。见《人民日报》1980 年 1 月 1 日。

[5] 蔡其矫：《祈求》。刊于《四五论坛》第 11 期，1979 年 8 月。

[6] 诗人郑敏的诗题。见《寻觅集》，1979 年。

笼，一代新诗人接过"五四"的火种，开始在中国开放的时空
向世界大声"宣告"：

> 新的转机和闪闪的星斗，
> 正在填满没有遮拦的天空，
> 那是五千年的象形文字，
> 那是未来人们凝视的眼睛。[①]

　　未来人们的眼睛在凝视我们，弥足珍贵的自由精神重新回
到出发的原点，中国新诗进入一个伟大复兴的时代。诗歌告别
了虚假和空言，回到了自主自立的抒情本位，它呼唤对于独立
人格和自由人性的认同与敬畏。诗人的想象力和独创性得到尊
重——诗人可以按照自己的意愿进行写作，而无须别人为它规
定戒律。不谈或少谈"主义"而专注于"自以为是"的独立创
造，已经成为当代风尚。打破大一统之后的诗歌，呈现出纷繁
多彩的多元格局。这是几代诗人所梦寐以求的良好生态。

　　历史安排我们站立在一个伟大的一百年的终点上，历史又
安排我们站立在另一个伟大的一百年的起点上。百年一遇，百
年一聚，百年一庆！与其说我们是幸运的，不如说我们是沉重
的。一代先驱者把百年的诗歌梦想交给了我们，我们不仅是享
受前人创造成果的一代人，我们也是承受前人重托的一代人。
记得一百年前新诗诞生的时节，我们的前辈就告诫我们：不能

---

① "宣告"一词借用北岛名篇《宣告》。以下引文来自他的《回答》。

因为"新"而忘了"诗",也不能因为"白话"而忘了"诗"。他们担忧的是,我们因热衷于变革而对于诗歌本体的轻忽或遗忘。一代人又一代人走远了,他们把悬念和期待留给了我们。

　　2018 年 9 月 10 日,北京大学采薇阁阳光大厅。
　　(此文始写于戊戌端午,定稿于戊戌七夕)
　　2018 年 9 月 19—22 日,北京大学中国诗歌研究院、北京大学中国新诗研究所和首都师范大学诗歌研究中心联合举办中国新诗一百年纪念大会,这是在大会上的讲话

诗人的世界

　　绿岛是一个诗人，但又是一个出色的诗歌评论家，这本《论诗人的两个世界》就足以证明他扎实的理论功底和学术修养。说实话，春节前第一次拿到这本书，当时的感觉是眼前一亮的。我是长期搞诗歌理论研究的，关于诗人是什么，诗歌又是什么的问题，在诗歌理论界始终都是朦朦胧胧的，在不能很好地得到一种概括和总结的状态之下，看到绿岛对诗人"两个世界"观点的确立和论述，为之一振，觉得这么一个复杂的问题，他用了"两个世界"来表述，把这个很高深的、很理论的问题明确地概括出来了。记得当时很感动也很高兴，受益匪浅，于是就写了书前面的那段话，诗人两个世界的提出，我觉得这是绿岛对于诗歌理论界的一个贡献。

　　我觉得绿岛两个世界的提出，一个是人的世界，这里面有人性和人民的问题、有土地和现实的问题；一个是神的世界，是理想的问题、精神的问题，是幻想与想象的问题，这两个世界他用非常概括的论述表达了出来，一个理论上比较朦胧的东西，一下被他点中了。两个世界也是一个世界，就是诗人的世界。就像王家惠先生所言，那是贾宝玉的世界，也是《红楼梦》的世界，也是文学艺术的世界。其实，贾宝玉就是由神的世界跳到人的世界之后，演绎了一场悲喜交加的人间悲剧。

两个世界既有神性的启迪，又有人性的光辉，绿岛讲到它们的对立性，更谈到二者的融合性。绿岛的最大贡献，就是把一个很复杂的问题很简单地概括表达出来了，这就是学术的功力和学术的功底。有的人却是把非常简单的问题说得非常复杂，天花乱坠。于是，两个世界的提出，就解决了很多理论上困惑的问题。长期以来，我们诗歌理论界把诗歌与现实，诗歌与梦幻的关系割裂开来，绿岛把这个问题解决了，他成功地把人性和神性、把现实和幻想、把金钱和物质这些对立的现象组合在一起，表达了诗人对世界的看法。也就是说，我们诗人是具有哲学家和巫师的功能的，只有他们才能够抵达诗人的世界。

所以说，你把现实的东西写得多么真实、多么具体，那还不是诗人，相反你把诗歌写得如何的梦幻、缥缈、神秘，这样也不是诗人，诗人只有把这两个世界结合得好、融合得好，才是真正的诗人。

于是，绿岛在书中提出了诗歌具有神圣性的庄严问题，我想神圣也好、高尚也好、高雅也好，都和诗人的世界有关。诗歌是贵族的，是高于平民的，诗人和平民的表达方式是不一样的，这一点是以前不敢讲的话题。那么，绿岛树立了这个基础之后，他就有判断力了，他就有标准了，很多的时候我们的批评家恰恰没有标准。诗歌界的小圈子各自为政，相互吹捧，你好，我好，大家好，于是就没有标准了，高低不分，雅俗不分，贵贱不分，是非不分，善恶不分。

其实，绿岛这本书批判性非常强，而我们现在的评论家恰恰缺少或没有了批评性，绕了半天你不知道他在讲什么，说不清楚，哪些是好的弄不清楚，哪些是差的也弄不清楚。但是绿岛的批评过于尖锐、过于激烈，只是还缺乏一些具体的分析，但不影响他一针见血地对诗歌不健康的现象予以抨击。

我常常觉得我们的批评家在转圈，真的不知道你在转什么？时尚的名词在满天飞，其结果依然是高低不分，雅俗不分，贵贱不分，是非不分，善恶不分。

绿岛的行文是有勇气的，他的勇气从何而来呢？就是从诗人的两个世界而来。读这本诗论最令人感动的，就是他鲜明的立场，这是因为他有理论的基石，他的诗歌我读得不多，偶尔也读到一些，尽管这本书也存在一些问题，但是它却给我们的理论界有如猛击一掌的感觉。事实上，我们为数不少的诗歌理论家太平庸，不着边际的东西太多了，不能伤筋动骨，漫天叫好，也不敢说出问题到底出在哪儿，不能触及灵魂。

综合以上几点，所以我认为绿岛的理论架构甚有深意，诗人有两个世界，一个是人的世界，一个是神的世界。没有人的世界，诗歌就失去了根本，犹如一棵树没有泥土，没有泥土，根就没有着落，但若只有这一个"人的世界"，那他只是一个普通的人，还不成为诗人。诗人有异于普通人的，是他同时拥有另一个世界，即神的世界。

所谓"神思"，所谓"梦境"，所谓"奇思妙想"，这都是诗人的"特异功能"，是诗人区别于常人的"特异"之处，一个人之所以成为诗人，是他同时拥有了两个世界：一个实在的世界和一个想象的世界。

诗人的工作，是将这两个"完全不同"的世界融为一个全新的、奇异的、充满想象力和既对立又融合的世界，其实这个世界就是我所说的诗人的世界。

绿岛说，诗人有两个世界，其实，他是在论述诗人特有的这个平常人所难以达到和拥有的特殊的世界。所以，他的结论应当是：诗人的世界是一个只有诗人（也许还有哲学家和巫师）才能完成和实现的世界。

2019年2月24日，在绿岛著《论诗人的两个世界》首发研讨会上的发言

诗与时代

　　今天我们在北京大学召开新时代诗歌座谈会，意义十分重大。因为北大是新诗的发祥地。被称为中国新诗的摇篮和故乡。一百多年前，中国爆发了拯救国运、强国新民的五四新文化运动，新诗是其中重大的一个成果。新诗的诞生是响应一个伟大的时代的召唤，当时的北大师生义无反顾地站在了变革图新的时代的前列，创办《新青年》，提倡新文化运动，开展新文学革命。以胡适、陈独秀为代表的北大人，首倡诗歌变革，以白话代替文言，以自由代替格律，新诗的诞生开展了中国诗歌的新时代。可以说，新诗是一个伟大时代的产儿，它是为一个时代的书写和表达而诞生和存在的。

　　能够全面代表伟大的"五四"时代精神的，是鲁迅，而能够以全新的诗歌意象概括一个全新的时代的诗人，则是郭沫若——不论日后人们如何评价他的一生。郭沫若以女神之再生、以凤凰涅槃、以天狗吞日、以充满激情的声音和想象力向我们托出了一个鲜活生动的狂飙突进的时代。

　　"五四"是一个伟大的开始，随后的一百年以至于今，中国诗歌一直跟随时代的步伐坚定前行。在中华民族遭受外国侵略的日子里，中国诗人毫不犹豫地把手中的竖琴和芦笛换成了鼓舞民众英勇抗敌的火把与号角。雪落在中国的土地上，寒冷在封锁着中国，无数的我们的年老的母亲，都蜷伏在不是自己的家里。这是诗人艾青的诗句。作为诗人，他挺立在大风沙中，他同样是一个代表了伟大时代精神的吹号者和举火把者。

那些声称不为自己时代发声（或代言），而只为"未来"写作的诗人是可疑的。我始终认为，所有的诗人都离不开他的时代，都是当代诗人。李白和杜甫很伟大，他们的伟大是由于他们通过自己的诗歌保留并浓缩了唐代的精神气象。开元天宝盛世，以及随后的安史之乱的颠沛流离，"可怜小儿女，未解忆长安"，他们的诗歌之所以能够在后世流传，是因为他们表现了他们生活过的时代的特有精神。诗与时代密不可分，杰出的诗人总是时代忠实的见证者和表现者。

诗歌写作和运思的个人化，绝对不能成为诗人回避和逃离现实的借口。朦胧诗高潮尚未过去，一些人就忙着宣称他不为时代代言，他的写作与世无关，而只与"个人"有关，这实在是个误导。陆游写过《钗头凤》，但他更有《示儿》："死去元知万事空，但悲不见九州同。王师北定中原日，家祭无忘告乃翁。"这种面对死亡的"但悲"，就是一种伟大情怀，充盈着诗人的关心世事的拳拳之心。

海子说，"从明天起，关心粮食和蔬菜"。又说，"在五谷丰盛的村庄，珍惜雨水的村庄，万里无云如同我永恒的悲伤"。这就是诗人对于社会安危、国运兴衰的关心。优秀的和杰出的诗人，总与他的时代共呼吸、同命运。他可以写儿女情，但他总不忘天下事。

　　我们今天的话题是"新时代"，的确，对比新诗诞生的那些年月，我们的时代是"新"的。当年是列强虎视，国破家亡，诗人以诗言志，唤醒民众。今天的时代我们是空前地前进了，我们正在向着世界大国和世界强国前进，但我们也面临着更多的新的机遇和更大的，甚至是前所未有的新的挑战。我们有新的忧患。新时代提醒我们，诗人不能沉溺于一己的欢愉与悲哀，诗人有自己对于时代的承诺和承担。

　　因为我们为当代写作，因为我们的写作表达了伟大的时代，我们的后人将记住并感谢我们。

　　2019 年 8 月 27 日于北京大学，这是在北京大学召开新时代诗歌座谈会上的致辞

春天带来欢喜

平生为自己定下"三不"，其一，不过生日；其二，不为自己开研讨会；其三，不写自传也不被人写传。当然，对自己说"不"，绝不意味着对别人也说"不"。我是个"自由"论者，我绝对尊重并维护他人的权利，对朋友和亲人，我从来不会轻易放过向他们祝贺（包括生日）的机会。我的"三不主义"维持了几十年，从未违背。直到前年，即临近我满九十岁的2020年，"三不"防线的某些部分被攻破。这就是刚才会议主持人邵燕君说的，"几乎全年都在为谢老师开会"的局面。这不是我所愿的，我出于无奈。"帽子"很大，抗不住。话说这"三不"的初衷，绝非我的矫情，这是我对自己个人生命和个人在时代所处的位置的一个论评。至于原因，限于场合，今天只能略过。

再一点，与今天的会议主题有关，那就是诗和诗歌写作。我在以往岁月，也做过诗人梦。在读小学和初中时，我和许多同龄人一样，曾是个"诗歌少年"。我的数学很差，也不喜欢物理化学，我只喜欢文学和诗歌。课堂上老师在讲几何代数，我在悄悄地写诗。不仅自己写，还和同好"唱和"。我的中学母校是英国人办的教会学校①，学业要求极严，每学期按实际成绩分班、排座位。在三一中学，我的排名总在甲班，名次总在八到十一之间，这若非老师偏心，就可能是学校"走眼"，居然让我混到了初中文凭，可算是奇迹了。

话题回到写诗上面来，我有点"早慧"。到了 20 世纪 40 年代后期，我的诗人梦就醒了。我有了觉悟，一是个人才情，二是时代潮流。我发现诗不适合我，我的自由秉性也不适时代。我再努力，由热爱而写诗，充其量只能做个三四流的诗人。我只能带着决绝的心情向诗"告别"。在军中以及北大，我虽然也写一些，但那是我自己并不认可的"余响"。认识我和熟悉我的朋友都能做证，我从来不会也不曾自称为诗人。直到去年，"知情人"在我的文集的缝隙（准确地说，应该是"废墟"）中"发现"了这些散乱的、快变成化石的"残诗"②，而且居然在极短的时间内编成了今天提供大家"分享"的诗集《爱简》。我不无遗憾地，也是发自内心地感谢编选者和出版者，也感谢诸位，是你们以殷切的爱心圆了我的诗人梦。

今天的聚会非常美好，在春天的明媚阳光下，我们脱掉笨重的寒衣，也甩掉长达三年的悲痛的阴影，完成一个久旷了的春天的聚会。记得是 2022 年的末尾，我在伤痛和哀悼中为迎接新生的春天写了一篇短文。我写了告别严寒，写了对世界和平和人类友爱的祝愿。在文中我说了如下两段话：

---

① Trinity college of foochow 准确地说是爱尔兰圣公会，当时爱尔兰未独立。

② 好像是徐志摩的诗题，记不清了。

2022 年的最后一天，一早，连续收到北大中文系的两份讣告！我承受不起这接连不断的打击。心情郁闷，不禁悲从中来！也就是此时，一个快件来自长沙，一位老友送来了对新年的祝福。碧绿色的外包装，装着来自宝岛台湾的冻顶乌龙茶，友人附有一信是用喜气洋洋的中国红硬纸打印的，上面是温馨的话语："今年我们面临严重的疫情的袭扰，但我们一定要战胜它，送你一盒茶叶泡饮，清心去浊，健康怡然。阳光、春天始终属于我们。"是的，阳光、春天始终属于我们！也就是这时，紧邻的一位女士发来了关于维也纳新年音乐会的消息：新年音乐会今晚可以看三回，CCTV-15 直播中。这些信息告诉我，生活在继续，尽管窗外冰雪遮天，但是我们未曾挡住春天的步履。

朋友的深情，邻居的温馨，他们在告诉我：2023 年的新年到了！也是此刻，在我访问过的、熟悉的维也纳金色大厅，人们将在新年的第一天举行一年一度盛大的新年音乐会！朋友转来的节目单上写着，圆舞曲《英雄诗篇》之后是《寂静之夜》，接着是快速波尔卡、法兰西波尔卡，接着是爱德华·施特劳斯、约瑟夫·施特劳斯、约翰·施特劳斯，整个华丽的斯特劳斯家族悉数出席！英俊而镇定的乐队指挥向我们亲切地挥动。他引导我们走进那支优美的《蓝色多瑙河》，我们随着它的旋律翩翩欲舞！音乐会的最后是经典的《拉德茨基进行曲》，庄严、优美、轻柔而逐渐地转向欢快！此刻乐队指挥离开乐池，走近栏杆，他开始面向观众引导他们的掌声——掌声几乎要掀翻金色大厅的屋顶！维也纳无畏地、充满信心地创造了整个世界的欢乐！

然而，我的文章没有得到发表。虽是如此，我们毕竟把严寒挡在了窗外，春天依然如期到临！春天的步履坚定而充满自信。照样的莺飞草长，照样的春暖花开，照样的曲水流觞，少长咸集！为了迎接春天，我向亲爱的朋友们建议：永别忧伤，为今天干杯！这就是我们此刻的心情，也就有了此时充满欢乐的聚会。

2023 年 4 月 16 日于北大培文书院，这是在诗集《爱简》分享会上的答谢词

二辑
文艺与其他

关于散文

中国有散文的传统，但像现在这样明确的散文的概念，却是没有的，"五四"新文学运动以后才逐渐明确起来。

古来多数文章，总以散文为主，谈到文章，就是散文。因此，在许多场合总说文章，很少用"散文"这个名词。但那时并不专指作为文学作品的散文，而是和韵文对立的。韵文就是押韵的、讲求文字音韵上的性质与规约的文体，诗就是一种韵文，六朝的骈体文也是一种近似韵文的文体。除了韵文之外，其他就都是散文。这种以韵、散来分文体的说法，在外国也有，即英语中的 prose 和 verse。这种散文的含义是比较宽泛的，是广义的。例如先秦散文，很多都是政治思想的文章，少数是带有文学色彩的。司马迁的《史记》是早期的较好的散文，有些篇章就是传记文学，就是人物的特写，但在那一时代来说，则是凤毛麟角了。

魏晋时期，有些笔记小说，文学的意味逐渐浓厚起来，如南朝（刘宋）王义庆的《世说新语》，是以短篇记述魏晋间名人逸事的，多者百言，少或数十字，是早期散文记人述事的佼佼者。因为是雏形的文体，在文学史中有人把它归之于小说，有人则把它归之于散文。这说明，还没有定型，属于幼稚时期。唐宋人也有笔记这种文体，柳宗元是一个著名的诗人，他的散文成就似乎比诗还大，写作范围也较广阔，有人物特写（如《捕蛇者说》《种树郭橐驼传》），有山水游记（如《永州八记》），有寓言讽刺小品（如《三戒》）。晚明有一批文人盛作小品，虽然玲珑可玩，但多是所谓抒写个人心境的性灵文字，没有什么价值。

尽管散文在发展途中，文学的特点逐渐显现，但在清代姚鼐按照桐城派观点编辑的《古文辞类纂》中仍是包罗万象的大杂烩，计十三类：论辩、序跋、奏议、书说、赠序、诏令、传状、碑志、杂记、箴铭、颂赞、辞赋、哀祭。散文在中国是有源可溯的，但这种文体又是在不断地演变而日臻完善，所以现代散文仿佛是一条潜流，从古代流下来，地面上时隐时现，是古河，也是新流。

新文学运动以后，散文才真正地独立起来，和小说、戏剧、诗歌等并立而成为一个重要的文体。新文学运动十年时，良友图书公司出了一套《中国新文学大系》，就由郁达夫、周作人编了两本散文集。但此后，在散文的名称上仍然颇不一致，随笔、小品、杂文、特写、散文诗，到近来有思想漫谈、小评论等，均归于散文。这种情况，一方面说明散文的领域真是海阔天空，另一方面也说明对于什么是散文，有待于统一的认识。散文也有边沿地带，这种边沿有两个含义，一是有的"散文"不是文学作品，一是有的散文和小说、通讯、评论、报告文学接近，而需要加以区别。

"五四"时期有人主张散文有两种，一是载道派，一是言志派。后来有人又笼统地说散文有两种，一是叙事散文，一是抒情散文。这种分法都是不科学的。散文可以状人，可以写物，可以即景，可以抒怀。散文有叙事、有抒情，也可以发议论、说道理。只说叙事、抒情，又怎能包括那么广泛丰富的内容？同时，抒情之中也可叙事，叙事之中又可抒情，这是不能截然划分的。夹叙夹议，感物吟志，正是散文所擅长的。这种灵活自由、多种手段的综合、穿插着运用，也正是我们要提倡的。

这就谈到了散文作为一种文学形式的特点。散文是文学的一种，具有文学的一般特征，例如，它是语言的艺术，是属于意识形态的一种，是以文学形象的手段来反映生活等。仅仅了解它作为文学的共同点还不够，尤其重要的，"成为我们认识事物的基础的东西，则是必须注意它的特殊点，就是说，注意它和其他运动形式的质的区别。只有注意了这一点，才有可能区别事物"。了解散文和其他文学品种的"质的区别"是很重要的，是为了更好地掌握散文的规律。

要讲特点，就从"散"字说起。从它反映生活的内容看，是非常广泛的，山川、节令、人物、思想，谈古论今，可以抒发激情，也可以发表议论，可以写人物，而情节不一定要求完整，可以述时事，并不要求有始有终。展纸临墨，随便灵活，天南海北，高天阔地，可以由自己的经历说起，可以穿插历史故事的演述，可以写一个场面，也可以引用一批数字。需要写某人就写，不需要了，笔锋一转，可以谈到别的去。可以侧重于抒写情怀，就成为一篇抒情文字，可以侧重于描写人物，就成为一篇叙事文字。散文的触角可以伸及生活的各个角落，散文的笔法可以是极其灵活、极其丰富的，这就是散文的"散"。

常听人说：散文美，这是和诗的美对比而言的，诗歌要求音节上的齐整，声韵上的和谐，中国诗要求对称。诗的美从形式上讲，就是整齐、匀称的美，散文的美就是那种参差错落、行云流水，映衬着思想感情的跌宕起伏，散文美在于它的轻便、灵巧、不拘成法。

但是，散文的"散"绝不是散漫、散乱，相反，散文最忌散漫无章，它不拘成法，也没有成法——谁不能这么说，散文应该这样写、那样写，开头、结尾怎样，起承转合如何，但在没有成法之中，散文却要求最自觉、最主动地用"法"来约束那野马似的笔墨。形式上是散的，而且显示出它的美来，这样说，还不完备，应当是"形"是散的，而"神"是不散的。散与不散对立统一于一篇文章之中，显示出它的美来。

一篇文章须有灵魂，即是中心思想、主题，这就是"神"，要很明确。主题确定之后，时时处处、前前后后地围着主题转，无论说什么，怎么说，都不离开这个题，都不能跑了题。这才是形散而神不散的道理。有人说散文要散，有人说，散文不散，其实应该统一起来讲，就是又散，又不散。这就是对立统一、自由、灵活、随便、亲切。形式上、手法上应是丰富、多样，有变化的，而内容上、主题上、中心思想上应该是始终一贯的。又散又不散，不拘成法而又要最自觉地加以"约束"。所以，写散文也不是轻而易举的。不散、太板滞了，就没有散文的味道，不像。同样道理，放得开而收不拢，主题思想就不明确，令人读不下去，或不知所云，同样起不到好效果。

《记一辆纺车》这篇散文，有明确的主题，这个主题，却没有赤裸裸地说出来。你看作者谈得多么随便："我曾经使用过一辆纺车，离开延安的那年把它跟一些书籍一起留在蓝家坪了。"接着是说，这辆纺车是多么普通，"是延安上千上万辆纺车的一辆"，那时，延安的纺车是作为武器使用的，纺车帮助了革命渡过了敌人经济封锁的困难，接着谈到大家穿上自己纺线织布做成的衣裳的心情，"那个时候，人们对一身灰布制服，一件本色的粗毛线衣，或者自己打的一副手套，一双草鞋，都很有感情。衣服旧了，破了，也'敝帚自珍'，不舍得丢弃。总是脏了洗洗，破了补补，穿一水又穿一水，穿一年又穿一年"。说了衣服，回头再说纺线，纺线也有它的辛苦和乐趣，"在纺线的时候，眼看着匀净的毛线或者棉纱从拇指和食指中间的毛卷里或者棉条里抽出来，又细又长，连绵不断，简直会有一种艺术创作的快感"，接着是纺线的技术、秘诀，掌握了纺线规律以及创造出劳动成果之后的愉快、纺织的姿势、技术改革、交流经验、纺线比赛、奖品，描写了"沙场秋点兵"的壮丽场面，作者抒情写道：

> 只要想想：天地是厂房，深谷是车间，幕天席地，群山环拱，怕世界上还没有哪个地方哪一种轻工业生产有那样的规模呢。你看，整齐的纺车行列，精神饱满的纺手队伍，一声号令，百车齐鸣，别的不说，只那嗡嗡的响声就有点像飞机场上机群起飞，扬子江边船只抛锚……

从反映的内容看，由纺车说起，引出纺线的姿势、技术、劳动甘苦、心情，以及一些激动人心的回忆，内容是互相联系的。但是从行文看，的确是相当的散，给人以想到哪说到哪的感觉，除了"我"之外没有人物，也没有故事情节，想到的事情，也不连贯，作者甚至不太发议论，只是那么侃侃而谈，好像跟好朋友谈心。但是我们掩卷凝思，马上就感受到了一种情趣，一种荡人心魄的激情——我们马上就明白了作者说的"我常常想起那辆纺车"，以及由纺车引起的一系列回忆，是想起延安，想起战争年代那种生活，那种不畏艰苦的拼命精神，"与困难作斗争，其乐无穷"。

作品写于1961年，正是三年困难的时刻，读了不仅怀念延安的生活，而且对战胜当时的困难充满了信心和力量。其实，这种思想的线索把延安生活的种种零散的记忆、场面、议论统统串了起来，光有那些闪光的珍珠是不够的，要有精神、灵魂。从文章看，要有主线，这条彩线串起珠子，要没有线，那不成为断线珍珠了么！

《樱花赞》也是如此。从樱花在日本的地位谈起，劈头第一句就是"樱花是日本的骄傲"，日本朋友对去访问的人的惋惜和挽留——樱花开过了，樱花快开了，再次说到作者看樱花的次数，"往少里说，也有几十次了"。东京的几个著名地方，青山墓地、上野公园、千鸟渊，东京以外的奈良、京都，月下，雾中，雨里……说明自己对樱花的熟悉，印象之深刻，这也是漫不经心地随便点到（到后来才知道，作者是为了点染金泽的樱花），写过这些，信笔谈到樱花的花时、花色、品种、姿韵。黄遵宪的诗，"十日之游"，旧文人对樱花早开早落的心情、我的心情，以上洋洋洒洒的全是回忆、议论。

收笔回来，今年看樱花，又是到处看，东京、大阪、京都、箱根、镰仓，然后急转到金泽的樱花上面来——那是"我所看过的最璀璨、最庄严的华光四射的樱花"，随后是一段叙事的文字，把樱花暂时撇到一旁，谈起四月十二日那一天，大雨，司机罢工，推迟罢工时间，司机的话，山路上的樱花——"一堆堆，一层层，花像云海似的，在朝阳下绯红万顷，溢彩流光。"惜别的场面："我们眼前仍旧辉映着这一片我们从未见过的奇丽的樱花！"罢工的事说完，回到樱花上面来：樱花美在哪里？文人武士和一般人民是"因为它在凄厉的冬天之后，首先给人民带来了兴奋喜乐的春天的消息"。两个道理：春天的消息，看花人的心理活动——把罢工和此刻对金泽樱花的感受"焊接"了起来，结论：

> 金泽的樱花，并不比别处的更加美丽。汽车司机的一句深切动人的、表达日本劳动人民对于中国人民的深厚友谊的话，使得我眼中金泽的漫山遍地的樱花，幻成一片中国人民友谊的花的云海……

通篇读来觉得作者赞颂的是日本人民的斗争和友谊，处处却写樱花，写樱花并不径直写那两条道理，而是漫不经心地说，看来远了，散漫了，然而一层一层地裹了起来，又一层一层地剥了下来，看似无意，实则有心。这样，印象非常深，艺术形象的力量，典型概括的力量，其实就是一个形象化的象征性譬喻，这是问题的中心。以散文的力量，布下了种种疑阵，最后引到了核心中来。这就是艺术的构思，服从于主题的艺术的构思。

表面上看，很散，仔细推敲，觉得无不和主题有关，是一种烘托，是一种映衬，一树繁花要有枝叶来衬托它，枝叶是和花长在一起的，红花还得绿叶扶。从另一面看，要是没有樱花，没有围绕着樱花的一系列描写，直接地说罢工、说支持、说友谊，效果会是如何？写文章除了思想正确（这是根本的），还要有艺术性，主题也许好，但直来直去，平铺直叙，感人、教育人们效果就差。写散文要是能运用散文的特点，信手写来，旁征博引，无拘无束，侃侃而谈，娓娓动听，从中显示出主题思想的光辉。散文的作用与小说、戏剧、诗歌虽然不同，却是有其独到不可替代的功效的。

回到散字上来。散文的散：一是取材的"散"，生活的各个方面，生活的片段，时间、空间，都可以组织到一篇散文中来，可以不完整，没有什么限制，这是一。二是叙述方式的"散"，指行文的灵活性。

散文的这些特点就构成了它的独特的战斗能力——它是一个非常轻便的、非常灵活的、非常敏捷的文学样式。它不是大炮、不是坦克、不是飞机，却是轻武器、轻骑兵。它的篇幅短小，有时写得很轻松、很有情趣，形式又活泼，有人误以为是可有可无的东西，甚至以为是茶余饭后的消遣，是"小摆设"，鲁迅批驳了这种观点：

> 生存的小品文，必须是匕首，是投枪，能和读者一同杀出一条生存的血路的东西；但自然，它也能给人愉快和休息，然而这并不是"小摆设"，更不是抚慰和麻痹，它给人的愉快和休息是休养，是劳作和战斗之准备。(《小品文的危机》，见《南腔北调集》)

我们要把散文当作一种战斗武器，用它来为社会主义革命和建设服务。

一、生活要深入，材料要丰富，篇幅要短小，要了解人，也要了解环境，不仅了解现在，而且要了解过去。

不仅是访问座谈中，书面材料上得到素材，而且要在生活中亲自去感受，感受建设新生活的人们的思想感情，内在的东西，本质的有力量的，震撼了你的心灵的，提炼、升华，不就事论事。去掌握第一手材料，让自己在生活中燃烧起来，情感沸腾，不吐不快，一旦下笔，不可复止，在此基础之上，要研究分析，对素材要根据需要加以归纳、取舍，去粗存精，去伪存真，要有一番提炼的功夫，要做到理丝有序，不被纷纭的材料搞得头晕目眩。

深入之后要改变，培养感情，要真的爱起来，激动起来，《记一辆纺车》之所以动人，根本之点不是它的语言漂亮，相反的，它的语言是质朴无华的，没有空洞的辞藻，也没有华丽的比喻，淳朴好比一杯醇厚的茶，越品越有回味——作者在谈那一切的时候，对延安的生活充满感情，那些平凡的、艰苦的生活是永远不会忘记的，关键在于爱生活，动了感情，用不加修饰的语言写出来，好像是好朋友谈心，亲切、自然，没有什么色彩浓重的形容，也没有激动呀、兴奋呀之类的感叹，感情和景物融在一起，水和乳相融，而不是油漂在水面上。

不要罗列现象，不要有闻必录，不要贪大求全，包罗万象——那就成了庞杂，杂乱无章。

生活的感受要消化、发酵、改造制作——不是成绩单，也不是好人好事的表扬稿，从丰富的材料走向凝练的内容。

二、构思要新巧。

所谓构思，就是毛主席"然后才有可能进入创作过程"的开始，也就是"革命作家的创造性的劳动"的开始——由此对生活中得来的原始材料做一番改造制作。构思是第一步，由生活素材到艺术构思，是一个飞跃。

构思贵在创新，构思忌在平庸。在选择的几篇文章，《光明颂》和《珍珠赋》算是较好的散文，《光明颂》由长安街的灯火联想到茅坪八角楼的灯火——光明、火种，有激情，有真实的感受，但不够新，因为很多人这样联想过了，天安门的灯，延安窑洞的灯，井冈山的灯。《珍珠赋》也是好散文，但它的构思也并不新，洞庭不仅是鱼米乡，而且盛产珍珠。历史上的洞庭（白居易的诗），解放前的洞庭（1935年的溃决堤坝），今天产的是珍珠，渔舟上看珍珠，登堤岸，金黄的珍珠，雪白的珍珠，碧绿的珍珠，珍珠砌成的崭新世界。赞美培植珍珠的人民，电灯——珍珠，"天上银河失色，满湖碧水生辉"（夜景）——说到高压电线，文章的好处是用珍珠把描写湖庭今昔串了起来，文章活泼自然不枯燥，但从真的珍珠到其他种种比喻，感到不自然，感到是在"做"文章。因为珍珠和棉花、莲蓬、稻谷之间的联想显得生硬、不自然，不过是一种引申。这种手段，不见得十分新鲜。

《钟》就不一样，我们看到邮电大楼的钟，听到北京站的钟声，为那种声音所激动，而会浮想联翩。要是夏天的午夜当你漫步在长安街上，听到邮电大楼钟楼传来那悠扬清亮的钟声，你也许想写一首诗，也许借此写一篇抒情散文。怎么写呢，通常会以钟声为线索，今天的钟声、过去的钟声引人前进等，这是好的，但也是一般的。要写出新意来，"别人嚼过的馍不香"，艺术创作的道理也是一样，这篇一千多字的《钟》就对我们有启发。

先从主题谈起，显然，作者要通过农业合作化的发展历程歌颂一种精神，那就是勤俭办社、艰苦创业的精神，这种主题在小说，也许是采用《创业史》的办法，塑造高大全或者梁生宝的形象。在抒情散文中，作者看到了、听到了、想到了"钟"，从钟来抒发这种思想感情，这是对的，但怎么表达，是我的见闻，从每当清晨，我就听到钟声开始写，我记得二十年前，钟声响了，贫下中农起来斗地主分田地。十年前，钟声响了，如今钟声响了……这，是似曾相识的，是屡见不鲜的构思了，要找一条新的路。

构思的新，根本不在于苦思冥想，而在于生活得深。深入地生活，用心地学习、观察，要去感受、去发现，发现那最能够表示事物本质的东西，发现那不仅表现了事物的普遍性（例如"文化大革命"带来的变化），特别是能够把这一事物和那一事物区别开来的东西。散文的为政治服务，同样的要注意表现重大的题材，它不是名副其实的小品，它体质小，但要表现重大东西，虽然不是多幕剧，但仍然要塑造工农兵形象，要运用样板戏的经验，要表现生活中的矛盾、斗争，这些原则都是一致的。但抒情散文如何发挥自己的特点去完成这一任务，这就需要探索、实践。

三、结构要严密。

从散文讲，章法的散，不等于结构的乱。但又不能追求结构的谨严，而忽视散文行文的特点——起伏回旋，跌宕多姿，自由活泼。散文的结构，最忌平铺直叙，要有起伏、波澜、相辅相成。如《荔枝蜜》，从画说起，上得画的，那原物也叫人喜爱，"蜜蜂是画家的爱物，我却总不大喜欢"，这是歌颂蜜蜂的文章，却偏从讨厌蜜蜂谈起，然后扔下蜜蜂，讲起荔枝来，由荔枝而蜜，由蜜而到采蜜的蜂，了解蜜蜂的生活和工作，歌颂人民——"为自己，为别人，也为后世子孙酿造着生活的蜜"——"梦见自己变成一只小蜜蜂"，这个终篇包含有多深的意思。

比较各种文体，散文是轻骑兵、匕首、投枪，篇幅短，又要散，因此，结构上的要求就更高。有人用了一个比喻，一座大山上有一堆乱石，无损于它的壮观，要是一个小园里，有一堆乱石，就会破坏园林之美。一篇短短的散文，结构上应该做到匀称、优美，无懈可击、天衣无缝。

关于散文的一些知识。

散文的种类和形式：

广义的：凡是不讲韵律的都称散文。与韵文相对而言，古时文学的概念不明确，既包括文学也包括其他文章，后来则指诗以外的所有文学体裁。诗和文两大类，仍是广义的概念。

狭义的：与诗、小说、戏剧并列，这是四分法。散文包括：小品、杂文、报告、传记、游记、文学随笔。有人说散文是最自由灵活的体裁。

散文的种类：大体分三类，抒情、记叙、议论。

抒情。借景生情，托物言抒怀，直抒胸臆，通篇以感情为线索，可以有一个抒情中心，来波澜起伏地书写作者思想感情的变化，也可以抓住一点，用墨如泼，淋漓尽致。也写人，也记事，但目的不在人物形象和情节上，而是借景抒情、托物抒怀，把写人记事当作抒发情感的依托。

记叙。以写人记叙为主，通过人物活动、事件发展的记述，反映生活，表达思想。它有人物形象和具体的故事情节，但并不要求完整，往往是把人物活动的几个侧面，或事件的几个片段连接起来，以不同事物的内在联系为中心线索，也有倒叙、插叙等方法。也要求有强烈的抒情色彩，常常是时而叙事，时而抒情。

议论。以议事明理为主，通过对人物、事件的评述，表明作者的观点和感情，常常以实论虚，夹叙夹议，进行有理有据的，而且是生动、活泼的议论明理。把议论和抒情结合起来，是文艺性很强的政论文。

几种具体的散文样式。

小品文：最短小精悍，富于抒情。我国悠久的序、跋、传、记、日记等。有抒情小品、记叙小品，以生动精练的笔调写人记事，揭示出发人深省的道理，以准确、逻辑力量见长的叫议论小品，借一斑而窥全豹，以一目尽传精神。

杂文：小品文中有鲜明的政论性质，又有强烈的文学性，常常是一语道破本质，要求短小精悍，言之有物，用幽默、比喻、反语来增强感染力，是"感应的神经，攻守的手足"，是匕首、投枪。写作防止乱用讽刺。

此文作于 1975 年 3 月 18 日，应为当时课堂上的讲稿提纲。未刊。据手稿编入。1975 年 3 月，正是"文革"后期，已经招收了工农兵学员进校，从文中可见当日思想、资料贫乏情状

城市书写的变迁

城市崛起的时代

从现在往前追溯，三十年前的中国大陆没有现代意义的城市。我记得 80 年代初期和吴亮聊天，吴亮说：中国是一个大乡村，上海是一个村落。当时的上海尚且如此，北京就更不在话下了。90 年代我到上海，我的一位北京出生的老同学带我游览人民广场的地铁商城。他不无自豪地说（此时他的身份是上海居民）：上海人就是聪明。学外国就像外国。北京人不行，学来学去，总脱不了土气。

这时在我们的心目中，上海已跻身于现代都市的行列，而北京当时还不是。到了 20 世纪末叶，北京也终于大变样。十年前到过北京的外国人说，北京像纽约了。当然，比北京步伐更快的是深圳，我 80 年代初期来深圳，最让人激动的是登上老西门那边的那个旋转餐厅。那是中国城市崛起的最初的信号。

从 20 世纪末叶到现在，是中国城市文明崛起的时代。其背景是商业的发达和财富的积累。那些速度——奔驰的速度，

旋转的速度，都是建立在巨大的财富基础之上的。这是真正的
天翻地覆的大变化。

乡村中国的因袭

传统的中国是乡村中国。中国是世界上最古老也最广大的
农耕国家。农耕文化的特征是，恬淡静穆的氛围和舒缓的节
奏，以及自满自足的心态。中国社会的长期自我封闭和拒绝交
流，是这种小农心态的呈现。乡村中国形成了稳定的乡村伦
理，也形成了对于城市的深刻误解和偏见——城市是堕落的、
糜烂的，因而也是罪恶的。

40 年代后期，乡村革命的胜利者浩浩荡荡地开进了城市。
它的使命在于实行对城市的征服，即对城市进行目标神圣的彻
底改造。萧也牧的《我们夫妇之间》，其实，真正的题目应该
是"乡村与城市之间"。丈夫李克代表城市，妻子张同志代表
乡村。本应该是代表乡村的妻子张同志改造代表城市的丈夫李
克，萧也牧没有这样做。他颠倒了本末，犯了"天条"，引来
了他的生命悲剧。

陈涌写了专文批判，冯雪峰感到批判没有击中要害，他化
名李定中亲自出马写批判文章，指出萧的要害是——

作者并没有真的批评了李克的缺点和他的低劣的品质，也
没有真的要李克改造；作者只要李克的爱人——就是女主人
公——改造，而胜利的还是原封不动的李克，有"文化"的
李克。

当时的舆论不能容忍这样对城市的"理解"和"袒护"，

尤其不能容忍对乡村这样的"玩弄"和"轻蔑"。原应彻底改造的城市竟然"原封不动",这是绝对不许可的。

这是 50 年代城市与乡村的价值差在文学作品中的第一次激烈冲撞。到了 60 年代,悲剧还在延伸。那一出著名的话剧《霓虹灯下的哨兵》,依然持续了这种对于城市文明的质疑,甚至敌对的态度。哨兵代表的是由乡村进军城市的胜利者,霓虹灯对于这些胜利者来说不仅是陌生的,也是可疑的。在它的光影下隐藏着邪恶的动机和诱惑,包括卖夜来香的女孩在内。话剧的大幕背后,始终响着一个声音:警惕邪恶和阴谋!

60 年代还有一出话剧,初名叫《祝你健康》,后改名《千万不要忘记》。这出话剧继续了乡村与城市对抗和敌对的话语,只不过这时已不是夫妇各代表一方,而扩展为两个家族的对抗。剧中正面人物对城市文明如衣着、仪表、饮食甚至对爱情的表达,都加以嘲弄。剧中对两个关键性的细节——一件尼料上衣和业余打野鸭的批判,用现代的语言加以演绎,就是对于享受和休闲的否定,而这就是对现今得到广泛认同的欲望的否定。与此相对而且始终亮着光环的是爷爷的"丁麻袋片"装束和妈妈"拣煤核"的贫穷。

城市和乡村的战争旷日持久,一直延续到 80 年代。

城市文明的狂欢

这三十年事情起了根本的变化。原先的主流被挤到了边缘。乡村多少已被遗忘。要是还没有全部遗忘,则昔日的胜利者和征服者，已然成为社会的弱势群体。大部分农民已经失去土地或正在失去土地，历史翻开新的一页。早在 80 年代初期，我访问潮汕地区，那里一个大队的书记自豪地向我介绍说，他们全大队已经没有耕地，沿街盖了两层的楼房让这些农民经商。他认为这是新鲜事物。

农民被迫离开土地。农民正在涌向过去怀有敌意的城市寻找生路。一年一度的务工返乡人潮，成为中国社会一道奇特的风景。他们是中国社会漂浮游走的族类。这些在城市务工的人群，成为贫穷乡村的新的"富有者"。他们从城市带回劳苦换来的工资，也带回城市给他们的新的"启蒙"。这些初步告别贫穷的人们，开始按照城市的样子建设自己新的家园。原先的乡村迅疾地改变模样。

20 世纪的最后时刻，我从杭州沿着高速公路向着绍兴，传统的江南风物已从我的眼中永远消失，沿途都是农民按照城市的"样板"修建的新楼房。他们用镀镍闪光的尖顶、彩色的马赛克来炫耀自己的财富。自古以来让人应接不暇的山阴道上的风光已经荡然无存！如同往日的大花凤凰牡丹被面儿那样的，农民按照自己祖传的审美习惯装饰自己的这种非城非乡的新居所。这一切事实都在说明，乡村正在按照自己过去反对过的城市建设自己新时代的文明。

文学也开始了新时代的新的书写。在作品中和屏幕上，当今的时代英雄是那些董事长和白领阶层，是那些为数众多的明星以及成为明星的学者。几乎所有的版面和舞台，包括主流媒体在内，都为这些新英雄敞开大门，所有的红地毯都为他们铺设，而农民则当然地成了文学的弃儿。小说和电视连续剧争先恐后地给这些人提供最豪华的场面、最夸张的描写，而毫不吝惜分秒千金的黄金时段。

最肆无忌惮的是那些炫富的广告，它们竞相用最富煽动性的，而且多半是文理不通、半文不白的语言来形容这些新贵们的庄园和府邸："品位，源自尊贵血统"，"袭封地，承爵品，隐贵胄，奢华品质不见古人"。开发商更是出语惊人："我是给富人盖房子的"，"房地产就是暴利"，他这里说的可能是事实，但这样赤裸裸地张扬，就有点有恃无恐了。

乡村和城市的书写发生了空前的逆转。现在是城市在灯红酒绿中彻夜狂欢，作家和评论家们发自内心地赞许甚至艳羡这种一掷千金的纸醉金迷，他们将这归结为文学的欲望时代，他们认定时尚并非罪恶。而乡村的主人们此刻则如同候鸟，在特定的季节里成群结队地往返在求生的路途上。

物欲时代的哀愁

我在作上述那样描写的时候，多少流露出某种落伍的感伤。其实我本人也是三十年来城市文明崛起的受惠者，我的清高习性尚不至于拒绝起码的物质享受。但我依然为文学书写的这种严重失衡感到不安。我们似乎不应忘记狂欢背后的那些更多的不能参与狂欢的人群。而正是由于他们的劳苦，才有了这里迷人的色彩、光线、速度和声音。

我们不能苟同于 20 世纪 40 年代以还的那种对于城市文明的蔑视与歪曲，同样，我们也不能苟同于今天这样对于乡村文明的遗忘和不敬。我个人只想借此作如下的表述：我始终对那

些为城市建设作出默默贡献的劳动者怀有敬意，在现代文明的
书写上他们的被忽略和被遗忘是不公平的。

> 2008 年 8 月 12 日于深圳格兰云天酒店 1001，
> 这是在深圳"中国城市文化论坛"上的发言

说不尽的"传统"

说不尽的辉煌

大河从上游涌来，茫茫苍苍，杳无涯际。这很像是中国的文化传统，浩浩荡荡，从遥远的远方奔流而来，又向着更远的远方奔流而去。中国文化传统是不可言说的，我曾试图用非常简单的叙述来概括它，一开始就受到了挫折。最简单的方式难以表述，也许用更繁复的诠释情况会更糟。于是只好放弃，还是回到抽象的"博大精深"上面来。这是我们面对辉煌的无奈。

世代先人创造的中华文明，是迄今尚在发展的，历史最悠久，也最具活力的人类文明。我们现在仍然沐浴着它的光辉，享受着它的泽惠，而且也想用自己微薄的心力赓续和丰富这一文明的进程。忘了是在山西晋祠，或者是在敦煌莫高窟的一百三十窟，还是在别的什么废墟的地表上，那里展示着历代挖掘现场的留存，分别标明这是商周、那是秦汉、那是唐宋，几千年的文明史就这样生动具体地展示在我们面前，那真是让人惊心动魄的一刻！

我们通常觉得西安或者咸阳很古老，那里有未央宫的恢宏让人遐想，或者还有阿房宫的悬念引人神往。可是到了中原腹地，例如到了河南，我们知道还有比秦砖汉瓦更古老的文明。在河南安阳小屯村，洹水流过村庄的北部，突然蜿蜒向南，再向东。那里有一片台地，那是殷商时代的皇城宫殿区，总方圆达二十七万平方米。从那里挖出无数的文化珍宝，遥远地诉说着中华文明的久远和辉煌。

单以商王武丁的妻子妇好墓为例，从那里挖出的随葬品就达近两千件之多。[1] 妇好的名字见诸铜器铭文，这些铭文记载的事实，在小屯出土的甲骨文中也得到印证。说到甲骨文，这原也是小屯这一带的"特产"。它是汉字的始祖。除了长期流转中的散失，单以存放在故宫中的甲骨，1974 年从仓库中清理出来的，总计就达 19494 件。[2] 除了妇好墓，除了甲骨文，这里还有羑里城，是文王演周易的地方。这时我们方才知道，秦砖汉瓦还不是遥远，还有比遥远更远的。

秦汉都不在话下了，遑论唐宋，何况明清！我们当下挂在嘴边的、银屏上铺天盖地的清朝，康雍乾嘉盛世，好像才是昨日。而它的历史却比美国的整个历史还要长。这真是让人沉醉的久远的华丽！前些日子，我曾沿着河西走廊走了一个来回。在汉玉门关的遗址，遥望静卧在祁连山下的古董滩，我知道在那里至今还可以拣到汉代的铜钱，以及更多的关隘废墟的残砖

① 据记载，妇好墓掘出的随葬品总计 1928 件。其中青铜器 468 件，玉器 755 件，骨器 564 件，宝石、象牙器、石器、陶器和蚌器数百件。妇好在武丁六十四个妻子中的重要地位，"并不是靠美丽、娇媚获得的，勇敢和睿智奠定了她的王后基座"。见苏瑗著：《殷墟之谜》，第 23–25 页，郑州：河南人民出版社，2005 年 1 月。

② 同前注，第 61–64 页。

碎瓦。我曾在一篇文字中感叹过这远古的辉煌：时空瞬变，沧海桑田，旧日城郭，甚至山形水态，都湮没不可考了，而那一切的华美与生动，却在诗人的篇章之中获得了永生。

有趣的是，在史学家眼中"迷失"了的，却在诗人那里"寻找"到了。那些草滩，那些烽燧，那些旧城，都随着岁月的流逝而茫然不知所在，却硬是被诗人"定格"在他的作品中：岑参的"苜蓿峰边逢立春，胡芦河上泪沾巾。闺中只是空相忆，不见沙场愁杀人"。这里的胡芦河、苜蓿峰、立春、沙场等时间和地点，都为考古提供了佐证。这回是诗人帮助了考古学家。①

中国的文化传统因它的丰富和深远，的确造成我们言说的困难。我们既无法"简述"，甚至也无法"繁言"，也许举一斑以窥全豹，是唯一讨巧的办法。以中国绘画为例，中国画的独特，不仅在于它的历史久远和它曾出现过诸多杰出的画家，而最重要的是，由于它无与伦比的寓极繁复于单纯的奇妙。一张宣纸，一支竹毫，简单的黑白对比，造出了满纸烟霞，无边锦绣。这就是我们的绘画，它以无可替代的传统性旷世而独立！

至于中国的园林艺术，用最通俗的话来形容，就是把大自然的壮丽和丰富"缩微"到有限的空间，诸如街区乃至庭院中来。中国的建筑讲求对称的效应，而园林艺术则崇尚自然，它由建筑、山水、园艺乃至书法、绘画、楹联、诗词等组合而

---

① 谢冕：《敦煌诗选·序一》。见纪忠元、纪永元编《敦煌诗选》第2—3页，北京：中国文联出版社，2008年9月。

成，每一座园林都是一件立体的、综合性的艺术品。陈从周在他的《说园》中精到地论述了中国园林艺术的动静、疏密、曲直以及花木山石的配置等的组合性特点：

> 万顷之园难以紧凑，数亩之园难以宽绰。紧凑不觉其大，游无倦意；宽绰不觉局促，览之有物。故以静、动观园，有缩地扩基之妙。而大胆落墨，小心收拾（画家语），更为要谛，是宽处可以走马，密处难以藏针（画家语）。故颐和园有烟波浩淼之昆明湖，更有深居山间的谐趣园，于此可悟消息。①

还有，我们的话题不妨涉及中国独特的文字。汉字是形、声、义多种元素综合而成的一种语言工具，它不仅是语言的载体，而且本身又有极高的审美性，即既是实用的，又是欣赏的。汉字和中国绘画、中国园林一样，也是世上独一无二的一种造型艺术。汉字借助具象的形体，为使用者提供直观的视觉展示，即所谓的"发人妙悟，引人入胜"。汉字的真正妙趣并不完全是在笔画形体上，更多的是在它的字形与民族历史文化以及汉语的关系上。"汉字是人类最早使用的文字系统中寿命最长的。"② 可惜的是，汉字的优美造型，在当代的汉字简化过程中，以及近来的商业广告的恶意破坏中，受到了严重的

---

① 陈从周：《说园》，第 12 页，上海：同济大学出版社，1984 年 11 月。

② 张猛：《汉字趣谈》。见《中华文明之光》，上卷，第 286 页，北京：北京大学出版社，2004 年 7 月，第 2 版。

拆毁。

我们这里例举的品类，只是中国文化传统中沧海之一粟。我们的话题，尚未涉及那些博大而华彩的历代的中国服饰文化传统，那些弥散在广大民间的无名艺人手工制作的刺绣艺术、陶艺艺术、剪纸艺术，还有浩如烟海的民间曲艺和戏曲艺术，那些流传在山南水北的民间故事和歌谣，还有世代相传的那些民间俚曲，无比丰富的武艺传统，那些享誉全球的烹调艺术和中国传统医学，以及正在不断申报的非物质文化遗产。如此等等。

关于非物质文化遗产，有一份报告表明①，国家文化部已在2007年、2008年两年内先后公布了226名和551名代表性传承人。其中涵盖了民间文学、杂技和竞技、民间美术、传统手工技艺、传统医药五大类。报告谈到了这些遗产在长期的发展和传承过程中，也留下了大量的实物和物质载体，如民间美术中的绘画、雕塑、手工艺品；民间戏曲中的剧本曲谱、乐器、戏服、古戏台等。"每一件实物和载体都是劳动人民智慧和创造力的结晶。"② 由此可见蕴涵之丰。这份报告也涉及这些遗产当前存在的危机：

伴随着经济全球化的深入发展，西方强势文化强力扩散，人们生活方式的改变和商业行为的侵袭等，都对非物质文化遗产的保护和传承构成了严重威胁。剪纸、年画、皮影、傩戏等民间艺

---

① 全国政协文化文史和学习委员会专题调查组：《守护中华民族的精神家园——"非物质文化遗产保护与传承"专题调研报告》。《光明日报》2008年12月9日。

② 同前注。

术随着它们生存环境的改变而日渐式微；陕北道情、陕北说书等一大批稀有的民间剧种和表演形式正在衰落或被同化。①

至此，我们的叙述尚未涉及中华文化最为瑰丽的那一部分——极为丰富的、美轮美奂的文学和诗歌传统。人们关于中华诗歌传统的言说，从《诗经》《楚辞》到唐诗、宋词、元曲的评价，千百年来中外专家的论述已经车载斗量相当充分。在这些绝世的绮丽面前，任何的赞辞可能都意味着多余。

长安城里那一片皎洁的月华，历经千载而美丽依旧，那月光下渭河岸边千家万户的捣衣声，至今仍装饰着我们的梦境。大漠孤烟，春雨江南，锦官花重，赤壁月清。幽州台前的四句短语，道出了旷古的忧愁；浔阳江头的一曲长歌，寄托着普世的悲心。中国的诗歌传统，经历了数千年的铸造锻炼、鼎新革故，格律极齐整，风格极多样，技艺极成熟，韵味极悠长，它所到达的范式和境界，称得上是：真正的"不可企及"。

铁马秋风的悲慨，醉卧沙场的豪情，最难忘，是那一曲骊歌，折柳霸陵，留下了万里相思。这都是中国诗中意境。有唐一代，诗臻至境，一下子就送出了一位诗仙，再加上一位诗圣，与他们同时出现的，是阵容和声势都极为浩大的，而且创作水准不相伯仲的诗人群。但这绝不意味着中国的诗歌已到极限，再无发展的空间了。唐诗之后有宋词，宋词之后有元曲，中国诗歌就这样变着花样生生不息地向前延伸。

李贺出现在李白、杜甫之后，他的短暂的生命，犹如一道

---

① 全国政协文化文史和学习委员会专题调查组：《守护中华民族的精神家园——"非物质文化遗产保护与传承"专题调研报告》，《光明日报》2008年12月9日。

流星，依然划出令人目眩的光亮。在他死后十五年，作为同代人，同样是诗名显赫的杜牧，不惜用最高级的赞誉，来表达他对前辈的倾慕——

　　云烟绵联，不足为其态也；水之迢迢，不足为其情也；春之盎盎，不足为其和也；秋之明洁，不足为其格也；风樯阵马，不足为其勇也；瓦棺篆鼎，不足为其古也；时花美女，不足为其色也；荒国陊殿，梗莽邱垄，不足为其怨恨悲愁也；鲸呿鳌掷，牛鬼蛇神，不足为其虚荒诞幻也。

　　盖骚之苗裔，理虽不及，辞或过之。

　　骚有感怨刺怼，言及君臣理乱，时有以激发人意。

　　乃贺所为，得无有是？贺能探寻前事，所以深叹恨古今未尝经道者，如金铜仙人辞汉歌，补梁庾肩吾宫体谣。

　　求取情状，离绝远去笔墨畦径间，亦殊不能知之。①

　　仅此一例，可见诗歌传统的绵延和繁盛。中国有诗的传统，更有文的传统。作为主导形态的中国散文，同样有着异常光辉的历史。中国散文的传统也和诗一样，是不可尽述的，这里引用明朝茅坤论述古代中国散文的一段文字，是想从另一个角度

---

　　① 杜牧为李贺诗集作的叙文。见叶葱奇编订《李贺诗集》，第356页，北京：人民文学出版社，1959年1月。

作一个补充。当然这也是面对无尽辉煌的一种取巧的办法——

> 屈宋以来，浑浑噩噩，如长川大谷，探之不穷，揽之不竭，蕴藉百家，包括万代者，司马子长之文也。闳深典雅，西京之中，独冠儒宗者，刘向之文也。斟酌经纬，上摹子长，下采刘向父子，勒成一家之言者，班固也。吞吐骋顿，若千里之驹，而走赤电，鞭疾风，常者山立，怪者霆击，韩愈之文也。巉岩崛岉，若游峻壑削壁，而谷风凄雨四至者，柳宗元之文也。遒丽逸宕，若携美人宴游东山，而风流文物照耀江左者，欧阳子之文也。行乎其所当行，止乎其所不得不止，浩浩洋洋，赴千里之河而注之海者，苏长公也。呜呼，七君子者可谓圣于文矣！其余若贾董、相如、扬雄诸君子，可谓才问炳然西京矣，而非其至者。[①]

说不尽的重负

我们就是这样在说不尽的辉煌中满足着并陶醉着。传统令我们富足，这种富足令我们窒息，甚至造成了我们的愚钝，这主要是全民由此形成了因自足而拒绝，进而封闭的心态。当世界在工业革命的浪潮中阔步向前的时候，我们依然陶醉在中央

[①] 茅坤：《唐宋八大家文钞论例》，广州：广东教育出版社，2002年12月。

帝国万方来朝的孤绝之中。这样的情绪一直延伸到列强的舰队开到了国门。我们依然坚信着"外国有的,我们早就有了"的神话。我们一直拒绝外来的事物,一直享受着"既无外债,又无内债"的自足。

最先觉悟的人不是帝国的皇帝和王公大臣们,也不是那些割据称雄的军阀们,而是一批多少了解一些外界事物的文人。但是他们对于传统的反思,引来了保守势力全力的反扑甚至屠杀。1898 年的惨烈血案,就是这样产生的。光绪皇帝的死因,最近已经披露是由于毒杀。那罪名便是他企图修改祖宗的成法。

最先看到辉煌篇页上的斑斑血迹的,是鲁迅那一代人——

我翻开历史一查,这历史没有年代,歪歪斜斜地每页上都写着"仁义道德"几个字,我横竖睡不着,仔细看了半夜,才从字缝里看出字来,满本都写着两个字是"吃人"!①

鲁迅的可贵之处是他的置身其中,介入了自我的反思:"四千年来时时吃人的地方今天才明白,我也在其中混了多年……有了四千年吃人履历的我,当初已然不知道,现在明白,难见真的人。没有吃过人的孩子,或者还有?救救孩子……"②

---

① 鲁迅:《狂人日记》《鲁迅全集》第 1 卷,第 12 页,北京:人民文学出版社,1959 年版。

② 同前注,第 19 页。

这些话，出现在 1918 年 4 月，是五四运动爆发的前夜，可以说是觉世的先声。"吃人礼教"这个词组过去经常出现，现在已很生疏了。所谓"吃人"就是泯灭人性，而扼杀人性的，就是我们文化传统中的某一部分，也可以说是封建礼教核心的那些部分。后人多半不能理解鲁迅当年的愤懑，也很难理解陈独秀的激烈，因为我们未曾感同身受。

我们很容易把他们的言论归结为偏激，因为我们没有那种切肤的痛感。封建秩序中有很多无视人的最起码的权利和价值的事实。例如"三纲五常"，就是封建礼教中的核心，"三纲"整个就是糟粕，"五常"则要加以分析。"三从四德"是专门用来整治妇女的律则，"三从"使妇女的一生都附属于男子，至于"四德"，则指道德、言行、颜容、妇功四个方面的基本规范，其中也有不少的糟粕性。

单就恋爱婚姻的不能自主而言，就造成了多少的悲剧。"五四"那一辈人几乎都有逃婚寻求自由的经历。何况，传统文化中最具"中国特色"的太监和裹脚，是在形体上给予两性最无端的轻蔑和损害。这就是永远辉煌的中国文化中最为阴暗的一部分。

批判传统，乃至否定传统的思潮其源盖出于此。就在于一些时代的先驱者觉察到了这种辉煌中的阴暗。这种觉察与当日的艰危国势猝遇，便燃起了"五四"那一场批判旧道德和批判旧传统的熊熊烈火。用今天的眼光来责备以往的过激很容易，但理解那场革命中的那种忧思和焦虑的原因却十分困难，这是一道相隔百年之遥的难以逾越的代沟！

清季道咸以还，接连不断的丧权辱国使国人蒙羞，于是奋起寻找病原。首先找到的便是传统文化的"吃人礼教"的事实。

于是贬损国学和国粹，乃至亵渎孔圣并使之与革命运动汇合最后甚至发展为暴力，乃是当日的一种时尚。1927年毛泽东的《湖南农民运动考察报告》描写了"无数万成群的奴隶——农民，在那里打翻他们吃人的仇敌"的事实，这是辛亥革命以来从未有过的气象：把地主打翻在地，再踏上一只脚，跑到土豪劣绅的家里，也敢在小姐少奶奶的牙床上滚一滚，还捉人，戴高帽子游街，文章的作者对此抑制不住由衷地赞赏：

> 农民主要的攻击目标是土豪劣绅，不法地主，旁及各种宗法的思想和制度，城里的贪官污吏，乡村的恶劣习惯。这个攻击形势，简直是急风暴雨，顺之者存，逆之者灭。其结果，把几千年的封建地主的特权，打得落花流水。①

这种急风暴雨式的袭击，并不止步于在政治上打击地主阶级，而是扩展为对于传统文化的颠倒和反抗。它的涉及面相当广泛，在"农民诸禁"中，除禁牌、赌、毒外，还有花鼓、轿子、煮酒、熬糖、酒席以及限养猪羊，甚至农村打春、赞土地、打莲花落、傩神游行、烧纸、春联、鞭炮等传统的民俗文化无不列入。可以看到，后来"文革"中的那一切花样，早在数十年前都预先进行了"演练"。

为了拯救国运，重铸民魂这一目标，当年的先行者不能不

---

① 毛泽东：《湖南农民运动考察报告》，《毛泽东选集》第1卷，第14页，北京：人民出版社，1952年7月重排本，1966年7月改排本，1967年1月，北京第2次印刷。

面对国民心理积弱的探寻（例如"做看客"或"吃人血馒头"）。他们一路追溯根源，终于挖到传统文化这一"病灶"上来。于是批判、否定，以至于破除、毁坏，愈演愈烈的针对文化传统的革命行动，造出了空前的声势，而最后在"文革"中演变为灾难。在革命的旗帜下，以传统文化为对象的大批判和大变革运动风起云涌，一直延续到史无前例的"文化大革命"。以往的传世珍宝如今是弃若敝屣。十年动乱，对于传统文化来说，是一场毁灭性的劫难。

因为革命，人们对传统文化的态度来了个一百八十度的大转弯。从"五四"开始，愈演愈烈。事情发展到了延安，那时为了应对艰难的生存环境，对文化政策做了适应工农兵方向的调整。这种调整可能意味着文化的倒退。因为就这一群体的文化水准而言，他们和传统的精英文化隔着长长的距离。这就决定了政策的基本定位，即必须面对那些低层面人群的文化需求。那时的"改造京剧"和批判"大洋古"，以及非常广泛的以"喜闻乐见"为指针的文化策略的制定，无不以此为坐标。

随后，革命者把这种破坏性的激情带进了取得胜利的城市。这些胜利者不仅看不惯那些西方的文化传统，他们也看不惯土生土长的中国传统文化，包括金碧辉煌的宫殿和牌楼（尽管他们可能内心和情感上迷恋，而革命的理性使他们在行动上否定）。如同那些文人从历史的书页中读出了"吃人"，他们在这些不尽的辉煌中读出了：剥削、压迫和血腥。英法联军毁灭了圆明园，而我们却是亲自动手拆毁了北京城墙。在革命激情的支配下，什么东单牌楼、西单牌楼、东四牌楼、西四牌楼，稀里哗啦，全拆！

在这样的势如破竹面前，别说是一个梁思成，就是十个、一百个梁思成也无济于事。梁先生没有活到"文革"，他没有经历过那样狂风暴雨的扫荡。他也不会知道马寅初先生晚年亲手焚烧《农书》的悲烈。那是一个烹鹤焚琴的年代。在"破四旧"的号召下，充满破坏激情的造反者，以荡涤中华的文化精髓为快意，他们"大批判"的刀斧甚至砍向了至圣先师的碑碣！

传统就是这样，给我们提供无尽的滋养，又造成了一代又一代的沉重。"五四"的觉醒，引发了对于中国文化传统的深切反思，人们从以往无条件的、奴性的皈依和膜拜中走出来，开始用一种理性的目光审视那无边的辉煌。于是，以往的"熟知"和"亲切"，开始变得"遥远"甚至"陌生"。激进的人们试图反抗和抛弃这一因袭的重负，他们于是成为革命者；另一些人则因为固守和试图否定这种革命，而被谥之为"遗老遗少"。

但是由于批判和否定传统的力量与当日的国情以及人们的忧患心态有紧密的关联，激进的一方最后占了上风。中国近代以来开始酝酿并形成的新文化，终于"战胜"绵延了数千年的旧文化而获得了决定性的胜利。这种情势的形成，也是一个渐进的过程。20世纪20年代以后，由于阶级斗争意识的引进，人们对于传统的态度，开始有了重大的、非常复杂的变化。人们对于传统文化的分析和认知，由于阶级斗争观念的渗入，开始对此拥有了明确的"敌意"。从批判传统，到视传统为寇仇，乃是一个可以理解的、顺理成章的过程。

事实上，在我国革命的两个阶段，即新民主主义阶段和社

会主义阶段，文化战线上都存在着两个阶级和两条路线的斗争，
即无产阶级和资产阶级在文化战线上争夺领导权的斗争。要破
除对中外古典文学的迷信。斯大林是个伟大的马克思列宁主义
者，他对资产阶级的现代派文艺的批评是很尖锐的，但是，他
对俄国和欧洲的所谓的古典著作却无批判地继承，效果不好。
中国的古典文艺，欧洲（包括俄国）古典文艺，甚至美国电影，
对我国文艺界的影响是不小的，有些人就当作经典，全盘接受。
我们应当接受斯大林的教训。古人、外国人的东西也要研究，
拒绝研究是错误的，但一定要用批判的眼光。[1]

这些话语以唯一正确的方式判定传统文化的阶级和阶级斗争
的属性，而且以同样权威的口吻宣告了对于传统的虚无主义的观
点。以江青为代表的"文革"极端分子，他们在最革命的幌子下
否定一切传统的继承，宣告了他们所制造的"新纪元"的神话：[2]

> 我们以做一个彻底的革命派而感到自豪。要有信
> 心，有勇气，去做前人所没有做过的事，因为我们的
> 革命，是一次最后消灭剥削阶级、剥削制度，和从根
> 本上消除一切剥削阶级毒害人民群众的意识形态革
> 命……社会主义的革命新文艺，这是开创人类历史新
> 纪元的最光辉灿烂的新文艺。

---

[1] 见《林彪同志委托江青同志召开的部队文艺工作座谈会纪要》，《人民日报》
1967年5月29日。引自谢冕、洪子诚主编《中国当代文学史料选》，第632–636页，
北京：北京大学出版社，1995年12月。

[2] 同前注，第637页。

说不尽的忧思

　　然而，人类文明史的事实从来都在证实，文明是延续的，文化是承传的，文艺从来都不是从零开始，从来都不是！20世纪70年代后期，中国的文艺走出了绝境，那时天边飞起了一片早春的云霞。诗歌，还有绘画，成了文艺改革的报春燕。在肃杀的严寒中，首先露出稚嫩的芽苞的是《今天》和"星星画展"。它们向人们宣告了一个文艺新时期的到来。

　　但即使是那些令相当多的人们惊呼"不懂"和"古怪"的诗和画，事实证明它们也并非自天而降的。这些文艺变革的先行者，也是经过长期的孕育和积累的产儿。就以当时被称为"朦胧诗"的诗歌而言，它同样是中国新诗伟大传统和世界现代主义诗歌遗产的延续，而绝非无源之水。这些，已有很多人（包括"朦胧诗"的作者本人在内）论及了。[1]

　　20世纪80年代有一份刊物发表过著名的"断裂问卷"。许多年轻的作者表达了他们对于传统的轻蔑和漠视，这些轻蔑

---

[1] 这里有几份材料可以说明"朦胧诗"与诗歌传统的关联："70年代初，北京青年'地下阅读'黄皮书同时在白洋淀展开。除去被查封的《奥涅金》《当代英雄》《红楼梦》等外，这些青年还读到了刚刚译出供'批判'用的《麦田守望者》《带星星的火车票》《在路上》《娘子谷及其他》及一些现代派诗作。这些自由不羁的灵魂诉说，使他们饱享了偷食禁果的快乐，也开启了他们的心智。"（陈默：《坚冰下的河流》，《诗探索》1994年第4期，第160页。）"早在1970年前后，我们这些朋友突然将'文革'前十七年出的所有的有点价值的书都翻出来了。古今中外，哲学和社会科学、历史和政治方面的凡是有些价值的书籍，甚至自然科学方面的书籍，不知从哪个渠道在我们之中流传开来。这些书极大地开阔了我们的眼界和思维。"（甘铁生：《春季白洋淀》，《诗探索》1994年第4期，第150页。）

和漠视甚至包括鲁迅和闻一多在内。[1] 这些言论并不说明他们的勇敢，而恰恰说明他们对于历史的无知，以及对于自身成长的不愿正视。我认识的许多新时期的作家诗人，在问及他们接受那些前辈的影响时，他们的表现非常令人失望——他们耻于承认即使是非常明显的事实。他们宁肯宣布历史是从他们开始的。

他们是从"文革"的阴影中走出的，他们同样不愿承认阴影的存在以及阴影对他们的遮蔽。而历史的真实性却在不断地提醒人们，历史是接连不断的长流水，不仅诗歌和文学，也不仅绘画和艺术，而是全部的文明史和文化史。梁思成先生这样谈到中国的建筑：

> 艺术创造不能完全脱离以往的传统基础而独立。这在注重画学的中国应该用不着解释。能发挥新创都是受过传统熏陶的。即使突然接受一种崭新的形式，根据外来思想的影响，也仍然能表现本国精神。如南北朝的佛教雕刻或唐宋的寺塔，都起源于印度，非中国本有的观念，但结果仍以中国风格造成成熟的中国特有艺术。艺术的进境是基于丰富的遗产上，今后中国建筑亦不能例外。[2]

---

[1] 20世纪80年代某个诗会上，有人针对郑敏先生发言，质问道："你那个闻一多和我们有什么关系？"

[2] 梁思成：《为什么研究中国建筑》（《中国建筑史·代序》），天津：百花文艺出版社，2005年5月，第1版。

梁先生语重心长，他的言说无可辩驳地判定，所有的创新都无法离开丰富的遗产，我们所有的创造都来源于深厚的传统，古今中外，无不如此。这里有一个关于日本园林艺术的论说，也从另一侧面印证了上述论点："日本明治维新之前，学习中土，明治维新后效法欧洲，近又模仿美国，其建筑与园林，总表现大和民族之风格，所谓有'日本味'。"①

这些前辈的见解不仅能为我们解惑，而且能奠定我们的信心。长期的"革命"和肆无忌惮的破坏，造成了我们与传统文化的真正的断裂。几代中国人，包括新一代的知识分子，成了对传统文化少知甚至无知，或者至多是一知半解的，与中华文化隔膜的一代人。他们是阅读"白话史记"或"白话唐宋文"之类的读物成长的。他们不会直接阅读古文，不会写文言文，不会使用毛笔，也不识繁体汉字。有时，他们为了表示深刻（表明他们"懂得"繁体），把"皇后"写成"皇後"而不知其耻。

记得当年，我在报端读到廖承志先生写给蒋经国先生的公开信，那信是用文言写的。文采风流，锦绣典雅。兴奋地读过，一面惊叹国中尚有此等文笔，一面又不免为鲜有继者而担忧。20世纪、21世纪之交，由于国门开放，中外文化的大流通。思想和学术的禁戒少了，不再视西方文化为洪水猛兽，于是，可口可乐、皮尔·卡丹、星巴克，浩浩荡荡，铺天盖地，

---

① 陈从周：《说园·五》，第123页，上海：同济大学出版社，1984年11月。

充斥了中国的通衢大道，僻远街巷。摩登仕女，白领佳人，一时竟为时尚。

中国的房地产商自也不甘落后，他们不避崇洋媚外之嫌，纷纷给自己的产品起了洋名。北京是首善之区，万事领先，此事亦不例外。以我所在的小区为例，人们戏言："一不小心，就从法国来到了德国，从欧洲误进了澳洲。"至于我本人，则更为尴尬。每逢询及住处，总是支吾其辞，回答之前总要加上："不好意思，很无面子，我住……（一个毫不相干的外国地名）。"

我们的文化生态出现大的失衡。一方面是由于长期的革命批判造成的对于传统文化的偏见和警觉尚未消隐，一方面则是沟通和引进造成了普遍的"温柔地占领"的泛滥。当今的这种倾向，我们的前辈早有预警。梁思成先生有一段话是对传统的建筑说的——

近年来中国生活在剧烈的变化中趋向西化，社会对于中国固有的建筑及其附艺多加以普遍的摧残。虽然对于新输入的西方工艺的鉴别还没有标准，对于本国的旧工艺，已怀鄙弃厌恶心理。自"西式楼房"盛行于通商大埠以来，豪富商贾及中产之家无不深爱新异，以中国原有建筑为陈腐。他们虽不是蓄意将中国建筑完全毁灭，而在事实上，国内原有很精美建筑物多被拙劣幼稚的所谓西式楼房，或门面，取而代之。主要城市今日已拆改逾半，芜杂可哂，充满非艺术之建筑。纯中国式之秀美或壮伟的旧市容，或破坏无遗，或仅余大略，市民毫不觉可惜。①

梁先生这些话说在六十多年前，而后的中国建筑历经"大跃进""文革"以及历次的"旧城改造"、房地产开发等损毁，先生当年所说的"逾半"，恐怕已是"殆尽"了。更可怕的是那些假建设之名出现的实际是破坏的行为，例如桂林城中的某宾馆，杭州西湖北山麓某饭店，都是缺乏远见的对于自然环境的破坏和污染。

这种传统文物损毁的涉及面，当然不止于建筑和园林，而是一种阴暗对于辉煌的全覆盖。这引发了我们不尽的忧思。历史走过弯曲的道路。我们勇进、狂奔、受阻、踌躇、蹒跚，经历了百般的挫折和磨难，终于又回到了"五四"前的那个原点。我们不得不重新面对那无尽的辉煌，思忖着怎样以更为成熟的姿态接受或是批判，吸取或是承续。

不知从何时开始，也许是由于一贯的提高民族自信心的动机，也许由于某个权威的倡言，以为21世纪真的就是东方文化的世纪了。人们于是开始大谈国粹：《三字经》是国粹，京剧是国粹，孔孟之道也是国粹。寿文化、福文化、孝文化、龙文化，遍地开花的文化热。均源自对国粹的普及和远播的愿望。有一个时间，教育领导部门大力推行"京剧进课堂"，而提供给学校的京剧段子，竟然有一多半是"革命样板戏"，这一举措成为一时的热门话题。

---

① 梁思成：《为什么研究中国建筑·代序》，见《中国建筑史》，天津：百花文艺出版社，2005年5月。

最让人揪心的是当今的所谓"国学热"，某些学人利用国学讲台，进行了明星式的关于传统国学的演出。当前这种把国学时尚化的倾向，已经引起学界的警觉和忧虑：

> 国学是精英之学，国学的普及是精英文化的普及，而不是将国学变成市井时尚……凡属时尚的东西，都是短效行为。而国学是中国悠久的文化积淀，传之数千年的文化遗产，自有一定的尊严，非如此又何以得到后人的尊重……问题不在民众怎样做，而是国学面临商业大潮的冲击，需要研究者呵护，自重，不要随波逐流。要知道，反对国学复兴的，未必伤及国学本身，而将国学时尚化的，却可能毁坏国学。[①]

各地都在大兴土木，打造各自的城市名片和旅游品牌，于是开始挖掘祖传的遗产。造庙之风大盛，祭祀的典礼一个连着一个。人们争先制造假古董。包括挖掘《金瓶梅》的遗址和展示西门庆的菜谱，以及包括扩建和整修鬼城的计划在内。人们是拆了盖，盖了再拆。有一段时间播放《西游记》，于是到处盖起了拙劣的"西游宫"，不经风也不经雨，瞬间就成了破烂。这样的"产品"比比皆是，都是一阵风的短期行为。

关于这种乱搭乱建的风气，陈从周先生也有过精彩的言说："今不能证古，洋不能证中，古今中外自成体系，决不容

---

① 刘志琴：《国学何须时尚化——从"汉服运动"说起》，《中华读书报》，2008 年 12 月 3 日。

借尸还魂。不明当时建筑之功能，与设计者之主宰思想，以今人之见强与古人相合，谬矣！"①

"五四"初年，我们怀着大破旧物的决心，"别求新声于异邦"，以为走出古人的阴影就可以获得民族的新生。当年的确是把问题想简单了。单以新诗的创立为例，我至今还同意胡适先生的看法，认为较之政治等，新诗的创立乃是辛亥革命后"八年来的一件大事"。但是结果呢？结果是旧诗并没有消失。许多写新诗的人，如郭沫若、何其芳，到了晚年都写起了旧诗。记得王瑶先生亲口对我讲过，"五四"以后，人们以谈论和写作旧诗为耻。

这真的是回到了事情的原点。说一个我亲历的感受吧。我家靠近圆明园，那里每年都举行荷花节。每年到了节期，总竖起巨大的十四个牌匾，上面写着杨万里的诗句：

接天莲叶无穷碧，
映日荷花别样红。

每次经过，总有一个受刺激的想法：我们就这样向着遥远的古人借他的智慧过日子！

年节中，各地都用旅游点来招引游客，某南方大报通栏打出广告："卅年旧约江南梦，独听寒山半夜钟"，一看就知是套

---

① 陈从周：《说园·三》，第47页，上海：同济大学出版社，1984年11月。

用了王渔洋的旧句，^①这倒也罢了。广告对"听钟声"和"敲新年钟"均明码标价，其中敲钟的价目最有趣："共 108 下，逢'8'钟声敲一下 380 元，不逢'8'钟声每敲一下 280 元（第一至第八下新年钟声由冠名单位敲响）。"当文化成了商品，我们还有什么话可说呢！

> 2009 年 1 月 25 日至 2009 年 2 月 9 日，即农历戊子除夕至己丑元宵，成稿于北京大学，这是在北京文联举行的"传统与文艺：2008·北京文艺论坛"上的讲话

---

① 王士禛：《夜雨题寒山寺寄西樵礼吉二首》其二："枫叶萧萧水驿空，离居千里怅难同。十年旧约江南梦，独听寒山半夜钟。"《渔洋精华录集注》（上），第 146 页，济南：齐鲁书社，1992 年。

说不清的"现实"

　　文艺和现实的关系牵扯到非常多的问题，我觉得这是说不清楚的一个问题，从根本上面来说，文艺就是想象，人生的梦想，但是这些想象一切的根源都是从现实当中来的。我要说的是，现实却不一定就是文艺。我们以往把现实和文艺混同，造成了很多误会。另外，文艺是对现实的改造，它不是模仿，不是重复，它是重新创造，文艺从根本上来说，是"无中生有"，人们想象当中会形成具象的东西，传达出情感和对人生的态度。

　　我原先想讲的思路是大致这样的，现在我觉得这些问题讨论起来非常复杂，所以我就不谈了。我现在要谈的是另外一个问题，现实的问题很宽泛，我联想到的涉及这样一些概念：现实、写实、真实、真实性、写实主义、现实主义、现实主义精神，等等，这的确是一个非常含混的、很深奥的而且很纠缠的一个题目。但是对于中国文艺而言，是一个非常重要，甚至是非常严重的一个话题。

　　我们谈论现实与文艺的关系的问题，少说也有近百年的历史了，这是一个纠缠我们近一百年的怪影。它是中国文艺的梦想，如影随形地伴随着、影响着中国文艺从开始到现在的全过程。探讨现实与文艺的历史，几乎就是探讨中国文艺的发展史。中国人把文艺的改造和新生这样的事件与现实加以联系，它的原因从远处来讲与儒家的"文为世用"的理念有关，从近处讲是与自鸦片战争以来的时运有关。近代以来，国势维艰，危机四伏，有识之士奋起探讨救亡图存的道路，他们四处碰壁之后，终于找到了这个社会衰危的病灶，这也是刚才张先生谈到的旧文化和旧文学这样的问题。旧文化的弊端，可以说是压抑了人性的张扬，而旧文学的弊端，那就是阻碍了文学与现实的联系，使之与民众的生活相脱节。因此要推倒这种古典的文学倾向，以及它对我们通往现实的道路的阻塞。所以胡适也好，陈独秀也好，鲁迅也好，李大钊也好，就是要倡导新文学，倡导新文化，就是这个道理。

文艺的变革首先是文学的变革，文学改良和文学革命有很多道理，但是中间最主要的道理，就是要改变旧文学，改变旧文学的与世隔绝，也就是与现实隔绝、与民众生活脱节的状态，要文学在改造灵魂这方面起到真正的作用。

我把话题跳到现在，新时期一开始，我们终于凭借着中国文艺另一个新的开始，我前面讲的是一个开始，现在是另外一个开始，从那个时候起到现在，30年间我们审视文艺与现实的关系，发现时代变了，文艺与现实的关系没有变，一个重要的，我刚才讲的严重的话题依然是今天重要的话题。

社会变了，而文艺与现实的关系还要重新提出来，重新加以审视，我就我的思考和大家交流一下，也许我是有一点偏激的，但是请原谅——这真的是我的思考。

群体意识被个人的价值取代之后，文艺宣称不再为一个时代代言。至少在一些诗人那里是这么认为的，他是代表个人，甚至只代表自己，诗歌理所当然地排斥了一个更为宽广的现实，包括现实当中重大的事件，也就是我们所认为的"政治"。他们反感文艺的政治化，也就是所谓的"去政治化"，其结果是文艺远离了生活的中心而退居到极端自私的角落当中来。以诗歌为例，相当多的诗歌陷入自言自语的状态，与外界的风雨无关。

城市的繁荣使我们一定程度上遗忘了或忽视了乡村，过去是乡村包围城市，如今是城市吞噬乡村。过去教我养我的农民，现在正在潮水般地涌向城市的各个角落，成为花花世界的觅食者。这些人，这些昔日的主人公正在沦为边缘者，文艺家注意力被高端的贵族的情趣所吸引，很少关注甚至悲悯候鸟般奔驰在铁路线上的这些人。

我们的社会生活变得丰富多彩了，而文艺家很少深入探讨这个急剧变化的社会的内在矛盾。茅盾写出了证券交易所背后的血泪，他笔下的那些人物如今还鲜活依旧，而资本发达的今天，财富集中，这些背后所产生的黑暗和污秽是否缺乏文艺家对它的关切和探讨，为什么一个贪官倒下去，更多的贪官站起来？文艺家没有回答，或许不想回答，但是谁能够否认中国当今存在着非常重大的社会问题呢？当然不能全然责怪文艺家，他们可能遭遇着言论自由或者出版审查制度等困境，但是你关心了没有？你是不是正在酝酿着或者真的在准备关心呢？

我经常感慨，我们今天很难找到王羲之《兰亭集序》所传达的那种情趣，也很难找到范仲淹《岳阳楼记》那样的胸襟。

我面对的是没有尽头的怪力乱神，面对的是无休无止的搞笑和戏说，那些一首比一首还要难听的不成腔调的歌曲正在青少年当中传唱，一场比一场更为乏味的是当代版的公式化概念化的大型娱乐晚会正在演出。

我讲了这些以后，我想我可能也是对当代文学比较苛刻的人之一。但是我想补充说，那是因为我没有谈到这30年我们当代文学所取得的重大的成就——我甚至很赞成王蒙先生在法兰克福的讲话。我最后想告诉大家，我原来的题目是"想象是一切文艺的根源"，我现在想改一个题目，就是"说不清的'现实'"。我把去年的题目改了三个字，我去年的题目是"说不尽的'传统'"。

> 这是在北京文联与北京大学中文系联合主办的"现实与文艺：2009·北京文艺论坛"上的讲话

重申一种文学理念

《草房子》印刷一百次，大家都来庆贺。我在感奋的同时陷入了沉思。记得这本《草房子》出版十周年时，有记者问作者曹文轩此书是否达到了自己的"创作高峰"，并问及对当时的"好评如潮"的看法时，曹文轩冷静地回答道："不是因为它好，而是因为没有。"我体会此刻所谓"没有"，是在批评当下文学有缺失。这种缺失即指在物质丰裕、物欲张扬的年代，文学在精神层面表现出的明显的贫乏。

我们心目中神圣的写作，被贬为一种纯粹的手艺，有的人甚至显耀自己是"码字工"。他们刻意地渲染文学创作与精神追求的脱节和无关。这些人以漠视和取消文学对人的精神影响为荣，他们把文学多向度的、多层面的功能单一化，从过去单一的政治，改变为今天单一的娱乐。文学是要给人以休息和快乐的，但文学的功能也不是所谓的"把娱乐进行到底"。要是真的如此，那么，我们有的是歌厅舞榭，有的是灯红酒绿，我们已经很娱乐了，我们还要文学干什么？

"不是因为它好，而是因为没有"的意思，就是因为文学是在空前地丰富着，也是在空前地贫乏着。我们的孩子，自从安徒生给了他们一丝卖火柴女孩的温暖以后，连同那个渔夫和金鱼的梦想，一切都变得非常遥远了。有一天偶然地读到一首诗，豌豆花问蝴蝶："你是一朵会飞的花吗？"我非常感动。同时我又感慨，我们的文学能够像这些童话和诗歌那样，给孩子提供美丽幻想的可能变得越来越少了。一百次印刷说明什么？说明它是贫乏和饥渴之后的需要。因为"没有"，所以"好"就格外的可贵。

面对《草房子》的百次印刷，我们为曹文轩庆贺，庆贺他的写作成就。但是，我又想，要是全中国只有这么一间草房子（即使是金房子），要是只有这么一部书印了一百次，对我们这么一个文学大国而言，我们也高兴不起来。也许我们的情况并非完全"没有"，但即使是"少有"，也令我们感到沮丧。

都说文学无用，文学的确不会给我们带来任何"实有"，但它绝非空无。文学是"无用之用"。这种看不见的"用"，质而言之，就是坚守和提升：坚守诗意的人生，提升人们的精神境界。《草房子》写了许多动人的人物和故事，都在反复地告诉我们：生活中有许多比金钱、物质、娱乐更重要的，那就是善良、同情、悲悯、友爱和美。而这正是曹文轩始终坚持的文学理念。广大的读者、批评家和出版家认可了这样的理念，于是有了如今辉煌的百次印刷！

一个人、一本书的成功绝非偶然，我愿借此机会重申这种"过时"的文学理想。

2010 年 8 月 29 日，于中国作家协会，2010 年 8 月 29 日，曹文轩的《草房子》印行一百次庆典在中国作家协会举行，这是根据在会上发言的一部分整理而成

文学一旦穿上了魔鞋

我们显然对这场突如其来的文学变革缺乏必要的心理和情绪的准备，我们原先期待的只是对于当代文学传统的修复，我们希望重见我们熟悉的那些东西。我们没有想到文学一旦穿上了魔鞋，却身不由己地不断旋转。头晕目眩之中，高度规范的统一的文学模式宣告解体，纷扬而至的是千奇百怪的文学现象。

当前的中国文学如同当前的中国社会，它所展现的丰富性是前所未有的。曾经死亡而获得新生似乎还是昨天的事，但已被迅疾发展的事实宣布为历史。如今我们重新阅读当年的那些引起一次次轰动的、堪称之为新时期文学的里程碑的作品，普遍地感到艺术的幼稚，当然不是我们的作家缺乏才能，而是我们几乎是从文学的废墟上开始这一番轰轰烈烈的建设的。

以诗歌为例，随着新生代的出现，"反传统"的北岛和舒婷已经成为传统，第二次浪潮要超越的并不是前辈作家，而恰恰是他们。当然，现在宣布北岛和舒婷已被超越未免为时尚早，但数百种自办刊物以及近百种自以为是的、自树旗帜的诗歌流派和亚流派已经摆好了阵势，这都是当前中国诗坛千真万

确的事实。诗歌是文学的先行者，其他文学艺术品种正在步它
的后尘，同样面临着接受新的挑战而充满"危机"的局面。

十年的历史证明了一个事实：只要包括决策部门在内的社
会舆论采取明智的通达的方针，文学自身就有一种推动力，它
可以创造奇迹。文学的习性就是自由。它并不期待他人的给
予，不受干预本身就意味着无限的可能性。当前进的道路上
不再四处埋雷，文学这列火车便会野马般向前狂奔。目前文学
发展的实际，已远远地超出我们的想象力，甚至超出传统的心
理、情感可能承受的限度。如今活着的几代人，都在接受这场
悄悄进行的新的艺术革命所给予的强烈震撼，这种震撼造成的
冲击波同样展现它的瑰丽和丰富。

在过去，我们的文学是以政策的规定和各种运动的组织为
推动力，它造成文学发展的高度一致的局面。当文学恢复了自
由，当作家的创作欲得到尽情的发散，这种局面便宣告成为过
去。动态的发展代替了静止，无序的"混乱"代替了有序，多
元的体系代替了单一，要是我们以这个观点进行观察，我们就
会为目前的"失控"而兴奋。

文学艺术的形势从来没有这么好过，各式各样的自以为是
的主张都是显得理直气壮，每个文学家和诗人都挺直了腰杆而
不再畏畏缩缩。剩下来的问题就是作家的良知和自由的竞争。
今后文学生态靠竞争来维持，竞争能够推进自我调节和自我更
新。作家不断地感到新生力量的挑战并不是一件坏事，要是经
常想到将被取代的威胁，那么，作家就不会心安理得地保持自
己的常规，而投身艺术的争奇斗艳的搏斗之中。要是文学的每
一个细胞都能如此自觉地更新生命，中国的文学就会始终充满

活力。

文坛是拥挤的，但我们不希望出现你死我活或我死你活的"拼搏"。我们要大家都活得很好。但这里不是君子国，这里是竞技场。我们的秩序只有两个字：竞争。中国的文坛应当浩瀚如天宇，大的星辰，小的星辰，恒星和流星，有的发出强光，有的发出微光，但却彼此照耀。它们快乐地运行，不期望碰撞更不期望在碰撞中粉碎对方。在这样的天体运行中，一种宽容的、博大的精神将显得异常崇高。

我们显然期待这种克服卑琐的崇高。

> 2012年2月14日重录于北京昌平北七家，此文是应中国作家协会主办的《作家通讯》"会员论坛"的要求所发表的谈话。
>
> 同期发表谈话的，还有王元化、公刘、白桦、古华、秦牧、降边嘉措、曾卓、晓雪、流沙河等。原刊《作家通讯》总第81期，1988年10月

这一所纯京味儿剧院

八面槽首都剧场

北京人民艺术剧院是北京艺术界的骄傲，也是中国艺术界的一个楷模、一座高山。北京人艺的名字和中国一批光辉、智慧的艺术先驱的名字联系在一起：郭沫若、老舍、曹禺、田汉、焦菊隐、欧阳山尊；也和中国的一批艺术经典联系在一起：《龙须沟》《雷雨》《日出》《茶馆》《关汉卿》。中国话剧艺术的开拓者、一批优秀的艺术家数十年来积聚在这所剧院的周围，他们是：舒绣文、于是之、朱琳、郑榕、苏民、蓝天野、英若诚、黄宗洛、林连昆、胡宗温……它是一座光辉的艺术殿堂，吸引着无数的话剧艺术爱好者。

我本人就是人艺忠实的观众。每次我去位于八面槽的首都剧场看演出，在我都是一次节日般的艺术盛宴。那仿佛就是一次朝圣之举，首都剧场是神殿，导演和演员就是神仙人。而融汇和飘浮在演出大厅的每个角落的，就是神仙的灵智。我观察过，在首都剧场，所有的观众都是文雅的和肃穆的，都有一种对于因艺术的满足带来的庄严和宁静。不用在热闹的八面槽张贴禁止喧哗等一类警示，八面槽本身就意味着神圣：所有前来朝圣的人，都是虔诚的艺术信徒。而在八面槽的灯火迷蒙中的神灵，是艺术女神、音乐女神，是缪斯，是七弦琴，是竖琴，也是巴特农神庙的廊柱，是瓦格纳的旋律，是永远的微笑的华彩……

20世纪50年代，我还是北大的一个学生，我和我的同学们都把去人艺看演出看成是平凡生活中的奢华。每到这一天，大家都自觉地盛装前往，女同学是一定要穿裙子的。那时从中关村到八面槽只有32路公共汽车和103路无轨电车，去的时候可坐公交，回来的时候就很麻烦，往往是赶不上末班车。看人艺演出而往往步行回西郊（那时北大清华所处的地点是郊外，称作西郊）是常事。好在当年年轻，数十里的路程不算远。

记得有一年，那是1958年冬天的一个夜晚，下着雪。我们看完演出，挤不上末班车，干脆踏雪而归。皑皑瑞雪，漫天飞舞，非常浪漫。从王府井到中关村，行走四个多小时，到校时已是次日凌晨。我们不累，内心充满欢喜，是为了庆祝，是为了感谢，是为了艺术的盛典。青春的岁月，激情的年代，我们的青春是和当年的一次又一次的艺术启蒙联系在一起的。为此，我们对它感到亲切。

人艺熏陶了我们的艺术趣味，更提升了我们的人生境界。因为人艺的演出使我们具体地感受到了艺术的华彩和智慧。从王掌柜到四凤，从陈白露到繁漪，是人艺把书本上的人物活生生地展现在我们的面前，是人艺把那些戏剧的经典融入了我们的内心，让我们共享他们的快乐和悲苦、愿望和追求，让我们亲密地咀嚼我们多灾多难的、丰富而又痛苦的年代与生活。因为它是与我们的青春相联系的，因此我们始终认定，北京人艺的艺术是与我们永远的记忆有关的。

它首先是北京的

人艺是北京的，也是中国的，甚至是世界的。但人艺首先是北京的，因为人艺吸收了、汲取了北京的养分，它与北京这座城市的历史、地理、习俗、风情息息相关。北京人艺不同于所有的戏剧演出团体，它拥有有别于众的独特性，那就是它拥有并体现了强烈的、浓郁的首都风范。用通俗一点的说法叫"京味儿"。一出戏，可以在全国各地排练和演出，但到了北京人艺这里，经它一捏弄，一折腾，就弄出了与众不同的一出戏——一出充满北京味儿的戏。

说《龙须沟》，说《茶馆》，说《北京人》，说《天下第一楼》，因为故事发生在北京，它当然是顺手、顺心、顺情，北京人演北京能不像吗？但是别的戏呢？我们看北京人艺演的《日出》《雷雨》，甚至演的外国戏，也总是这个味儿。这就非常难得，用理论的行话来讲，就是北京人艺在它长期的演练中形成了它独特的艺术风格。一个作家有自己的写作特点不难，一个演出团体有属于自己的舞台风格，那就非常难。大师的指引和定位，长期的提倡和坚持，还有彼此的默契和磨合，那是几代人形成的合力。

北京人艺的整体风格是沉雄、博大、稳重、端庄、大气象、大视野，一切都与千年古都的身份相衬。但大并不是忽视小，它反而在每一个细节上，一句台词，一举手一投足，都是严格认真的。这种注重细节的风格，看来接近于写实手法，或与舞台的现实主义有关，但一说到博大、气势等，又似乎却离不开激情或浪漫情怀了。北京人艺是这样的开阔和包容，在这一点上有待我们继续探讨和总结。

关于它的演出风格的形成，首先是它对演出节目的选择，它始终定位于高端和经典。它是艺术至上主义者，不趋时，不追赶时髦，认定自己是为艺术而演出，不是为商业而演出。在我们的印象中，看人艺演出就是看经典，人艺就等同于经典。再一点，人艺是敬业的，所有的演员都非常专业，他们把艺术的切磋放在第一位。因为它志在经典化，因此对演员的要求比一般更严格。就是说，话剧作为文学的一个品类，它的文学性要求表演者有更高的文学素养。都说人艺从整体到个人充满了书卷气和文人气，这大概就是由于它注重剧目的文学价值，以及就演员的文学修养而言。

概括起来说，高端的、不随波逐流的、属于严肃文学范畴的坚持，典雅、隽永而写实的表演风格，以及旨在提高全民艺术素质的一以贯之的朴素追求，这些因素，在它的观众中形成了一种恒定的印象：看人艺的演出就是享受经典，就是接受经典的熏陶，经典就是这所剧院的魂儿。人艺志存高远，始终坚持高端艺术，走的是严肃文学艺术之路，在如今的社会，在普遍的消费性的享乐趋势中，能够与时尚流俗保持一种距离感，的确显示出一种可贵的品质。

北京是历代帝都，有深厚的历史积淀，有辉煌的艺术传统，作为北京的艺术团体，始终坚持高雅性和经典性，拒绝下滑，拒绝低级，以它的阳春白雪来表现和满足下里巴人。这种坚持艺术的精品主义的精神是始终一贯的。

史家胡同 56 号

史家胡同 56 号曾是北京人艺的宿舍，现在是否还是，未有考订。记得当年，有一份报道是关于北京人艺的。有一个春天的夜晚，周恩来总理在剧场看了他们的彩排来到这里。是一个美好年代的一个美好的夜晚，好像是春天，或者是初夏，也许有星月作伴，也许空气中飘浮着槐花的香气。访问者和被访问者心情愉悦而温暖，他们谈论的是艺术，是一场动人的演出，或者纯粹是友谊、爱好和温存。

这是一篇普通的通讯，记者的文笔很美，或者说那年代的记忆很美。一个日理万机的共和国总理，能够在一个夜晚来到艺术家的住处，朋友般地交谈艺术和人生，这是何等的美丽！我在记忆中保留了这诗意的一页，这一页是与北京人艺有关的——春天，或者初夏，一个天上挂着星星的夜晚，艺术家和国家的领导者在谈论音乐或者诗歌，在谈论如何把艺术贡献给人民。难忘的史家胡同 56 号，那所笙歌达旦的夜晚。

此刻，我耳边一个清亮的声音，她在吟诵那位写作国歌的伟大诗人、伟大剧作家的诗篇，这也是与我们此刻谈论的剧院有关的：

将碧血，写忠烈
作厉鬼，除逆贼

这血儿啊，化作黄河扬子浪千叠

常与英雄共魂魄

强似与佳人绣户描花叶

学士锦袍趋殿阙

浪子朱窗弄风月

虽留得绮词丽语满江湖

怎及得傲干奇枝斗霜雪

这是田汉先生《关汉卿》结束处朱帘秀——可能是朱琳扮演的——吟诵的《双飞蝶》中的诗句。田汉先生写的是关汉卿，写的更是他自己，但都是永难磨灭的记忆。

2013 年 6 月 5 日草稿于首都剧场会议厅，
2013 年 11 月 5 日整理于昌平北七家，2013 年 6 月
5 日北京文艺评论家协会与北京人民艺术剧院聚会
于首都剧场，根据当日拟写的发言草稿整理

网络是文艺的新世界

　　我们的论坛已就文艺的各种问题召开过多次会议，这次会议拟定的题目是"网络与文艺"。这是我们几经商讨后定下的议题。网络已经全面地介入了我们的生活，更是全面地介入了我们的文艺。了解网络文艺并且发展网络文艺是一个非常重要也非常迫切的话题。我本人对网络近于无知，即使小有接触，也是心怀忐忑。但我知道网络对于文艺发展的重要性。网络对于我们是相对陌生的世界，但网络却是文艺发展的新生代。它已构成文艺发展不可忽视的新领域，这个领域之所以"新"，是由于：其一，网络形成文艺生产的新机制；其二，网络产生文艺发展的新渠道；其三，网络是文艺新人产生和成长的新园地。这是一个全新的世界。

　　相关资料显示，我国的网络文艺始于 20 世纪末，很快，2004 年便进入高速发展阶段。在高峰期，几乎以每年十位乃至百位的速度增长。目前我国网络作者已达数十万人之多。网络文艺的发展不能不引起我们的重视，它对我们从事的职业而言既提供新的机遇，也形成新的挑战。我们有必要借助这个机遇迎接文艺发展的新挑战，拓宽和密切我们的联系面，鼓励和培植新的创作力量。其最终目的仍在于：发挥和扩大我们的各类型的文艺的生力军，从而积极影响我们社会的进步。

就我们所从事的工作而言，开展文艺批评是介入网络文艺的必要的和重要的手段。我们的批评家始终面对着两个着眼点：一个着眼点是面对网络文艺的接受者，我们的责任在于对这些接受者施加积极的影响，培养和提高他们健康高雅的审美趣味；另一个着眼点是面对网络文艺的创作者，我们要适时地以适当的方式向创作者传达我们的关切，告诉他们我们喜欢什么，不喜欢什么，什么是好，什么是差，或者不好。批评家不仅要对纸质文本说三道四，而且也要对空阔无边的网络世界说三道四。

我们举起双手热情欢迎这个丰富并壮大中国文艺几万乃至几十万的文艺新军。我们坚信，由于他们的出现和加入，将带来一个更加丰富、更加健康也更加美丽的中国文艺的新前景。

2013 年 12 月 14 日于北京九华山庄 107061 室，这是作者在"2013- 网络与文艺：北京文艺论坛"上的开幕词

遥想和铭记

遥想当年，遥想新时期文学营地的篝火，遥想闽派批评家辕门的旌旗，遥想在广袤大陆的精神版图快意驰骋的风采。

铭记你们，铭记从作品的光亮中心崛起，铭记沿理论的昏暗边缘探索，铭记为一个民族的人文愿景执着勘察的睿智。[1]

"遥想当年""铭记你们"，邀请函上的这些用词，让我们想起那些难忘的岁月风烟。相比我们经历的年代，我们个人在当年的作为，并没有太多言说的意义，作为个人，只是追随着时代的步伐行进而已，应当予以"遥想"和"铭记"的，毕竟是那个重新焕发了我们的生命活力和青春的年代。20世纪80年代渐渐地走远了，成了一个民族文化复兴永远的记忆。今天我们重温这些记忆感到的是时代怎样塑造了、成就了我们每个人。没有新时代，就没有新的文艺和诗歌，也就没有关于这些文学和诗歌的评论和书写，这是我们始终要铭记的和遥想并感

---

[1] 这是福建文联、中国作协创研部、文艺报、文学评论和北京大学中国诗歌研究院联合举办的"全媒体时代的文艺与批评——2015闽派文艺理论家批评家高峰论坛暨闽派诗歌研讨会"所拟的会议主题词。

恩的。

在这个场合发言，最容易想起家乡发生的一切。此刻我想起的当然有许多当年的朋友——可以说是"并肩作战"的"战友"，但更难忘怀的是当年福建创办的两份刊物，正是这些刊物，完整地彰显了我们今天讨论的主题：闽派批评的文学精神。一份刊物叫《台港文学选刊》，一份刊物叫《当代文艺探索》。这两份刊物的创办人和参与者，有的已经离去，有的正在我们会场，有的正在家乡福建为繁荣中国的文艺事业效力。

《台港文学选刊》一直坚持到现在，它在文艺禁锢的年代，为我们打开了一面通往外界的窗子，透进了海峡那边的一缕清风。去年是它的三十年庆。另一份刊物已经完成了它的使命，但它标举的创新、探索精神和理想，仍然在新一代的作家艺术家中绵延、赓续。《当代文艺探索》是打破文艺教条和禁锢的一声呐喊，它的生命没有终结。两份刊物的周围，集结了当年闽派理论的生力军，他们以抗争的勇气，面对"文革"造成的僵硬、偏狭和荒凉。

福建人常以"闽"字自嘲，认为自己是囿于门内的一只虫。这也许与它特殊的地域环境有关——它远离中原腹地，也远离文化中心城市，这使它不仅易为他人，甚至也易为自己所忽略。但在风云激扬的80年代，这条门内的"虫"竟然腾空而起，化为一条游龙，飞扬在中国文艺改革的天空。今天我们集会探讨文学闽派的精神气象，也许能从当年创办的两份刊物的动因与原旨中得到一些启发。这就是我今天要在"遥想当年"和"铭记你们"的语境中重提这个话题的原因。

审时度势，应运而起，挑战凡俗，标张新意。而它的行止，始终都保留着坚忍而静默的，同时又是绝不张扬的特有姿态。这就是我们今天回望当年得到的认识。总体来看，人们期待并予以认知的文学闽派精神，大体表现在敏锐的学术眼光、坚定的学者立场以及持久而韧性的坚持上。而这些，被完整地整合在福建人特有的行事不事张扬，始终保持着一种婉转、从容与坚忍的风格中。

凡上所述，如若以福建当代的杰出人物作比喻，我以为能体现此种风格的当数陈嘉庚和林巧稚，他们都是闽人中能以平凡的实践实现伟大人格的典型。陈嘉庚以他的平民本色，林巧稚以她的母性光辉，他们以平凡的书写呈现着伟大。当然，能全面地代表闽人气质的人物，无疑是先贤林则徐。他本是一个文人，在才情和心志上，更是一个诗人，却是临危受命，几度官拜钦差大臣，几度统领三军，他成了近代最先觉醒、最先放眼世界的中国人。在仕途上，他屡升屡降，直至万里贬戍边疆，最后又以老病之躯受命远征，死于赴命途中。他是我们永远的骄傲。

我的"遥想"和"铭记"说得有点远了，可能还有点离题了，我还是要把话说回来，为我的一席话点题：遥想这片大地是怎样地抚育了它的智慧儿女，铭记那些为着无愧于故乡山水而默默奉献的勤劳的人们！

最后，我没忘了会议的主持者给我的任务，我要代表主办方之一的北京大学中国诗歌研究院欢迎大家，感谢你们在北京最好的季节来到这里，你们来了，阴霾就消失了，北京用明媚的阳光欢迎你们。欢迎大家有空到我们的采薇阁做客。我的这些话，是代表陈晓明说的，是他委托我作如上的发言。

2015 年 10 月 8 日凌晨，于西藏大厦，这是
在"全媒体时代的文艺与批评——2015 闽派文
艺理论家批评家高峰论坛暨闽派诗歌研讨会"上
的发言

有些道理不会过时

我们经历过一个非常严酷的文学时代。那个时代把文学分成两种，一种是香花，一种是毒草。所谓香花，即是符合当时推行的，无非是所谓政治性强的作品。除此之外，剩下的就都是毒草。那时的文学批评任务也很简单，就是要么"浇花"，要么"锄草"。文学的园地经过这样一茬又一茬的"剪除"，其状况的惨烈可想而知。后来有了一些"觉悟"，作了一些调整，时间大约是"三年灾荒"过去、"文革"开始之前，饥饿夺去了几乎所有的体能，人们已经无力进行一往无前的"斗争"，当代文学有一个相对宽松的间隙。周扬出面，在"有益""有害"之间，即在"花"与"草"之间，划出了一个既非花又非草的"新区"，叫作"无害"。"无害"的文艺作品于是被允许，文艺的空间得到释放，显得宽松一些。

由此我们得知，我们曾经是多么艰难，文艺批评走到今天有多么不易。现在的情况完全不同了，文艺的空间的确有了无限的扩展。这是一个作家和艺术家拥有相当的创作自主权的年代。说是"空前"也许有点过分，但这个"空前"可能要排除了"五四"初期十年那一个时段。当然，所谓的"自主"也是相对而言。当今的文艺形势与"文革"前后的形势相比对，那是一个极端，现在却是走向了另一个极端。那时的文艺批评是排斥一切不具有当时认可的政治意义的作品，文艺的功能是单一的，文艺只剩下被允许的"为政治服务"功能，文艺最重要的审美功能被排斥了，它的娱乐和消闲的作用也被彻底驱逐。

而现在呢？说得简单一点，即是文艺除了消闲和娱乐，其他一切都被忽视，甚至被排斥。文艺的巨大空间则被娱乐和消闲所占领，留给教养和增智的空间则极为窄小，文艺的正面价值被挤压。三十多年前我就有感于此，那时我们开始转播维也纳新年音乐会。我曾经惊叹中国舞台与金色大厅的巨大差距：那边是鲜花香水和整齐的击掌声，这边是两个梳着辫子、鼻子上抹了白粉的小丑忸怩作态。那边是绝对的高雅，这边是绝对的低俗，这样巨大的反差，使我感到被中国人自己所羞辱。

从那时起，人们一直把文艺的娱乐当作一往无前的追求。所谓的"把娱乐进行到底"，不仅成为艺人的口头禅，甚至成为一些传媒的广告词。这些非常的口号到处都是，不仅消解了神圣，而且亵渎了艺术的尊严。从那时起，我们的刊物、舞台、银屏，充斥着无聊的搞笑和俗气。文艺舞台如此，文学创作也好不了多少。诗歌是最高雅的艺术，却也是粗话、俗话畅行无阻。诗人们变得自私了，他们只关心自己，不关心自己以外的世界。他们热衷于自我抚摸和展示仅仅属于自己的小快乐、小悲哀、别人难以进入的小天地。这是本末倒置。

不由得让人想起，我们是否有悖于先人的教导。中国的古代经典从来把文学和艺术的创造和传播与时代兴衰、社会进退与万家忧乐联系在一起。中国的传统典籍极为重视诗的教化作用，即指诗、文、艺术首要之责，在于教化民众、影响社会。宽泛概念的诗即文艺，不仅可以兴，可以观，而且可以群，可以怨。孔子说："入其国，其教可知也，其为人也，温柔敦厚，诗教也。"①《诗大序》更把诗歌和文艺的作用提到至高的位置，认为诗可以"经夫妇，成孝敬，厚人伦，移风俗"②。

读古书，经常受到这种提醒。写过《长恨歌》和《琵琶行》的白居易曾对他的朋友说："自登朝以来，年齿渐长，阅事渐多，每与人言，多询时务，每读书史，多求理道，始知文章合为时而著，歌诗合为事而作。"③我们都熟悉这些言说，而这是不可遗忘的。经历世变，我们知道文章的道理、文章的作用是多方面的，不光是政治，不光是教育，也还有轻松的消闲和娱乐，其间最为重要的则是影响和提高人的审美趣味和能力。

我们不能本末倒置，而现在我们的作为是有点错位的。我们是不是背离古训有点远了？不能说我们没有出现优秀的作家、诗人和艺术家，也不是说所有的文艺家都忘了自己的职责和使命，事实当然并非如此。但能这样坚持的人毕竟太少，而且他们的创作也远没有达到高度自觉的程度。这就是我们等待

---

① 《礼记·经解》。

② 《诗大序》。

③ 白居易：《与元九书》。

了这么久，依然没有等待到那些能够锲入中国现实，展现时代风貌的，能起到影响中国甚至影响人类的伟大的文学家和艺术家的原因。

有些道理不会过时。尽管这些道理有些"古旧"，甚至显得"不合时宜"，但瞬息万变的时代也总有一些道理有它恒定的价值。前不久去世的屠岸先生，留给他的孙女的最后遗言是："礼义廉耻，国之四维，四维不张，国乃灭亡。"十六字遗言，国人皆知，却是不会过时。文学、诗歌和艺术各个门类，也是变化多端、新知迭出，我们理应顺势而进，不应拒绝。我们当然要把目光向着世界，吸取新知以丰富自己，我们理应拥有多元文化的营养以壮大和丰富自己。"五四"提倡新文化是对的，我今天还要继续。

但是我们不可遗忘。我们在求新的同时不可忘了我们有悠久而丰富的昨日。人云，万变不离其宗，说到底，不管世事如何变，我们信守的是这个的"宗"。就文艺理论而言，我们拥有的古典诗论、文论、画论、乐论、曲论、建筑论、园艺论，以及诸多艺术门类的古典理论，都是先人留给我们的"传家宝"。单就一部《文心雕龙》、一部《文赋》，其间涉及的文艺道理何其丰富，除了专业人员，我们何曾认真读过？从文艺教学的层面看，改革开放以来，我们的确对西方的现代理论重视了，但对于传统理论的继承有所偏废。

确实是，有些基本的原理不应遗忘。例如文学的文体特征，小说或者诗歌，都在求新求变的过程中受到了忽视。例如小说是塑造人物形象的，近数十年，我们究竟留下了什么人物的典型？鲁迅一生写作小说不算多，但他给我们留下了阿 Q、祥林嫂、孔乙己一系列的人物画廊。赵树理也是，他写农村人物，小诸葛、三仙姑、小二黑、小腿疼、吃不饱，也是琳琅满目。诗歌也是，诗歌在一些诗人那里变成了与情感无关的"码字活"，变成了"手艺"。讲这些，无非是强调我们在创新时不要忘旧，有些道理不新潮，但道理还在。

我们的文学批评家视野要开阔，不要在概念中纠缠，不要不着边际。回观国内历年评奖，无论小说、无论诗歌，评来评去，了无新意。有些人成了得奖专业户。这不怪作家诗人，责任在主持其事者，在那些参与评奖的评论家，他们的目光是固定的，他们看不到那些默默劳作的多数。借此机会，我要介绍我读到的一部著作。作者就在福建永泰，他写了三卷本我称之为的日记体小说，卷帙浩瀚，可是出版后寂寂寥寥。批评家视若无睹，也许根本就未入他们的视野。

《将心比心》作者陈家恬是一位公务员，他每天要上班，公务繁忙。家有老父老母，母亲有严重的老年病，生活不能自理。作家陈家恬无论多忙，每日公余坚持回家探望。一块点心，几个水果，洗洗手脚，揉揉身子，换来慈母欢心。他的小说就是他的侍亲日记，不间断，日记一篇，短则数百字，长可数千言，日积月累，终成巨著。小说的主人公就是作者本人、母亲、父亲和家人，用的语言是夹杂着闽方言的普通话。那些即将失传的土话，经他的笔翻出了新意。

作为读者，我读出了作家内心的哀戚：父母终要老去，"子欲养而亲不待"。他感到了人生不可逃脱的不幸，他是在用行动、用语言尽孝。有些道理不会过时，包括我此刻谈到的作家。他是在用文字提醒我们：人子对于父母的孝敬，也是一个永恒的、不会过时的文学主题。

　　2018 年 1 月 16 日，于昌平北七家，这是
2017 年 12 月 8 日在福建师大当代文学批评高峰
论坛上的发言，以及同年 12 月 23 日在闽派文艺
理论家、批评家高峰论坛上的发言的综合稿

泥土燃烧而为凤凰

在大师面前，我不敢谈紫砂。这里有悠长的历史，有在历史行进中形成的精湛的工艺，更有在工艺传承中形成的广博的学问。在大师面前不敢妄言！我只知道，紫砂壶是泥土和火融汇的产儿，而造就这产儿的母亲是艺术家。加工的泥土，经过艺术家的塑形，置于高温的烈火中燃烧，于是诞生了我们看到的千般美丽、万种风情的火中凤凰。

泥土是大地，火焰是激情，艺术家是诗人。这过程也像是一首诗的诞生。在我所知的诗学原理中，诗歌是植根于大地的，大地上的山川田园，江河湖海，是诗的源泉。然后是激情火焰的燃烧，烈火中飞翔着诗人想象的翅膀。精骛八极，神思万里，诗歌同样是土地和火焰共生的火中凤凰。

诗人用心中的激情熔铸了诗歌，犹如艺术家用心中的激情熔铸了艺术品。精美绝伦的紫砂壶就是这样产生的。这启示我们：一切的诗，一切的艺术，雕塑、绘画、音乐、舞蹈、小说和戏剧，都源于土地，都要经过烈火的燃烧，激情，加上诗人和艺术家的心灵。所有的诗和艺术，包括紫砂壶，都是泥土的燃烧而为凤凰的。

李昌鸿先生关于紫砂艺术的大著，我们还来不及阅读，但他的艺术品却已是让我们的眼睛明亮，心情愉悦。我们感谢他的到来，是他，以他创造的精美的艺术品，再次唤起我们对于文学艺术使命的认同。

十二把紫砂壶据说价值连城，但无价的却是工艺大师的美好心愿。他和我们北大的每一个师生一样，热爱我们的学校，怀着对于这所古老学校的美好祝福。我们深深地感谢他。他捐赠的艺术品，成为我们研究院藏的第一件"镇院之宝"。我们会永远珍藏它，让它时刻唤醒我们：热爱大地，珍惜激情，以人性的光辉塑造我们的艺术、诗歌以及人生。

2018年6月19日，于北京大学，工艺美术大师李昌鸿、沈遽华夫妇向北京大学中国诗歌研究院赠送紫砂壶12把，以为北大一百二十周年校庆之贺，这是在捐赠仪式上的致辞

她因此也被写进了历史

　　阅读凌力，就是阅读她这个人。她是研究历史和写历史的人，她的人生和历史结缘，她是如此多产，长篇、中篇，学术研究、随笔，手不释卷，夜以继日，她因此也被写进了历史。凌力的专业是清史研究，她是著名的人大清史研究所的研究人员。她一面"倾听历史的声音"，一面"寻找雄浑的意境"。①在这种"倾听"和"寻找"中，她完成了对于中国历史的阅读和理解。广深的阅读和积累不啻于为她造就了一个丰富的矿藏，这些矿藏如今神奇地留存在她的厚重的文集中。

　　1995 年她确定要写《梦断关河》时，她决心改变以往以帝王将相为中心的写法，确定了"以普通平民做主角"展开它的叙述。凌力要别开生面地书写中国老百姓对那场战争的

---

　　① 《倾听历史的声音》和《追寻雄浑的意境》，是凌力分别写于 2000 年和 2010 年的两篇创作谈。在《追寻雄浑的意境》篇后她有这样一段话："我想在日后创作中努力提高一把的，却得了场不能劳累的富贵病。原以为有大把的时间可用，转眼间已年近古稀。原先白纸黑字应许要完成的'百年辉煌'，看来也办不到了。面对读者和关心我的编辑、评论界的朋友们，我真的很抱歉，也很遗憾。"这可能是凌力最后的陈述。

切身感受。她一如既往，开始阅读相关资料：奏折、日记、双方的战报、布告、作战者的亲历记述等。她要通过这种历史的倾听，客观地把握历史真实。凌力说："这应该是我写历史小说的基础。"她多次强调了这一理念。根据她所掌握的资料，她确切地得知，当时交战双方的巨大差距是导致失败的根本原因。

科技的落后，观念的桎梏，特别是官兵中普遍存在的迷信、盲目和无知，使她得出关于时代的结论："这不是一个容许新思想、新观念产生并生长的时代。"凌力的敏感和勤于思考，使她能够从一个战争的失败看到一个王朝的破灭："清王朝全面衰败，毫无生机，不可逆转，也无可救药，终于到了'一夫大呼，海内立即崩析'的末日。"[1]凌力为此写下沉重的结语：

> 1840年，庚子年，鸦片战争爆发；十一年后的1851年，辛亥年，太平天国金田起义。再过一个甲子，1900年，又是庚子年，八国联军打进北京。十一年后的1911年，又逢辛亥年，武昌起义。革命怒潮结束了清王朝，也结束了漫长的数千年封建专制统治。
>
> 冥冥中是什么左右着中国人的命运？

---

[1] 凌力：《倾听历史的声音》，《菉霞苍苍》，第359页，北京：北京出版社，2016年12月。

　　这就是凌力谛听到的历史的声音，这也是她治史和从事历史写作的根基。她是兼有学者身份的作家，她不仅注重写作的构思和技巧，而且总是把史料的熟知和占有作为艺术创作的前提。凌力是学养深厚的作家。她在写作之初总是郑重强调：首先是史料，史料记载着历史的真实，这是基础，是不能逾越的"矩"；其次是推理，因为史料也有真伪，有不敢记和记不全，经分析和推理，那些可能发生的，也是优质素材；最后是想象，想象为写作提供了虚构情节，从而能够表现人物思考和行动的巨大空间。[①] 都说小说是虚构，文学创作首重想象。凌力在这里把史料放在了第一位。她是对的，因为她知道这是历史在用形象说话。

　　凌力是历史学家，更是文学家。她知道历史学家的坚守，也深知文学创作的规律，她知道想象体现文学创作的实质，虚构是文学创作的支柱。思考至此，她就是由历史学家而作为文学家在发言。她显示了文学家的本色：在历史真实的前提下，她明确地为文学张开想象的翅膀。

　　我特别注意到凌力提出的意境说——她神往于构造作品的"雄浑"境。凌力是女性作家，但她很大气。她要将自己的人物故事置身于雄浑博大的氛围中，从而呈现出历史的纵深感，她追寻大意境。司空图把雄浑列为二十四诗品之首：返虚入浑，积健为雄，具备万物，横绝太空，荒荒油云，寥寥长风，超以象外，得其寰中。她神往这第一境界。她在以形象重

---

　　① 凌力：《追寻雄浑的意境》，《兼霞苍苍》，第360页，北京：北京出版社，2016年12月。

现历史的过程中，从来没有忘记文学的想象性。她能从历史的茫茫太空中，紧紧把握哪怕是点滴的文学因素，予以展开并使之"飞腾"。

她的作品体现大气象，突出的例子是她写顺治皇帝和董鄂妃的爱情，她注意到汤若望回忆录中的一段原始叙述，但这一段叙述是太简略了。凌力珍惜这个历史空茫中遗漏的点滴，她要探寻这一份非常简略的记载背后的全部秘密。终于有了惊喜的发现，那就是顺治还俗后于万念俱灰中写赠师父的一首唐诗：

> 洞房昨夜春风起，遥忆美人湘江水。
> 枕上片时春梦中，行尽江南数千里。①

一首不经意的赠诗，却流露了顺治皇帝内心的隐痛。这下，文学的天赋和敏感，却意外地给了她的写作以强大的助力。凌力说："我透过这首诗，看到了他的无边的寂寞和悲哀。"② 文学终于给历史以丰富和启发。唐人的一首绝句，激活了作家的想象力，而且给了历史一个非常完美的补充与证实，当然，最后也完成了历史。基于这一点，我认定凌力作为历史家的成熟，也认定她作为文学家的成熟，她自己也因而成为历史的文学和文学的历史的成熟的证明。

凌力原先不是学历史的，也不是学文学的。她的专业是与

---

① 岑参：《春梦》。第二句引用有差异，应为："故人尚隔湘江水"。
② 凌力：《路茫茫其修远兮》，《兼霞苍苍》，第 329 页。

历史、与文学有着难以想象的遥远的阻隔。她学的专业，简单一点说，是关于导弹的。专业的名称也相当的"专业"：无线电控制工程系飞航式导弹专业。无线电控，飞航式，导弹，这与历史，与文学，岂止是万里之遥！但她就是这样由此认识了历史并进入文学。导弹飞行的模式启发了她的长篇历史小说行进和展开的模式，这是多么的神奇！从这点讲，凌力也因此成为中国文学的历史的一部分。

凌力是卓越的和杰出的，她的存在是一个奇迹，一方面，她完成了从电控飞航到历史讲述的穿越；另一方面，她又完成了从历史真实到文学真实的穿越。这奇迹概括起来说，就是：从最现代的电子科技到最传统的历史学，再到最具人文特点的历史题材的文学创作的穿越。据此，我们才能够说：不是我们，而是她把自己写进了历史。

2019 年 7 月 18 日，这是在凌力追思会上的发言

文学的"无用"与诗歌的"自由"

　　汪老师（汪文顶）是我的老朋友，我跟汪老师说不要讲座、不要座谈，其实他在考我，他给我布置了作业。一路走来，走了很多地方，没有想到要做报告。看着这么多人，我怕这个作业做不好。今天颜桂堤老师又通过微信跟我讲，我说"我不知道该讲什么"，他说"您随便起个题目"，我说"那就漫谈吧"。

　　我已经离开教学岗位好多年了，做教授好多年了，讲座大都不做了，在北大也好久没做讲座了，但是汪老师布置作业我不能不做。这个地方是我的家乡，离这里不远就是程埔头，程埔头有一段小街，叫"马厂前"，马厂前大概只有十几二十家，现在也都拆光了，找不到了。从马厂前走过来，沿着这条田野小路就走到长安山。长安山是我小时候跟弟弟一起玩的地方。那边的墓地很漂亮、很干净，秋天的阳光一照，特别好，我们就在那里玩，玩高兴了就回家。再往前走就是高盖山。对于高盖山，我有童年的记忆。那一年我11岁，日本人第二次占领福州，每家都要被抓壮丁，修军用飞机场，每家都要出一个人。家里，父母岁数大了，哥哥到了内地去，姐姐又不能做工，弟弟比我还小三岁；家里没有钱，你可以雇工人，但要一块银元才能请一个工人替你做一天。所以，我 11 岁就充当了童工，这样就免了家里的一块钱。不然怎么办？这一去就是几个月，把"义序机场"的柑橘园砍掉，日本人够心狠的，把我们一片漂亮的柑橘园砍掉，把农田翻掉。我们民工——就是"做奴隶的人们"，抬着筐干活。我 11 岁，住在民房里头，地上铺着稻草，一天两顿粥，这样干，从而使得我父母能够安心，因为毕竟我们出了人力了。所以，这个地方是比较怀念的地方。我对福州、对我的家乡有很深的感情，这是养育我的地方，也是我"享受"童年的地方。很难说快乐享受了我的金色童年，是充满忧患的童年，这是我度过艰苦岁月的一个地方。

今天我要跟大家讲的，文学和诗歌可能会很少，主要讲讲人生，但文学和诗歌都与人生有关系。我先从我的人生开始讲起。1949 年 8 月 29 日，福州解放了大概一周多的时间，人民解放军的部队进驻福州，部队的指导员到了我所在的三一中学，动员学生参军。那正是暑假，人民解放军千里奔波，进军福建，解放了上海以后，一路南下。正值 8 月，天气非常热，军队下来，国民党败退了。从上三路、对湖路、麦园路这一带，部队因为连续地进军，又战斗、又进军，非常疲劳。夏天太阳非常大，部队进驻福州以后，就躺在街上，很整齐地并排在路的两旁，不扰民。我当中学生，在三一中学，就很向往革命，所谓"呼唤明天""寻找光明"，有一点革命激情。看到我们的部队是这个样子，跟国民党部队相比，是这么一个纪律严明的部队，而且不扰民，我觉得这就是我想象的光明，这就是我理想的东西，是我人生理想的一个落脚地。于是，大概福州解放后一个多礼拜，8月17日解放，29日我就到部队参军去了。所以29日（这一天是8月29日）是我人生的一个起点。这个起点概括起来，可以说是"寻找光明"。我不后悔！我在部队和现在不一样，非常艰苦，我大部分时间在连队里头，在海防前线，和战士们在一起，坚守祖国的海防，同甘苦共患难。大部分时间在连队，有一小部分时间在参加"土改"，就是说，我的六年时间是受过锻炼的。

1955年8月29日，同样的8月29日，对我意义重大。1955年4月，我奉命回乡"复员"，拿到复员证，还有300元的复员费，回到福州老家。我要重新开始我的生活、开始我的追求。这时候我23岁，1949年8月29日，我17岁。23岁的青年，大概跟你们现在差不多，我的前途是什么？我高中只念了一年，没有毕业，我部队的军龄又那么短，我的级别又不高，那时候好不容易有个副排级，让一百多名战士们很羡慕的一个副排级，在连队里头很扎眼的。他们解放上海，从淮海战役一路过来，从山东子弟兵过来，他们连班长都没当上，我区区一个中学生就当上了副排级。但是，这个副排级拿到地方不管用，我一个高中都没有毕业的人，我又是副排级，这么一个短暂的军龄，我的前途是什么呢？我就放弃了到民政局报到。因为我知道去民政局报到，不会有期望的结果。我曾经试图读书，我到图书馆去当管理员好不好？写了一封信给图书馆，如石沉大海，没有回音。大概是福建省图书馆，我也不知道。没有回音，我就放弃了这种想法，我在心里说：那我就高考吧。

4月，我的一个朋友，他的表姐还是表妹，在中学当老师，我就拜托他给我借来全部的中学课本，我就和张炯老师两个人，他当时还没复员，我们同班同学（在三一中学的同班同学），我们两个人，就用这一套书，在桃花山上（我家边上的桃花山现在也没有了）复习功课，自学，把高中的课本读完。高考是7月还是6月，我忘了具体时间，考场就在咱们这附近，哪一个学校我都忘了。高考填志愿的时候，我跟张炯老师说，他那个时候还在部队，我说："非北大我不去。我一定要考北大！"他说："那怎么填志愿？"我说："可以选择三个学校，填三个志愿：北大！北大！北大！""第一，北大中文系；第二，北大历史系；第三，北大图书馆系。"我说："你在部队忙，我替你填吧！"我们两份高考志愿，都是我填的，我给他出的主意。后来就收到了录取通知。那时候北大好考，非常好考，真的好考，不是假的。语文、政治、地理、历史，不考数学、不考外语，我占了便宜了，要是考数学和外语，就把我蒙住了。

8月29日，我拿着北大的通知书北上。这一北上，就在北大安顿下来了，一直到退休。那时候，从福州到北京，从龙潭角上船，一天一夜的时间到南平，从南平叫辆敞篷车，大的卡车，一路走，走走停停，停停走走，到了江西上饶。上饶好不容易有一个火车站点，叫浙赣线。我们福建当时还没有铁路，我到了上饶以后，上了非常慢的"学生专列"，也是走走停停，停停走走，到了南京。当时没有大桥，在浦口过轮渡。大概花了一个礼拜的时间才到北京。我之所以现在讲这个，是因为这两个8月29日对我来说，是非常值得纪念的日子。概括起来，就是我刚才说的"寻找光明"吧！

"追求真理",到北大去追求真理,追求学术的真理、学术的真知。我到部队,短暂的时间,历尽艰苦,我不后悔,我到北大更是我人生的成功。我的人生没有别的成功,选择北大是我最大的成功!然后就认识了你们熟悉的孙绍振老师,还有陈素琰老师,这是同班同学。孙绍振老师跟我不一个班,他了不起,他骂人,我骂不过他,我很少骂人;他幽默,我也幽不过他;他自信,我也比不过他,他充满了自信,自我感觉良好。他现在学问越做越大了,我比不过他。我真的不敢跟他比,不敢谈古典诗词,更不敢跟古典诗词权威来个比拼;我不敢谈四大名著,不敢谈贾宝玉、林黛玉,那个学问深极了!他做得心应手!我一生的追求都和福州有关,寻找光明,追求真理,一生无悔。

我做学问做了一辈子,就是缺乏孙老师那样的自信。为什么呢?人年纪大了以后、学问做多了以后就知道:学海无涯。太多了,学问根本做不完。一个人的一生那么短暂,做不完那些事儿。所以我说我佩服两个人,两个前辈,一个是王国维,王国维大概到四十岁、五十岁时,学问做到顶了,做得大极了;另外一个就是闻一多,也是四十多岁,也是学问做得很大。古诗到今诗,《楚辞》到《诗经》,到甲骨文,到美术,这个学问就大了,最后完成了他非常壮烈的一生,我们赶不上。同学们当中可能会出新的闻一多、新的王国维,我不敢断言,那是很了不起的。所以我说"我自己做不了什么学问,我一生只做一件事,就是做诗"。这是我的名言,陈卫知道。做诗我只做新诗。新诗就花了我一辈子的时间,我用了一辈子的时间努力阅读、积累、思考,在这个小小的领域里头才有小小的发言权。这也是我从孙老师那里学到的自信，自信得来不容易，我现在敢说，你拿新诗的问题来责问我，我可以回答，别的我不敢回答。

我今天要给诸位讲的，就是我已经不做学问了，因为我知道我的年龄到了，我努力过，我再做也做不出新的东西来了。不做学问，当然就不会有新的思想，所以我跟柳鸣九老师说，你不要问我自传之类的东西，我没有思想，我不是思想者，有思想和没思想是两个境界。我只不过是学习古人、学习先贤、学习老师、学习同辈、学习他人的一些长处，用来丰富我自己而已，谈不上思想。所以，有的人觉得我不张扬，我不是故作低调，我真的是这么感觉。我说不要过生日，陈老师知道我不过生日，平平凡凡的人多得很，我也不过是平凡中的一员，不用过。但是，我不拒绝出席朋友们包括学生的生日聚会，大家一起欢乐是可以的，但我个人不庆祝。不作自传，也不被自传，一般都是婉言拒绝，不值得写，也就是平凡的一生。这一生的艰苦和幸福，别人都会有的，我不特殊。有的人比我了不起，他很壮烈、很悲壮，或者是一时惊艳，都可能，但是我没有。我基本上算平稳，"文革"当中很多人讲自己受过什么苦，我不说，我的苦比别人小，但是不能说我没受过苦，我什么都当过，"反革命"、"现行反革命"，被斗过，"516分子"我当过。到了晚年，有一些人觉得我有点不太被尊重，比如有人对我有些溢美之词，或者有比较华丽的一些聚会，我说别做了，一般的都谢绝。但有的时候盛情难却，也会出席。

刚才说我为什么不做学问了呢，因为学问难做。我读了那么多诗,写了那么多文章,我努力了一辈子的东西只是小小的一小页。我最近出了一本书(《中国新诗总论》),从"新诗总系"到"新诗总论",我觉得自己做了很巨大的一个工作,但在学界来看的话,这只是什么东西?这是许多学问当中的一小点。中外古今,就"中"而言,文学、历史、哲学、经济,各种各样的,诸子百家。就"中"而言,诗歌、小说、戏剧、散文,按照这几个分,我不过是"诗歌";诗歌当中,也不过"新诗"这么一小点;新诗当中,也不过是"新诗理论"这么一小点,你想想看,这就花了我一辈子的力量。所以,有的时候你可以说你雄心壮志,但是你要面对现实,学问就是这么严酷,人生就是这么严酷。你想做很多事情,但是不行,时间到了。我现在还好,能够这样跟你们说话,我的那些老朋友啊,有的比我还小,坐轮椅的,拄拐棍的,搭桥的,要孙子孙女陪同的,弯着腰的,说话前言不搭后语的,你对他很熟悉、他对你没反应……这就是很悲哀的地方。为什么我说这些呢?因为前几天我参加了一个老战友参军70周年的聚会,每个人都有纪念章。我最小的一个小朋友12岁参军,到现在82岁;再大一点,我87岁;比我大一点的,90多岁,都到了人生的晚景了。这个聚会也很难得,大家在一起,还是回顾我们的"寻找光明、追求理想"这样的人生,大家还是很开心的。

汪老师布置我做作业、做讲座,其实,我过去是站在学术的前沿的,这几年,我自己就往后退了,因为我做学问做不过你们年轻人。我现在跟你们比个高低干嘛呀,你们年轻力壮,你们外语好,你们视野开阔,我比不过你们,所以不做了。因为做也有困难,那么,我的名言就是"喝酒吃肉",有空写点小文章而已。年纪大的人，能喝酒吃肉就是幸福呀，我就享受那种人生的幸福，但我不是每天喝酒吃肉，不是酒囊饭袋，不是那样的，无非是夸大而已，也就是说，要享受生活、享受人生，在能够咬得动的时候，能够喝得了的时候，你不妨喝点酒、吃点肉，跟学生们、朋友们在一起聚聚，这就是人生非常漂亮的东西了，我们所能做的就这些。我现在还能写，有空了写点小文章，小文章也是自娱自乐，当然也可以把人生的一些理想写出来，也可以写一些自己的感慨。要报告给大家的，就是我最近的一个"学术巨著"——《面食八记》。你们不懂，我这本书讲的是北方面食，我大部分时间在北方，我就找了八种面食来写，学杨绛老师的《干校六记》，我比她多两个"记"，我"超过"杨绛了。《馅饼记俗》《春饼记鲜》《饺子记盛》，这里头当然也有些文化含量在里面，但基本上是我吃的感受。我写了八个，去年完成的，但我现在不敢再发了，我跟陈老师说，我不能再发表了，发表了人家就对我有怀疑了，说这个学者不争气成这个样子，不写诗的文章就写吃。还有五"记"陆续发表，低调发表，让大家不知不觉，哦，谢老师又有一"记"。准备出本小书，漂亮一点的书，就讲我吃的感受。当然我讲吃的还不止这些，而且我也不只是讲吃，不过，我的人生大概就是这种境界。

很多老人不甘心，说我好像应该做更多的事情。我告诉他们，你做不了太多事情。我们年轻的时候，少年壮志、气贯长虹，好像整个天下都在我们的掌控之中，但不是那么回事。我能够健康地活着就感到很满意；我活着就能够思考，我也很满意；思考，然后能写作，我也很满意。但是，这个样子的人生，你们要达到的话也不太容易。我是常年自己动手，到现在我不会用洗衣机，我都是手洗。我是比较整洁的，每天的衬衣都要换，每天都要洗的。这是一个自我劳动，然后坚持，长期坚持锻炼。我要告诉诸位，你们都很年轻，健康第一要紧，体魄要健全，然后才能做事。所以我跟我的孙女儿说，你在哪儿学习我不问，就六个字：安全、健康、快乐。因为她一个人在国外，要安全；说"要健康、要快乐"，人健康了就很快乐，你快乐了就更加健康。安全是另外一个事情，你们现在很安全，但在国外就不一定很安全，对吧？学习的事儿，我没有管她。学什么我也不管，陈老师也不管，爷爷奶奶都不管。想学什么就学什么，想怎么学就怎么学，一般的成绩也不管。快乐和健康是要管的。

我今天要说的是"文学无用"，文学怎么"无用"了呢？因为文学它不是经济、不是国防、不是外交、不是政治。文学无非是吟风弄月而已，"无用"是带引号的。文学"无用"，不要太看重这个东西。但是，你细想一下，文学还真的有用，这个"用"是看不见的，而且也不是短暂的，是长久的，是千年万载的，是跟着你一生的。所以曹丕说"盖文章经国之大业，不朽之盛事"（《典论·论文》）。文学跟国家管理、跟建国、跟振兴社会都是有关的。他还说"年寿有时而尽，荣乐止乎其身，二者必至之常期，未若文章之无穷"（《典论·论文》）。人的寿命有限，可是文章是不朽的。有一段时间，我们看不起文章，看不起文学；但文学的"用"是无声地、长久地浸润我们的东西。我常常想，我们诗歌当中有很多"月亮"，这个"月亮"是中国人的创造，而且是李白他们的创造，是中国一代又一代文人的创造。我们的先人创造了"月亮",使得我们能够知道"春江花月"的夜,那个夜晚有多么美丽,因为有花月;使得我们能知道月亮有那么美,月亮是镜子,月亮是什么,月亮是什么,这点外国人比不过我们,是中国文学教我们的。中国人能够欣赏月亮、欣赏菊花、欣赏梅花,这是中国人的幸福,这都是文章教我们的。文学使得我们的心灵知道什么是审美、什么是美的,心灵会沉静下来,所以我跟语文老师说:"你们了不起,你们铸造人的心灵!"这个"用"比报社、比一切宣传品都要伟大得多。

这有一段时间我们很感慨,知识分子、学者、作家、诗人,居然变成了"臭老九"。就是把知识分子排在"地、富、反、坏、右、叛徒、特务、走资派"之后第九个。我们的冰心老师把"万般皆下品,唯有读书高"批得一塌糊涂。昨天我在永泰,看了那些收集的旧书,"万般皆下品,唯有读书高",我眼睛一亮,说对了。"下品"是比较而言的,"万般皆下品"不是说它们很低下,但读书是最高的。"唯有读书高",不读书就是愚昧,不读书就是落后;读了书,人就变聪明了,境界就高了,整个社会经过这样的读书,整个社会有知识了,社会就进步了。你看现在,现在我们有钱了,但那些没有读书的人、不读书的人,在世界上丑态百出,因为他没有境界、没有修养,他不知道什么是高雅,他不知道什么是高贵,有钱就在外面撒野,这就是我们的悲剧。悲剧从哪里来?就是从那个地方来的。鄙视读书人,鄙视学者,把学者弄得一塌糊涂。这个话说起来也很沉痛,"读书无用"?但是我觉得读书实际上是有用的。读书能够超越一切。当然,"万般皆下品"不一定,因为劳动者也很高贵,但是,劳动者有了知识不是更高贵吗?到了现在,你没有知识能够劳动吗?现在的劳动者都是有知识的,社会的进步必然和读书、知识有关系。

这就是我说的"读书无用"。我还说"诗歌自由"。诗本来就是文学的一种,本来也属于"无用"的东西,你看吟风弄月有用吗?没有用。可是,李白讲"屈平辞赋悬日月,楚王台榭空山丘"(《江上吟》)。"楚王台榭",楚王的那些宫殿,现在只剩下一个"空山丘";可是,屈平的辞赋却如日月一般永远放光。屈平就是屈原,他是不朽的。诗歌这个东西,最本质的就是自由。所以,屈原有《天问》也好,有《九歌》《九章》也好,有《楚辞》也好,都是在不断地问,对人生、对宇宙发出疑问,要求解答。这是诗歌,它的本质是心灵的自由、情感的自由、表达的自由。我早年小的时候,想当诗人。我前天在三一中学跟那些老师们讲,我不是好学生,我不好好学习数理化,我的数学很差,我的英文也很差。在教会学校,在"圣公会"办的学校,我英文本应该非常好才对,但我英文很差,我就写诗。老师在上面上课,我在下面写诗。不仅我写,还给边上同学写,我写一句,他写一句。后来我为什么不写诗了呢?我发现写诗不自由了。也许我是一个比较早慧的孩子,我觉得不能写诗了。这个时代不要求我表达自由的思想,不要求我表达自由的情感,但诗人的内心世界是非常丰富的,他要通过诗歌的形式表达出来的,不被允许的时候我宁可不写。后来,当然我也写了一些奉命而作的诗,因为在部队里,文工队员、文化教员你必须写,必须写一些鼓动战士们作战的、士气高昂的东西,通过诗歌来表现,我写了;然后,在一定的年代里要求标语口号，我也把标语口号放进诗中来了，但都不是我想写的。所以，我就从诗人这个梦破灭以后，决心不再作诗了。刚才说不再做学问，那时我是不再作诗了。现在你们看到的诗，早年有一点诗还是可读的，后来的一些诗就不可读；在痛苦的时候写的一些诗还可读，后来在别的地方表现的一些诗就不可读。诗保留的不多，诗人的梦是破灭了。归结起来，从旧诗到新诗，它的基本精神就是"自由"。自由的情感，自由的表达，自由的书写。一旦自由被剥夺，诗歌的厄运也就来了。

我就怀着这种很失望、很郁闷的心情，一直等到了20世纪70年代，噩梦结束了，新的生活开始了，而且新的诗产生了。新的诗产生是在北京昏黄的路灯底下发现了一个油印的、手抄的刊物。大家学中文的都知道是什么刊物，给我的欢喜是非常大的。我觉得，我的失望心情、我的期待终于在这个时候平复了、来临了。在20世纪70年代北京一个昏黄的路灯底下，这样一本油印书籍的出现，我就感觉到希望。然后，别人说你胆子那么大，我说我胆子不大，我就凭着我一个年轻的学者、一个北大研究诗歌的老师，我的直接感觉就是这是我们的希望，这是我所希望的诗歌。这样就到了这个年代，一直下来。

坚持诗歌的自由思想、自由情感的表达，这是非常重要的一件事情。但是，就跟"读书无用"后来转到"读书有用"一样，从自由到不自由，再追求实现自由。那么，我们怎么使用创作的自由呢？怎么使用表达思想情感的自由呢？这就是当前，在新诗一百年后，我们所要思考的问题。在北京参加了很多会，我们都在讨论这个问题。旧的一百年过去了，新的一百年开始了，因为新诗是在1916年、1917年、1918年这个时候开始的。我们当代活着的人，对现代社会、对当代负有责任的一代人，该如何以庄严的心情来迎接、探讨新诗的一百年？现在的问题是，我们在滥用自由，这是我要讲的"滥用自由"。现在的诗歌有很多成就，我不愿意跟着诗评家们一起去捧这些诗人，我也反对那些诗人成群结队，在一起互相吹捧。有良知的批评家应站出来，把好的诗弄出来给大家欣赏，然后把不好的现象予以抨击、提出批评，这才是我们应该做的。现在的批评家写的评论，有时候不着边际，所以大家很焦急，我们一天产生几万首诗，究竟哪一首诗是我们应该拿出来给大家欣赏的？是可以留下来的？我等了这么多年，从海子去世以后到现在，等到大概有几十年了，我比较失望。当然有好诗，但很少。海子以后，我们又当如何？这是我们需要思考的问题。所以说，自由是我们追求、我们坚持的。但是，滥用自由，不尊重自由，是我们应该反对的。现在的诗歌，你们读多了就知道很一般。我参加了许多评奖，甚至有命题的评奖，就假定说，比如武夷山诗会，大家一起来写武夷山，你读了以后就很失望，有哪一个人有独特的声音、独特地表现你自己的武夷山呢？没有！我真的评过好多东西。非常奇怪。写一条江，几乎都是一个样，语言当然很华丽、很精致，但是没有思想，更谈不上你通过风景的描写传达出一代人的情感，他的思想境界没有，所以这就让人很失望。为什么我常说蔡其矫先生了不起？蔡先生他写过很多诗，但是，一首《川江号子》就让我们看到一个时代。《川江号子》是写风景的，能够通过一首短诗表现一个时代，留下一个时代的记忆，我们前辈诗人做到了，我们没有做到。所以，我就自选了一个题目叫作《文学的"无用"与诗歌的"自由"》。我就先讲这些，我希望听大家对我的评论和质疑，也希望跟大家一起交流，谢谢大家！

2019 年 10 月 30 日，在福建师大的一次演讲

三辑

北大与其他

北大清谈

开这个会，我是非常愿意参加。但是不知道要我讲些什么，我知道是为了几本书来的，就这几本书，我做了一些准备。刚才乐老师讲得那么好，我有一些感想，我想到的是，我把一生大部分时间都留在了燕园。我的履历和经历非常简单，走出中学校门以后，有几年是艰苦的部队生活，然后就是北大了。我在家乡福州的生活前后只有17年时间，17岁就离开家。这17年包括蒙昧的童年和少年时代，下面就是北大，北大一住就是五十多年，而且眼看还要住下去，北大于我是比家乡还重要的一个地方。我一生没有什么成功的地方，我最大的成功就是选择了北大。因为这种选择，我也获得了最长久的幸福。不仅是因为北大给我知识，而且是北大给了我精神、理想、信念、抱负、胸怀。我在北大也经历过一些不大不小的风雨，但是我始终热爱北大，而且对我当初的选择，至今不悔。出这样一本北大的书是我多年的愿望，我想通过我的文字，表达我对北大的感激还有深情。我要把我的亲身经历告诉比我年轻的朋友们，北大给了我博大的胸怀、自由的思想、独立的人格还有科学、民主这样的一些精神。可以这样说，要是没有北大就没有今天的我。

我从部队回到家乡的时候，我只有高中一年级的学历，而且在部队的最高级别是副排级。我到福州市民政局报到的时候，我最多可以做政府的一个抄写员、小学老师这样的。当然也可以生活下去，但是我坚定地选择了北大，当时和我同时报考的还有张炯先生。他那个时候，还没离开部队，我说我替你报。第一志愿北大、第二志愿北大、第三志愿还是北大。后来我们两个的学号是连在一起的，分在一个班，就是1955级的第一班。结果我整个地没有后悔，我觉得我最大的成功就是这样。写这样一本书，我是为了感恩，感激北大。但是我写得太少了，我记得认真写的文章大概十年写一篇。北大九十周年校庆我写一篇，北大一百年校庆我写一篇，北大一百一十周年校庆我写一篇。认真写的也就是这几篇。高秀琴全力地推动，她说她要编书，我后来赶紧又补写了几篇——《初进燕园》等，急急忙忙赶着写的。等谈到这本书的时候，我觉得应该感谢北大出版社，张定老总，感谢出版社的责任编辑，本书的策划者——于海滨，还有兵超，兵超给我拍了好多照片，而且找了好多照片。这就是我想讲的一些关于这本书的话。因为受了乐老师启发，我借着他的一些话谈谈我个人的感想。北大历届系主任，为着保持中文系的文脉、学脉、血脉，他们做了很多的工作。刚才说到孙玉石、严家炎，再往前推——费正刚、夏景杰、余正怀、杨圭先生，历届系主任为了保证中文系的这种血统，做了很多的工作。那么到了老温这一届，我始终拥护他的"守政创新"。特别看重他的"守政"两个字。刚才乐老师讲到，北大彩旗飘飘，一天一个口号，一天一个什么什么董事长、高端什么什么，多得很。而且在一些报纸的广告栏里头，经常还有些什么什么班。中文系没有，许多我们国内的大学，很小的学校都成立文学院。北大中文系，岿然不动。这个好，这个太好了，我太赞成了这事。我们就守着我们中文系这个老牌子，这个我想不是保守，而是一种守护。我对北大的感激心情很多，这是一个能够容纳奇谈怪论、奇思异想、惊人之举的学校。这个学校，她有很纯正的学术的氛围，但是又能够包容这些异端的存在。20 世纪 80 年代，我个人说了一点话，写了一些小文章，惹了一些小麻烦。我发自内心地说北大保护了我，没有给我任何压力，我照样上课，课堂照样爆满。那天我真害怕，学生挤满了整整一个教室，有扛着板凳就挤进来的。我就想，我在想什么啊，我继续讲下去啊。课完了以后，有学生给我递条子："谢老师啊，你小心一点，后面有几个陌生的人来听课。"给我提醒，后来我知道了，所谓"陌生的人"就是我们的机关干部，就是希望听我讲什么的一些文学爱好者，这就是北大。我们周围有一些老师，温儒敏、曹文轩、陈平原，还有蒋绍愚这样语言学的老师，当时已经过世的，我内心深处觉得他们太亲近了、太贴心了。像蒋绍愚，我们专业隔得好远，但是我钦佩他，我觉得这完全是朋友。北大就是给我好的学生、好的老师、好的同事，是这样让我留恋的地方，我始终感激。

再就是说我自己经历的一件事情，某一次，胡乔木先生在某次会议上点名，点了两次名，北大的。一个是朱光潜先生，一个是我。无奈啊，学校的总支书记就汇报给党委，党委就找我们讨论怎么应对。人家说到北大，传到北大，没个应对也不好。让我弄了个答记者问，就在校刊，爱讲什么讲什么，有一点回应，就这样蒙混过来。在整个80年代，我始终没有做过检讨，我觉得北大党委这么通情达理，这么爱护老师，让我觉得应该配合。像这样，使我不能忘记北大，我要用报恩的心情来回报北大。

说到北大呀，我喜欢听北大的好话。我觉得我始终没有离开北大、没有离开北大中文系，我好像是还在上班。有一些陌生的面孔我不认得了，但是感觉我好像始终是这里的人，北大的一切我都记在心里头。当时说过一些笑话，说严老师当时要当副校长，当然了没有当成，我们是好朋友，我说老严啊，你要当副校长，我给你三个任务，你好好听着，你当了副校长就要去做。严老师说好好好。我今天把它公布一下，三个任务是什么，第一个，要把北大的门卫拆了。因为北大从来就是大家自由出入的地方。现在看起来，门卫还撤不了。这里头太乱了，因为人太多了。第二个任务，把未名湖边烟囱给拆了。我说这两个都是破坏，破坏就是建设。严老师答应了说"我记得"，后来烟囱果然拆了，在北大一百年校庆的时候，我兴奋得不得了，是学校有这个心啊，一天一天看烟囱低下来、矮下来，我特别地高兴。第三个，给他一个建设的任务，在校园里头给马寅初先生弄个铜像。但是据说马先生有个铜像，在哪儿我不知道。这三个任务他都没做，他都没做他还笑你看。

我就是这样，感激北大，感激中文系。我觉得我们应该有一些东西，容纳异端、奇谈怪论都好，但是有一个正式的学术的渠道那还是相当好的。

北大让我留恋，中文系让我留恋还有一点。我看了好多大学，中文系互相争斗。北大倒好，北大不管这些事，北大会开得很少，系主任基本不太管事儿。你们做了好多事，但是不太管儿，北大的每一个老师是各干各的。不说狠闹事，不拉帮结派，你说哪一个是哪一个帮哪一个派啊，我们这里没有。当然我们老师有很多缺点，有这个毛病那个毛病，但是绝对是自己埋头做自己的事情，不说别人坏话，这样我觉得非常了不起。

所以啊，陈平原老师上台说是要来一个清谈，我是赞成这个清谈的。现在是匆匆忙忙的年代，大家难得有一个闲适的心情，清谈不会误国，清谈养性。我们约一个时间在这里见见面，说一些轻松的话，交流交流自己的想法，我觉得非常好，我非常赞成，也感谢大家给我这个机会，今天能够见到这么多朋友，真的非常高兴，谢谢严老师，那么远跑来，就这样。

2008 年 11 月 2 日

升旗仪式上的致辞

一个六十多年前的老同学、老校友，能够和年轻的你们一起参加母校的升旗仪式，这是我毕生的光荣。

六十多年前，我在这里读书的时候，正是国家多事之秋。我在这里认识了社会，体验了人生，并且受到了良好的教育。为此，我终生感谢母校和老师在人生的这一阶段给予我的关怀、友爱和帮助。

同学们今天处身在一个和平、进步并且逐渐富裕的新时代，远离了战乱，也远离了饥饿和压迫，这是你们的幸福。在这样的时代里，你们无须像我当年那样的朝不虑夕，对未来充满忧虑和恐惧。美好的时代为你们提供了良好的条件，使你们能够快乐地成长和进步。

我有一个体会，那就是苦难给予人的并不全是负面的影响，而安乐给予人的也不全是正面的影响。安乐的日子可能使人变得怠惰而不思上进，而艰难的岁月则可能使人学会坚强和自尊。

我还有一个体会，那也是母校和老师给予我的，那就是学会感恩和珍惜。感谢社会、感谢老师、感谢父母，感谢他们为我们所提供的一切。珍惜今天的幸福、和平和安宁的生活。我们在这里受到教育，然后从这里出发，为国家和人民贡献我们的才能和智慧，也用我们的努力来报答曾经帮助过我们的一切人。

这就是今天的升旗仪式上我作为你们的"老同学"、母校的"老学生"所要讲的话。谢谢你们！

2009年10月19日，应邀在母校福州外国语学校的升旗仪式的致辞

诗歌的北大

　　今天我们的聚会是诗歌的聚会，北大校园因诸位的到来而充满诗歌的芳香。我们与诗结缘，是由于诗歌是文学中的精华和瑰宝，是由于它诗性地体现一个民族的心灵世界，体现这个世界的全部丰富和高雅。我们深知，诗歌不能在一个民族文化的革新与建设中缺席。它不仅是作为一种文学样式，也不仅是作为一门学问，更是作为一种精神而温润着、滋养着，并且默默地影响着一个社会、一个民族，以至一座校园。北大是诗歌的，诗与北大同在。

　　从北大建校之初到现在，诗歌伴随了这个学校所有的岁月。我看北大校史，单以 1922 年为例，当年的应聘教授名单中有这样的记载：周作人先生是欧洲文学史和外国文学书选读，钱玄同先生是文字学音韵甲和文字学音韵乙，吴梅先生是中国古声律、戏曲及戏曲史，吴虞先生是诗词史、中国诗文名著选，萧友梅先生是普通音理及和声学，黄节先生的讲题只有一个字："诗"。由此可见当年北大对于中外诗歌的重视，它没有时下那样对诗歌有意无意地冷落甚而轻慢。有趣的是，在这份名单的后面，有当年应聘为讲师的、我们大家都熟悉的周豫才，即鲁迅先生，他的讲题是小说史。从上面的介绍可以看出，那时的北大，几乎所有的教授的讲题无不与中国和外国的诗歌有关，而单单把小说的讲授留给了一位讲师。①

到了1931年，应聘的教授名录有：马裕藻、刘复、黄节、林损、许之衡、郑奠、俞平伯、沈尹默、沈兼士、钱玄同和陈垣。从这名单可以发现，在教授的阵容中依然着重于诗的研究，而且很多的研究者本身就是诗人，其中有的已经是当年新诗运动的先锋。由此联想到北大师生在创造和建设中国新诗过程中的贡献，那时他们以《新青年》和《新潮》为基地，倡导新诗革命，表现出极大的锐气和智慧。胡适先生和陈独秀先生是此中最英勇的领袖人物。北大师生以新诗人的身份、以前行者的姿态，出现在中国新诗发展的每一个关键时刻。北大于是被称为是新诗的摇篮和故乡。这些事实都验证着北大与中国诗歌的亲缘关系。

我来北大的时间很晚，就我个人的经历而言，也曾亲自领略过，并且沐浴着北大给予的诗歌的熏陶与洗礼。记得是半个多世纪前，游国恩先生亲自给我们讲授《诗经》和《楚辞》，他指定我们要熟读《诗经》风、雅、颂中的至少八十首。包括题解和注释在内的讲义是游先生自己做的。他还逐字逐句地为我们讲解《离骚》。在北大五年的本科学习，诗是最主要的内容。朱光潜先生和宗白华先生给我们诗歌美学最初的启蒙，王

---

① 关于鲁迅先生的这段话，得到陈平原先生的订正。他在给我的电邮中说："周树人被聘为讲师而不是教授，那是因为，他是教育部官员，在北大教书属于兼职，按规定，凡兼职一律称讲师，如清华教授陈寅恪在北大上课，也称讲师。"

力先生的《汉语诗律学》，魏建功先生的《汉语音韵学》，林庚先生的唐诗和李白，王瑶先生的陶渊明，陈贻焮先生的杜甫，都是滋养我们成长的宝贵的诗歌营养。《全汉赋》以及《全宋诗》的整理、注释和出版，也都凝聚着北大师生的劳绩。

我们非常幸运，我们那时和健在的大师们共同呼吸和沐浴着燕园的阳光和空气，感受着他们诗意的人生和诗意的工作。北大校园当年真可谓大师云集，不仅集合了代表时代高度的诗人和诗歌研究者，而且还有阵容强大的诗歌翻译家的队伍：冯至先生、吴达元先生、闻家驷先生、盛澄华先生、田德望先生、温德先生、曹靖华先生、季羡林先生、金克木先生、陈占元先生、赵萝蕤先生……从《神曲》到《荒原》，世界诗歌的重要典籍，无不凝聚着北大教授的心血。他们是翻译家，有的本身就是诗人。

燕园为我们提供了一片丰裕的生长诗歌的沃土，一片无比广阔的诗神飞翔的天空。为延续和光大北大前辈的诗歌理想，成了我们后辈学人铭记在心的责任和愿望，这就是二十多年前我们在中国语言文学研究所建立诗歌研究中心，七年前我们在北大正式成立中国新诗研究所和今天在研究所的基础上，携手北大古代诗歌研究中心等机构建立中国诗歌研究院的历史动因。我们的工作得到北大校方的热情支持，学校相关部门以异乎寻常的速度批准了我们的申请，我们的工作，更得到校友骆英先生的全力支持。骆英先生是诗人，他是第一个登上世界最高峰珠穆朗玛峰，并且在珠峰顶上朗诵诗歌的中国诗人。骆英先生事业有成，不忘母校和诗歌，他不仅在物质上，更以他非凡的毅力和睿智在精神上支持了诗歌。

中国新诗研究所主持的十卷本《中国新诗总系》即将出版，三十卷本《中国新诗资料汇编》的工作亦已启动，《新诗评论》已出到十二期，新诗研究丛书已出版二十一种。新成立的中国诗歌研究院将在已经开展的工作基础上，依托北大的多学科、多语种和人才密集的学术优势，全面地开展中外古今的诗歌研究、诗歌批评和诗歌史的写作，致力于诗歌资料的整理和传播，并将有力地介入诗歌的创作、推广和出版，有效地加强国外优秀诗歌的译介和推广，加强诗歌的国际交流。我们期待着以诗歌在中国的发展繁荣，最终促进中国文化的新的发展繁荣。

感谢诸位在新学年开始的繁忙中来到北大，你们的到来是对我们的有力鞭策和鼓励。在今后的岁月中我们希望得到你们更多的支持和帮助。

谢谢！

2010年9月12日北京大学中国诗歌研究院成立庆典，这是在开幕式上的致辞

一般的人只能被时代所塑造

　　伟大的人可以塑造一个时代，一般的人只能被时代所塑造。我就是这样一个被不完美的时代所塑造的不完美的人。这部文集保留了迄今能够搜集到的全部文稿，天真、无知、鲁莽，还有激情和沉思。我用文字记载了我的一生，我的人生的一切都袒露在这里了。许多文集的作者都想修改或重写自己的原作，我坚持的是原本的样子，即"一字不改"。人生的每一步，可能意味着成功，也可能意味着失败。逝水难寻旧步，人生的每一步都是不可修改的历史。

　　我有点不安，花了这么多钱，又惊动了这么多朋友。其实，这不是我的谦虚，是我过了中年以后的觉悟：学问是做不完的，除了特别有才情的人，一个人穷其一生做不了太多的学问。古人我不知道，近代以来的学问家，我印象深刻的有王国维和闻一多，他们都活得不长，但他们的学问却是惊天动地的广博。我当然无法和他们比，甚至也无法和今天在座的同辈和晚辈比。

　　过了中年以后，我的人生是成熟了。我知道自己有限的长处，也知道自己无限的短处。人都有年轻气盛的时候，青年时期我没有目空一切，却少不了少年轻狂。那时有很多幻想，开始想做诗人，后来发现这时代与诗歌的自由精神不适应，诗人的梦很早就破灭了（文集中绝大多数诗都是不准备发表的）。后来做了一名热血青年，义无反顾地投身于激情燃烧的岁月。刻板的生活，严格的纪律，我都坚持过来了。但是我的热血青年梦也终于破灭。

我最后选择了北大。我曾经说过，选择北大是我一生中最大的成功，这里的环境和空气都适合我。我认定这是我梦想的乡土，做学问家的梦从那时就开始了。但我的坚持很有限，只是浩瀚无际的星空中的那么一点点微弱的星，我在那上面进行那么一点点微弱的耕耘。关于我的工作，大家所谈与我的认识大体相近，只是赞誉过多，评价略高。

我一生只做了一点事情，但可以告慰诸位的是，我做这些事时，都会想到我是北大的一位学者。我尊重这个学校的历史，我要无愧于这个学校的传统。我曾经给北大现任校长写过信，建议用："独立的学术 自由的思想"做北大的校训。当然我知道这建议不会被采纳。明知不会被采纳，我也要这样表达。我一生信奉和追求的境界，就是：思想的自由、学术的独立。

关于这本书的编辑和出版，高秀芹在后记中已经做了介绍，我不再重复了。但是一些感谢的话还是要表达的：

首先要感谢骆英。他的盛情与坚持让我感动。在"没有钱是万万不能"的年代，骆英斥巨资来做这部文集，没有他的意志、深情和慷慨，我们即使有充沛的热情也将一事无成。

其次要感谢北大出版社和培文文化中心，感谢文集的三位主编高秀芹、刘福春和孙民乐，感谢他们艰苦有效的工作。他们都是一篇不漏、一字不改和编年体"三项基本原则"的坚决支持者；感谢参与文集编辑工作的所有人，他们是：于海冰、黄敏劼、丁超、姜贞、关巍以及我不知道名字的装帧设计师和幕后辛苦的编辑们。

最后要感谢新诗研究所同人的真挚友谊。感谢你们的设计和操劳，更感谢你们尊重我的建议，举行这样一个充满友情和诗意的聚会。

借此机会，我还要向一切未曾受到邀请的朋友，表达我的歉意。是我固执地阻拦了邀请你们，是我希望会议开得小一点。你们当中，有的是我景仰的前辈，有的是我多年的挚友，有的则是藏在心中的朋友和学生。事情只能是这样了，你们的一切的责备我都接受，并再次深深地道歉。

2012年6月26日于月光大厅，这是在文集座谈会上的发言

从今天起，面朝未来

今天我跟大家是一个谈心，题目呢有一个，就叫：从今天起，面朝未来。我先解释一下这个题目。这个题目也就是我要讲的第一个问题：海子的追念。海子是北大法律系的同学，是一个诗人。他写的一首诗大家都熟悉，叫《面朝大海，春暖花开》。我先通读一遍他的诗：从明天起，做一个幸福的人，喂马、劈柴、周游世界。还有一句：从明天起，和每一个亲人通信，告诉他们我的幸福。这就是海子《面朝大海，春暖花开》中的诗句，我就偷他的句子，把他的"从明天起"改成"从今天起"，把他的"面朝大海"改成"面朝未来"。我没有诗人的才情，改得非常拙劣。但是，这是我的真心，我想和同学们讲的一些话都在这里头。

刚才讲了，海子是北大法律系的学生，他在校期间就写了很多非常好的诗，我和他的交往，是在他当法律系学生的时候。我第一次读到他在手抄本上的一首诗，是他的一首非常著名的抒情短诗，叫《亚洲铜》。那时候外面世界都不知道北大有个海子。1989 年 1 月 13 日，海子写了《面朝大海，春暖花开》。1989 年 3 月 26 日海子在山海关卧轨自杀。从《面朝大海，春暖花开》写作到他的去世，一共只有两个月多一点时间。每年的 3 月 26 日北大的同学和老师都会聚集在一起纪念海子，集体朗诵这首诗。

我现在要讲的是，我为什么要"偷"他的句子，并改写他的诗句呢？ 2009 年 3 月 26 日，在北大百年纪念讲堂有个聚会，那是纪念海子去世二十周年。那次未名湖诗歌节的题目是：今天，20 个人读海子。我是会议上第一个来读海子的，在读的过程中，我有几句话，今天把它引用给大家听："每年这一天都是春暖花开的季节。今天下午我走过校园，迎春花开满了星星一样的花朵，是迎春，不是连翘（许多人把迎春花当成连翘）。迎春花开的比连翘还要早，那迎春花是迫不及待的灿烂辉煌。这是一年一度春暖花开的日子，一年一度的迎春花星星般地点亮了校园的春天。走在校园里，想象着这是诗人在向我报告春天的消息。心里有一种感动，有点怅惘又有点温暖的感动。"那就是当时我读海子的时候我讲的一段话当中的内容。

我现在讲讲我为什么要"改"这首诗。我觉得海子这首诗，可以有许多种的解读。诗歌是多解，可以从各个方面来解读，因人而异，因时而异。我今天的解读当然不是全面地读海子。因为海子的诗当中，包括这首诗，包括他的死亡，都是非常复杂的，都是一时道不清楚的。我只能取他其中的一点，就是我自己所感受的那一点。

海子说："从明天起，喂马、劈柴、周游世界。从明天起，向我的亲人报告我的幸福。"他的明天是不确定的。你看，很快他就告别了这个明天，他就没有明天了，他的明天是有点迷茫的。而我们呢，我个人认为我们能把握的只有今天，而且最

要紧的事情是紧紧地把握住今天。春暖花开，我和海子的感受
是一样，我觉得（海子的诗）是非常温情的、是温暖的，充满
了人情味的，我取它的暖意。当然海子的诗当中有寒冷、有悲
伤，它有很多的悲伤。但是我取它的暖意，温暖世界、温暖人
心的那一点点温情。

请原谅我在这里对他的诗，没有经过他的允许做了引用，
而且做了另样的解读，自以为是的解读。我取了他对春天的倾
听、对人性的向往，我想用这个来鼓励你们。不论海子的本意
是什么，也许他不会拒绝我们这样的认为。我们倾听春天、热
爱春天、珍惜春天、珍惜生命。我在那个会（未名诗歌节）上
最后说的一句：当然我作为一个长者，我要说的是，我们要珍
惜生命。这表现了我对他的很多的认可的同时，有一点点保留
和一点点不认可。

我和海子的交往不是很多，他在没有成名的时候拜访访
我。我们最后一次见面是在拉萨布达拉宫前面的一个小平房里
头。他那个时候开始了在西藏的漫游，以后我们就没有再见面
了。我们没有深谈过，但是我觉得，他的诗歌是新诗潮以后成
就最集中也最杰出的。海子说的是明天，而且是不确定的明
天。我强调的是今天，而且明确地说今天，我们要把握今天的
每一时每一刻每一分每一秒。从今天起，你们开始奠定你们的
未来，你们开始积累你们的未来，这是我讲的第一点。

下面要讲的小题目是：幸运的选择。

你们选择了北大，北大也选择了你们，你们是幸运的。我
没有统计过，全国有多少考生，在这些考生当中有多少人报了
北大，有多少人报了北大的中文系。我猜想，大概一万个人当

中有那么一个吧。也许是十万个人中有那么一个？我都不清楚。总之不会是一千个人当中有一个人考取北大，被北大选择。在你们的家乡，不说上海北京那样的大城市，在县城里头，要是整个县有那么几个人进了北大，就是非常了不起，非常轰动的事情。要是你们的学校里头，有那么几个人进了北大，那更是了不起的事。我记得我进北大的时候，中文系招收120个人，但分配在西南几省包括西藏的只有2个。120个人当中北京的学生录取的有10个左右，上海10个。我来自福建，福建当时的教育不错，福建也有10个，所以非常幸运。那么，到了北大，这就开启了你们今后四年的大学生活。大学四年以后，也许你们有的会考上研究生，也许会念博士。要是这样的话，有一些同学可能有十年的时间生活在北大，这是非常珍贵的一段人生经历。

我想，我们有过童年，那个无忧无虑的、健康快乐的童年，一晃就过去了。少年时代，也是一晃就过去了。童年和少年给我们将来的人生是模模糊糊的记忆。中学时代要好一点，但是，在人生的各个阶段当中，包括毕业以后的就业、社会上的活动在内，最珍贵的、最不能忘的是大学这段时间。就这本科四年来说，那是永远不忘。在这个时间里头，你们将会遇到影响你们一生的老师，你们会结交终生不忘的朋友。经过千辛万苦大家聚会在一起，还是你的大学同学最亲切。可能还会遇到爱情，但是友谊肯定是天长地久。这个阶段是人生非常宝贵的阶段，而且在这个阶段里，你们想要学业有成，成为对国家社会有用的人才，关键就在这四年或十年之间。中学时代（学习的）是普通的知识，一般人生的常识。但我不赞成白卷英雄，七门功课红灯，哪怕你是个了不起的小作家，我也不赞同。中学时代就要学好基础知识。但是大学是最宝贵：将来你做什么，你做得怎样，可能你是个诺贝尔奖获得者，或者很好的学者、教授、记者、公务员，但是基础就在这个地方打下。现在的时间过得好不好，影响到你的一生。

而且这个阶段对于你们更不同，因为你们是北大中文系的学生，这个非常不一样。在人生非常重要的阶段有两个关键词：一个是人生，一个是北大。我现在先说说：关于北大。北大是一所百年名校，全国的青年，乃至世界的青年，都向往这个地方。我在一篇文章中曾经把它比作圣地，而且你们今天进了圣地的殿堂。关于人生呢，人生很多阶段，很多遭遇，但这段最宝贵。你们的青春、生命因北大而绚丽多彩。在人生最重要的阶段，你们能和北大的名字、北大的历史联系在一起，你想想看，全中国有多少青年能够有此殊荣，有此幸运呢？真的不多。在座的也不过一百多位，来自全国的天南海北。但是我要说的是，这可能是快乐，也可能是非常沉重的。这是第二个问题。

下面讲第三个问题，小标题是：学会珍惜。珍惜荣誉，珍惜时间，珍惜你们的青春年华。前面讲过，不要虚度在这里的每一天，哪怕是分分秒秒都不要虚度。选择了北大，就是选择了庄严的承诺，就是选择了沉重的承担。走在你们前面的是110年中国历史上的志士仁人。你们的前辈、老师、学长，他们因为北大而完成了他们的事业和人生。他们走在你们的前面，你们看到他们的背影，而你们是他们的继承者。也许你们离开家乡到北大的时候，你们自己还有家长都会觉得（现在的人都会觉得）到北大去了，念书好了以后有个好的职业，能够有个好的收入，能够回报家乡，回报家庭。这个当然是对的，应该回报自己父母的养育，使自己的家庭和生活过得好一些。过去把这个看作个人主义，这其实不是，而是个人应该有的权利。但是社会和国家同样对你们有一种期望，也期望着你们的回报，因此你们身上有双倍的重负，沉重的负担。北大这个地方和别的地方有一些不一样，和别的学校、别的高校不一样，就是北大有历史。人家也会说我们也有历史，但是北大的历史特别突出。有无数的先贤和智者，他们写下了许多故事，有许多传闻。这传闻有的是非常美丽的，有的是非常神奇的。这样你们在北大就显得有一点与众不同的样子。

下面我要讲的第四点，关于学习。关于学习啊，我参考了这个学期发给大家的课程表。关于课程的设置我有一些感想，我给大家讲一下。大家不知道看了没有？这个课程表包括各个年级、各种学生，包括留学生的课程，但是我现在没来得及整理，我就把这些课程表不分类地、笼统地念下来给同学听听：中国古代史、汉语听说（对留学生的）、古代汉语、中国工具书使用、古代典籍概念、中国古代文学史、中国现代文学史、中国当代文学史、中国当代文学作品、中国民俗学、汉语修辞、中国古代文化、理论语言学、语言工程与中文信息处理、理论语言学、古文献学史、民俗学、小说的艺术、大学语文、中国工具书及古代典籍概要、老舍与现代中国文化、汉语与汉语研究、古代中国文化、美国结构语言学、汉语史、目录学、版本学、日本中国学、语言统计分析、孟子选读、切韵导读、当代文学批评、散曲研究、中国神话研究、西方文学理论史、中国文学理论批评研究、中国古代诗歌专题、汉语方言学、李杜研究、索绪尔语言学理论、红楼梦研究、语言学概论、汉语语言学基础……这个就是今年，2009 年的这个学期北大中文系给所有学生开设的课程，只是一个学期的课程。看起来有些眼花缭乱，但把它整理起来，大体上就是我们三个专业：文学专业、语言专业、文献专业的各类课程。我这么不厌其烦地读课程的名称，用意在哪呢？就是说，这是北大中文系为你们的学习设计的蓝图。也就是说对你们，今年你们是新学年的第一学期和以后学期的一种要求。这些东西就是北大中文系一百年经验的总结，北大中文系办学一百年，许多老师、教授、学者在这里辛勤耕耘，感觉到应该怎么样地来塑造自己的学生呢？这些就是。这也就是对你们的要求，你们将来要攻读这些东西。当然各有侧重，文学专业的可能侧重文学，语言专业的侧重语言。

但是我个人的经历是，我们当年的课程比这个还要多。因为多我们就反对、反感。我们学文学的，像我这样的，就是还抱着一些写作、当作家的愿望来这儿的，觉得这个安排跟我们想象的不一样。但是中文系对你是强迫性的。我自己到了现在岁数大了，我知道这个强迫性是非常必要的。我的经历是，这个时候哪怕是非常生涩的果子，你也要把它咽下去。你有多大的困难也要克服。中文系第一个学期就给我来个下马威，当时高名凯教授给我们讲《普通语言学》，现在叫《语言学概论》《语言学理论》。我们入学的时候正是向科学进军，学习苏联，声称要办莫斯科大学那样的"超级大学"，一切都学习苏联，包括考试。考试怎么考呢？口头回答，不要你写。教授坐在这，我坐在那，中间铺着白色的台布，一对一。有几个简单的题，你自己抓，抓阄一样的抓一个，我抓了一个（现在还记得）最让我头疼的题：请你说说语言和思维的关系。这是非常大的题目，到现在我都回答不好。我就支支吾吾，支支吾吾地说。那时候当场给分数，而且有个考分表马上就写。高名凯先生大概是觉得我一定有一些地方弄不清楚，不断地启发我，最后勉强给了我五分。但是这个五分是纠缠了好久才得到，现在我想起来还是心里很害怕。这样强迫的学习使我有机会了解语言学的一些基本理论，了解方言学，了解诗律、诗韵，这些东西是过时不再的，以后再也没有机会接触的。那时候还有个课，现在这里头（课程表）不叫这个了，现在可能更深，《民俗学》《中国神话研究》大概沾一些边。那时候叫《人民口头创作》，是朱家玉教授教我的。《人民口头创作》对我来说也是受益匪浅，以后就知道了。除了书本上书写的文学史以外，还有口头流传的文学史。我们中国民族那么多，历史那么久，一些口头相传的文学史那是民间的，它就展开另一个天地。

常说北大学生是有后劲，所谓后劲就在这。我现在常想，你们现在开始学中文了，古汉语一定要学好。那个时候王力先生教我们古汉语，教我们古汉语语法，还有很多文选让我们读。这非常好，以后再有没有机会了，也是过时不再。古汉语学好，有许多语言学的基础，再加上深厚的文学基础，将来你去干什么都有后劲。哪怕是当新闻记者，我们中文系的同学可能比那些新闻传媒学院、新闻系、新闻学院、广播电视大学的同学都要强。你干几年，那些行当规矩摸透以后，就看你的文化底蕴了。当主持人也是一样，你当主播、摄影记者、摄影师、记者、公务员……也是一样，北大这四年到十年之间给你的是一生受用不尽的。不是说北大有科学民主么？这就是科学，这就是强迫性的学习。你现在不了解为什么要这样做，如同我们不了解为什么这个老师要开这么长的书单给我一样。我现在明白他开这个书单就是根据他的治学、他的研究、他一生的积累，觉得你要进入这个门户，这些东西是你非常有必要读的。所以我有的时候和同学谈，你不要拒绝那一个长长的书单。那么长的书单，一个老师开一个，都那么长。到了研究生的时候更是这样，一开就几百本书、几百部作品都要读。这里头当然要灵活一些，不是每本书都要用同样的力量去读，但是你不读是不行的。你哪怕是粗略地看一看，了解他的大概内容也就行了。有一些书就不是这样，要反复地读，不断地读，要做笔记，那是你床头案头的一些书。但是你不能拒绝这个书单，也不能说我不看。我是过来人，我告诉你们。比如说但丁的《神曲》，也许你不要从头到尾地看，但是你要知道但丁有个《神曲》，《神曲》写的是什么。莎士比亚有那么多的诗剧，都读不过来，但是要了解，要读一些。为什么要这样呢？这就是你现在的积累。到了以后工作的时候，假定你是一个编辑，临时要引用一些东西，临时去翻吧，这时候就手忙脚乱的。我毕业工作以后，再回头去读这些东西就非常困难。但是在北大你就有条件，你每天都跑图书馆，你每天不断地翻这些书，翻了以后就是你的财富。有一些东西，我们做学问的人没有看过，你不知道，半句话都不要说。你不能说没有看过这个作品，就夸夸其谈，这是最坏的学风。我想北大要求你科学就在这点上。必须看，必须真的对它有了解，然后你才敢引用它。

前人说的"板凳需坐十年冷"，我说"文章不要半句空"。你一个事情说错了，不懂装懂说错了，对一个学者、一个人专家来说是非常没有面子的事情。

这就是我说的蓝图，还有我的读书经验。我入学的时候想写作，我想当作家、当诗人，我不知道我这些愿望怎么就被报告到系主任那去了，不知道谁给我密报上去。其实我还是很好的学生，不捣乱的学生，但也不是最好的学生。杨晦先生他知道这个，那时候把我留下来当教员。系主任专门捎话给我：告诉谢冕要"上套"（"上套"是北方农家使唤牲口的习惯用语），不要东张西望，不要忙着发表文章。这些话你们中间想当作家的可能听得有些不乐意了，但实际是这样的，你既然到这儿来，你将来就不一定是作家了。杨晦先生还说了："我们不培养作家，作家是培养不过来的。"我们不是说作家有多么不好，但是不培养。我们培养的是专业的人才，是专家、是学者，即使将来不是学者也是语言文学方面的专门人才，做什么工作是另外一回事。既然你是这样，你选择了这个专业，就要按照这个专业的要求来做。所以今天我要为你们历届的包括现在的系主任助威，给你们下一个这样的要求：要"上套"。写文章是可以的，慢慢来。要是你们在大学期间能够写出好的学术论文，那是非常好的，但是不要影响基础的学习。

再讲讲北大的自由民主吧。第五点：谈谈独立精神。你们是从中学过来，大家一定感觉到中学和大学是很不一样。而且北大人都说中文系最舒服了，神仙系，你们太幸福了！可能大家松了一口气，高考那么紧张，到大学来整个放松了。学校环境非常好，条件非常好，各方面都非常好，社会国家给你们设计得都非常好，整个就放松下来了。大学的时候是非常快乐的，当然过了一段时间考试来了，学位又来了，就业又来了，可能有另外的压力，但这段时间是非常美好的。在这个美好的时间里头，和中学时代不一样的，老师盯着你，家长盯着你。你们到这来，离家千里万里，我们现在的班主任也不可能像中学班主任那样对你们有那么多的指导帮助。要靠自己！从今天起，开始一种非常独立自主的人生，要自己把握住自己。我的看法是这样，要珍惜这一切，包括美好的环境和条件。我记得我们那时候，我们同宿舍有一个同学，他会安排时间。我不一样，我有一些天马行空，不太用功。那个同学非常用功，上海来的。你们可以学习一下他的课程表，他把课程表上空的时间都填满了。我们那时候条件没有你们好，我们是三点一线：宿舍—饭厅—教室或者图书馆。基本上大学就是这样三点一线的生活。我们在这个物质生活非常丰富，很多欲望很多享受的年代里头，我希望大家也保持这种三点一线的生活。既然你有这么好的机遇进了北大、进了北大中文系，有这么好的条件，没有衣食之虑，我们就专攻学习，学习就是第一要紧的事情。我觉得基本上就是保持三点一线，把那个时间表填得满满的（这个时间里头在图书馆，甚至是看什么书）。有一些同学能够做到，我就做不到这么严格，但基本上大家都是"抢"图书馆的座位，这是肯定的。下了课就去抢座位，我要是没有时间抢，请我的同学代我抢，拿个书包放在那，这就是我的了。这当然不太好，人没到就开始抢。因为那时候太紧张，座位太少，能够得到一个座位是件很幸福的事情。得不到座位的人只好回到宿舍里头，在宿舍读书、学习、写字。现在的条件我不知道了，今天进了这个教室我就出了一身汗，我找不到这么好的条件，过去没有。学习要保持一种紧张的状态。体育锻炼、娱乐，要么？要的。但学习时间是不能玩的，应该这么要求自己，苦一点，苦就是四年，而且也不饿肚子，这为什么做不到呢？我这个同学后来学习成绩非常好，现在是复旦大学资深教授，而且是宋代文学史的专家，苏轼研究在国内占第一把交椅，他就是苦练出来的。

还有一个同学也很有意思，他遭遇坎坷，因为各种莫须有的原因被发配到北京一个非常不重要的业余中学去当语文老师。就是当语文老师，也不让他好好当。但是我们中文系没有一个不是好样的，一个个都是好样的。到那去委屈了他，但他在那个地方卧薪尝胆，现在是破门而出，从文学史进入现代史、进入近代史、进入中华民国史，现在研究蒋介石。他是中华民国史的专家，也是国内第一流的。

人的遭遇各种各样，有的时候会遇到逆境，但逆境也能够使人进步。所以我有这么几段话要说给大家：一般说来，顺境给人的影响是消极的，而逆境给人影响却是积极的。一个没有幸福童年和美满家庭的学生可能比那些家庭环境优越的同学更具有优越性，因为他知道珍惜，他的那些痛苦的记忆和经历是别人，特别是那些顺境的家庭条件好的学生所无法得到的财富。这是我的一种看法，可能有些片面。可是你们在座的，可能有来自边远地方农村的，但是是少数。一般家庭在城市里的，家庭都太富裕，家庭条件是很好的。好了以后怎么办呢？好了以后可能要警惕。倒是那些家庭条件不好的同学，我觉得他可能更具有挑战性、竞争力。这是我的一种看法，这看法呢，我现在不想改，我觉得可能是对的，因为我自己就是这么过来的。当然我个人因为家庭贫寒使得我能够知道什么是最可贵的东西，知道怎么样在艰苦中走下去。对我来说非常遗憾的是，我始终不能给我的儿子买一件漂亮的得体的外衣。我大学毕业到我工作以后，到他上了大学以后，我始终条件都不太好。而到了我的第三代，现在情况可是真不一样了，真是要什么有什么！有的时候圣诞节、新年、她的生日，我们要给她一个什么礼物？发愁了，什么都有了！我们应该送给小朋友什么礼物，想来想去都不知道，电脑玩具，她什么都有。社会就是这样进步过来的，在这样进步的社会出现你们新一代，你们现在的大学生，我跟你们讲这些事情，你们觉得有隔世之感。但是对一个人来说，我说的是学问和人生，大体上这些都非常重要。

北大是自由的，北大崇尚独立的思想、独立的人格、独立的品位，北大不会给你太多的约束，但是北大又是不自由的。因为，在做学问方面，在学习方面，在人生方面，北大对你是有要求的。同学们在这里，应该学会怎么样不辜负我们的时代，不辜负我们的学校。我想要是北大是科学民主的话，前面自由独立的思想属于民主范畴，而后面做人生学问的严肃的态度、庄严的态度，是科学的方面。科学和民主是我们的两面旗帜。

我要讲的话差不多了，我今天到这里来，是欢迎你们的，是来向你们祝福的，是因为你们是幸运者来庆贺你们的。我已经很多年没有和同学们讲过话，离开这个讲台至少有十年了，但是因为你们的到来，我不惧于讲话，不惧于摄像机。最后我还是想把海子的话送给你们。海子说："那幸福的闪电告诉我的，我将告诉每一个人。给每一条河，每一座山取一个温暖的名字。陌生人，我也为你祝福，愿你有一个灿烂的前程，愿你有情人终成眷属，愿你在尘世获得幸福。我只愿面朝大海，春暖花开。"今天我要讲的是"从今天起，面朝未来"。我只希望我的这些话对你们未来的设计，对于实现未来是有帮助的。谢谢大家！

这是在北大静园讲座的发言

咬住一点不放松

陈仲义的这本书，前两天方才寄到，来不及细读。骆英事先看到了这本书，因为他正在写博士论文，对书中关于诗歌语言问题的思考很有兴趣。这次研讨会是骆英提议召开的。目前他还在南美，参加不了这次会议。我代表他向陈仲义的成功表示祝贺，也向应邀与会的朋友们表示感谢。中国新诗研究所成立以来，一直把主要精力集中于《新诗评论》以及各种研究丛书的编辑出版上，专门召开讨论作品，特别是理论作品的会议，这可能是第一次。

我知道这是陈仲义非常重要的一本著作。他为此书的写作做了充分的准备。从最初的酝酿到写作，从分篇写作到正式出版，时间跨度非常大。起点是 20 世纪 80 年代，据他自述，是1981 年的夏天，他读到李英豪先生的《诗歌之张力》。自那时开始，张力的指称就如一粒种子植入了他的意识中。1985 年他写了第一篇关于张力的论文，此后文思如涌，一发不可收。他形容自己的写作状态是：夙兴夜寐，深临薄履，恍然多年，耿耿于心。

陈仲义的这番自述，给予我们极大的启发。学问的起因，它的积累和展开，种子下地，生根，开花，结果，是一场旷日持久的搏击。成败只在一念之间，而成功的秘诀和代价则是，咬住一点不放松，深耕细作，锲而不舍，最后是水到渠成，金石为开。我认识陈仲义多年，对他的了解不能说深，也不能说浅。我知道的一点，是他对学问的痴迷。记得当年我们同游闽东，一路的锦山秀水，他是不知不觉、熟视无睹，只是一径地与友人谈学问，不免"惹人心烦"。而学问之中，始终不离不弃的是诗歌，尤其是深奥的诗歌理论。"心烦"由人，他却是其乐融融。

他是一个认真的、有准备的人。平日用功，自不待言。他又是一个勤学、多思，而且十分谦逊的人，这一点，你可以从这本书的写作中看到，在导言，他列举了张桃洲、陈爱中、王泽龙、耿占春等人的相关著作，他用心读了，而且逐一地予以评介。令人感动的是，不单是读同行专家的书，也读晚辈学人的书，甚至只是在读学生的学位论文，王维、刘芳、孙川梅、冯嘉、张向东……他也读，而且也是逐一地加以评说。

博览群书，深入文本，钻进去，做深的开掘，而后出来，大面积地展开。他的目标是建造体系，因为他深入了，思考了，实践了，他有这个资格。他不是一个空言之人——我们委实处在一个碎片的时代，任何构建体系或核心范畴的元素，似乎都在与风车作战，都说碎片时代无体系可言，怀抱构建野心者总是一厢情愿。或许一厢情愿的积淤已久，初衷难改；或许不自量力，甘于一试深浅。[①] 在这个时代，明知不可为而为之，

---

① 见陈仲义《诗歌语言张力论》第6页。

这不仅是勇气、毅力、信心，更是精神！

由此我们再一次被告知，治学切忌轻薄，成功不是偶然，天道酬勤。

> 2013 年 11 月 26 日，于北京大学中国新诗研究所，2013 年 11 月 26 日，由北京大学中国新诗研究所主办的陈仲义著《诗歌语言张力论》研讨会在北大召开，这是在会议开始时的发言

读书与人生

　　刚才书城的领导跟我讲，他们是卖书的人，要读书，我觉得这个意思非常好。当然，你们诸位也不只是卖书的人，也有写书的人，也经营各种图书项目。读书月的活动很多，我参加读书月的活动也很多，从 15 年前我们读书月开始就参与了，后来历年也都来。我的学生李杨、黄子平他们也常来，好多学生都来过这。我们是想用自己的行动来支持深圳读书月。现在看来，读书月越办越大，越办越好，让我眼花缭乱。刚才有位女士说，她们还有假面舞会，还有辩论比赛。比赛，我们北大屡败，北大辩不过清华——屡战屡败，屡败屡战。清华很厉害，北大跟清华在福建比赛划艇，也是清华赢，北大老输。何总给出了个题目，我昨天夜里想了一下，今天早上又起来想了一下，匆忙中写了提纲。我觉得，我虽然会聊天，但是，在这么一个比较严肃的场合里头，也不能够胡说一通，对不对？还是想了些问题。我退休以后好像非常忙，退休了还那么忙，也不知道是怎么回事。好在我的忙不用给谁请假，我是自由的，想到哪儿就到哪儿，想不到哪儿就不到哪儿。像这样很严肃的工作应该很严肃地对待，但我还是不够严肃，就烦请大家耐心吧。读书月有各种的表演，还是很诱惑人的，我这种就比较枯燥。耽搁大家一两个小时的时间，请大家多多包涵，多多原谅。我其实讲的内容是很认真的，我想把我的一些也许是非常肤浅的体会，告诉大家，成败优劣，由大家去评论。我毕竟比大家走在前面，岁数比你们大。这里头有成功的经验，也可能有不足以称道的经验，多多原谅。

几个问题。首先讲，读书使我们成为有知识的人。所谓知识就是人生经验，知识可以通过自己来获得。但是通过自己获得，什么事情都亲自经历，取得这笔经验，这毕竟有限。人寿有时而尽，人的生命是非常短暂的。特别是在少年时代、青春时代，我们不可能什么事情都懂得，都能亲自获得经验，亲自获得经验非常难。于是，就有了读书。读书就是用别人的经验，别人的人生体会，来弥补我们个人的有限的空间、有限的时间。读书让我们以非常便捷的方式获得人生更多的经验，这对我们个人的生命来说是非常重要的，是不可或缺。我们不可能什么都懂，但是别人懂了，前人懂了，我们把它搬过来，经过自己的消化，自己的理解，然后变成自己的经验，这就是读书。我们要借鉴别人的经验来充实自己，这就是读书之必要。读书是我们获得丰富的人生经验的一个捷径。这样来说，我们既是拥有了自己经过我们各种各样的坚持，甚至是挫折来获得的第一手经验，还通过阅读获得别人的经验。我觉得这是非常重要的一个认识。

第二个认识，就是人生忧患识字始。人生的忧患，我们对社会、对人生的忧患，因为我们读了书，识了字。不是说，不认字的人没有忧患，但是认字的人、读书人的忧患与没有读书的人的忧患，层次是不一样的，这一点我想大家都有体会。前不久，我又到了巴黎，又重新看了下罗丹的"思想者"，那个雕塑大家都很清楚。去巴黎，我就是要看罗丹博物馆，就要看看思想者，然后就得到了一种启示：有思想的人是痛苦的。思想者很痛苦。通过读书，我们有了思想，会思考人生、思考世界、思考人与人之间的关系。于是，我们就很深刻地感受了人生的忧患，有了忧患意识。社会的成败得失，我们都有思考。因为我们是文化人，因为我们有知识，我们有积累，于是比其他人拥有更多的痛苦。我们会为人类的命运担忧，为社会兴衰担忧，于是我们有了更多深广的忧虑和痛苦。我们通过读书获得高贵的品质、旷远的精神，还有博大的胸怀。读书人眼界开阔，心胸宽广。他要装下很多东西，包括人类的痛苦和快乐，一切都在内。所以，读书太重要了，它不仅使我们成为一个有用的人，而且成为一个文明人。更重要的，因为读书我们可以成为有意境、有境界、有趣味的人。林语堂先生是福建人，就有很多趣味。他的写作很幽默，在幽默中体现深刻。还有王世襄先生，他玩明清家具，玩蟋蟀，玩笔筒，玩鸽哨，他玩出了一个大家来了。他们都是有境界、有趣味、有情趣的人。

　　有句话我很早以前就把它写成文章了。现在中学课本里头有，就是"读书人是幸福人"。基于前面的认识，我说我们读书的人是非常幸福的人。读书扩大视野和见识，放大了我们的心灵。"给我狭窄的心，一个大的宇宙"（冯至先生诗句）就是这个意思。我们的心是非常狭小的，因为读书放大了我们的心灵，读书延长了我们的生命，它使我们的生命更丰富、更深厚。

以上说的是一般的读书的道理。我为什么说人生忧患识字始呢？因为，我们通过识字，通过读书，我们认识了古人，认识古人当中那些非常优秀的灵魂。我们和他们不同时空，但是我们可以通过不同的时空的对话，去承受他们的智慧。忧患是什么？从远古来说，屈原的《天问》，是他对世间奥秘的不断地追问，他在《离骚》里头所表达的是悲苦情怀、香草美人。我们通过《楚辞》，通过阅读屈原的作品，继承他的精神、境界、胸怀。我们通过阅读鲁迅，遇到他的呐喊和愤怒，他为什么有那么深的愤怒，有那么大的尖锐、讽刺。因为他深知我们中国的国民积习、民众的病痛，他了解太深了。于是，他就化为愤怒，他要呐喊、要讽刺。这些前人的智慧，我们都是通过读书获得的，同时我们也继承了他们的精神传统，所以我说读书人是幸福人。

这些一般道理讲过后，我想回到自身。我要告诉大家的是，刚才何总介绍了我的很多"事迹"，那里头有一些他是表扬我的，不一定很符合实际。但是是我的经历，是我做的事情。我想告诉大家的是，我是如何不知不觉地成为一个学者的。我年纪小的时候，并没有太多的优长之处，都说年少轻狂，我这个人并不狂傲。一般来说，我还比较低调，不太张扬的一个人。但是我怎么成为一个学者？我说不知不觉，这是非常有意思的事情。为什么会不知不觉地成为一个有知识、有想法的人呢？我觉得可能还是要追溯到读书上来。要是没有读书，以我的家境而言，我可能是个文盲，也可能是一个从事体力劳动的人。体力劳动很崇高，在这没有贬低的意思，可能就是从事简单劳动的人。但是，我居然会成为一个学者，一个有知识的人，那怎么回事呢？

我的家是很贫苦的。我母亲是个文盲，是个农村妇女。她一个字也不识，她甚至连自己的名字都没有，户口簿上一直写的是谢李氏。外公家是李家，过去老中国的妇女地位很低，都是嫁给丈夫以后，随着夫家姓，然后娘家的姓放在第二位。我母亲一生都没有名字，但是她培养了六个子女，六个子女都成读书人。现在我能够自豪地说，我是书香门第。书香门第再往上说，爷爷这一辈是福建长乐那边的；母亲这一辈是农民，家里非常贫苦。有一点优秀品质是母亲教我的，家庭教我的。多子女的家庭，又贫困，朝不虑夕。早上吃了，晚上不知道有没有饭吃，米缸里头经常都是空的，不得不拿些仅有的东西去典当，换来点钱维持下来。这样一个家庭，怎么培养出六个子女的？所以说，我母亲很伟大的，她虽然自己没有文化，但她懂得读书对一个人的一生有多么重要。不知不觉地，其中的甘苦你们想不出来的。小学还好，但是一些小学是私立小学，要交学费的，其实交的学费也不多，但还是交不起。后来就找福州市仓山中心小学，国家的官办小学，可以免费。小学完了后，初中怎么升学？初中学费受不了，到处报考，到处找学费最低的地方，但是都没有办法。后来遇到一个老师，他是基督教徒，上学时很喜欢我，教唱歌，教国文，组织大家做游戏。后来我升学没办法了，老师就帮助我。他的哥哥是我念初中这个学校的校董。校董有一定"批条子"的权力，就是自己可以推荐一些自己认为好的学生减免学费。我这个小学老师就让他哥哥介绍我进了福州三一中学。福州三一中学是英国人办的一个学校，其实是一个贵族学校。按我的家庭情况是进不了这学校的，因为要交学费。要是说一百斤大米的话，那时都交大米，老师"批条子"可以减免学费三分之一或四分之一。家里再筹划一些，我就勉强交了学费。这个学期下来，下学期怎么办？照样"批条子"，照样变卖东西，照样筹着款，这样读书太艰难了。所以说我不知不觉就获得了知识，能得到很好的中学教育（初中），就是因为母亲，还有老师，还有一些亲人的帮助。所以我觉得，念书，读书，求文化是一个非常艰难的过程，太艰难了。读了书以后，就知道自己要怎么样报效社会，报效我们国家，报效我们民族，用自己的知识来促进我们社会的进步发展。我想大家现在没有这种经历了。

我说我是一个很懂事的孩子，是一个优秀品质的孩子，是怎么回事呢？家里那么多孩子，一个饭桌上吃饭，我都拣最粗糙的东西来吃，好的东西让给父母亲，让给哥哥姐姐，让给弟弟去吃。要有几个土豆，一定是他们先吃了，我再找个土豆来吃。我觉得我们今天能获得知识，应该有一种感恩。现在，我想告诉大家的是，我们要珍惜社会、家庭、亲人、老师给我们的恩惠，我们要报答他们，要用我们的实际行动，用我们获得的知识来回报他们。有了这种良性循环，社会可能就进步了。因为我们通过读书获得前人的智慧，我们又通过读书自己得到成长，将前人的智慧变成我们的智慧，我们用来写书，用来发表意见，用来从事社会活动，促进社会进步。深圳读书月可能办起的初衷就是这样，大家读书，读书以后，我们心灵变好了，心灵放大了，我们境界高尚了，通过我们的行动再推动社会进步。其实，经济非常重要，但是文化比经济更重要。经济几乎是可以立竿见影的，文化不会。一旦文化遭遇灾难以后，毁灭，那是难以弥补的。所以，我们要慢慢地、一步一步地建设我们的文化事业。慢慢地通过我们的工作改善自己，再改善社会，这个社会就会进步。社会的进步，不在钱的多少，大家都有一个美好的心灵，都有一个伟大的胸怀、境界，那么，这个社会就会很好。其实，在这样的情况下，钱少一点关系不大，精神匮乏是非常严重的。

还讲什么呢，讲我怎么通过读书成为北大教授，成为对社会有一点贡献的人。读书有两种，一种是有目的的，一种是没有目的的。有目的的读书就是学校教育，这个带有一些强制性。童蒙时代念《三字经》《百家姓》。背，背不好就打板子。打了后，你接受教训，就好好学。孩子们不知道我学了干嘛，也不知道你教我的是什么，但是你要读。许多的孩子，包括我自己在内，通过这样的学习，认识了唐诗，认识了宋词，认识了司马迁，认识了各种各样的文学家、思想家。这强迫性有一点好处，就是你要想将来自己独立，独立养活自己，就必须有知识、有文化。当然很简单的道理。不然，你就没用，对社会无用的人，你养不活自己，要靠别人养活你。其实小学和中学都是这样，我的中学也很痛苦的。现在高考很痛苦，各种各样的考试很痛苦，我那时也很痛苦，从初中一年级升到二年级，要经过考试。这考试太苦了，我那个学校是教会学校，英国人办的学校。收进来三个班，毕业的时候淘汰两个班，剩下一个班。三个班每班 60 个人，甲乙丙三个班共 180 人，名次排下来。我们叫头名哥，就是第一名，成绩考得最好的，就坐在第一排第一个，第二名紧挨着第一名，依次排下来前，前 60 名在甲班。60 名往后，61 名是乙班第一名，就这样排下来。不知道这是好还是不好。大家都奔第一名，但第一名不易得到，因为他太全面了。这样排下来，到毕业的时候就剩下一个班，60名毕业，其他120名都淘汰了。淘汰到什么地方去了，我不知道。可能去别的学校了，也可能他不再上学了。这个就是强迫性教育，需要。当然，我自己排名也就在第二排的地方，我最好的成绩是第8名到第11名，也是争不了第1名。我们现在的考试制度都是这样的，带强迫性的，你必须学好，你必须认真听，而且考试必须及格。

比较适合我的是无目的的阅读。前面的那个是很痛苦的，痛苦的坚持，然后你得到了考试及格，得到升班级的机会，然后再上大学。这是非常痛苦，是很难受的一个事情，我想是个学生都不会太喜欢这东西的。但是作为一个人，阅读是很快活的事情。所以，无目的阅读是最惬意的，无目的阅读不带任何功利性，喜欢就读，这样的阅读是最愉快的。所以，到了大学里头，中文系的同学是被全校同学羡慕的，是"神仙系"，是神仙。因为这个时候我们都认得字了，古代汉语，古籍上有些难字，老师一教，古代汉语也通了，因为它的语法、词汇我们也懂了，然后阅读没有困难，很快活，又可以读到各种文学著作，考试也好考。我的经验是，大学就是要乱翻书。尹昌龙老是说我这老师有什么了不起。我这个老师其实是不高明的，我的高明之处就是让他放任自由，让他充分发挥自己的个性，你爱看什么书就看什么书，爱写什么论文就写什么论文。我不希望我的学生跟我亦步亦趋。有的老师很笨，一定要让学生像自己。学生像自己怎么办，顶多弄第二个谢冕，一个模型出来。我这个人是不可重复的，可是尹昌龙自己能够自立自主，他能够变成尹昌龙他自己。我就是放羊一样的，让他自己发展去，没有别的。尹昌龙老是说谢老师不容易，一个学生一个个性。现在他们好像都是按照自己的样子来生活、来治学，就很好。李杨也是一个，他自己做得很好，他没有模仿我，我也不要他模仿我，他要是不断重复我的话，那么我的教育是失败的。大学时代就是乱翻书，我也劝大家除了强迫性的考试以外，你们随便翻，不爱看的就算了，找爱看的。

再一点，我怎么成了一个有一定专业知识的学者。这个说起来，也很有意思。兴趣。各位一定要有兴趣。治学要讲兴趣、讲趣味。你不喜欢的东西，你干嘛要去做？世界这么大，学问那么多——学海无边，你干嘛要做你自己不喜欢的事情呢？你不喜欢，别人喜欢。有人去做，你别担心。年轻人别想把所有事情都做到。年轻的时候有很多的想法，我一定要成为多大的学者。后来，我过了中年后，觉得这事不可能。除非他是天才，现在我讲两个人，一个是王国维先生，一个是闻一多先生。他们大概四十多岁或五十岁上下，做了很大的学问，他们是天才。闻一多先生从甲骨文、《诗经》、《楚辞》、唐诗，到中国新诗，还写字、还搞篆刻，他被暗杀的时候就四十多岁。王国维先生也是了不起，但那是少数的人。多数的人就像我这样，很平常的，很平庸的，做一点点学问。你不要胆子那么大，除非你是王国维。你觉得跟闻一多先生、王国维先生差不多了，那可以做。鲁迅先生也很了不起，他也五十多岁。一般人做不到，我就做一般的人，我的才华可能就平平，我做自己喜欢的事情。我做什么喜欢呢？我就做诗喜欢，我就喜欢诗歌。喜欢诗歌嘛，就读诗，读着读着就很有味道。读诗以后就想做诗人。人家写这么好，我也写吧。开始写还很得意，后来发现不行，我也写不好诗。一是缺才华，二是当时社会环境不太好。社会环境限制了诗歌最重要的自由的精神，这个限制就几乎断了我的路。我这个人一般来看我好像比较感情用事，其实很理智。既然社会不允许我自由地表达，我就不做了，诗歌创作就断了。所以，我现在后悔我自己写的那么多诗，都是不成功的诗。可能写在 1947 年到 1949 年的少年诗作中还有点味道，其他的就乏善可陈了，没什么可以称道的。自己觉得这诗就做不好了，也做不成诗人了，转而研究诗——诗歌的道理。诗歌的道理刚好与大学的教育结合在一起。北大不是培养作家的地方，北大是培养学者的地方。这一点我觉得我们前系主任杨晦先生是对的。作家不是培养出来的，不是大学教育培养出来的，大学教育可能是使得作家更有底蕴。刘绍棠先生他不懂得这个道理，他大学念了一年就出去当作家去了，他觉得自己是神童。他要是在北大毕业，可能有很宽广的发展道路。当时有北大的老师留他，他不，他要去做他的专业作家。就在北大待了一年，比我高一个班。北大，大学不是培养作家的地方，也不是培养诗人的地方。作家和诗人是他有自己的天资，有天赋，再加上适当的环境而形成的。大学可以帮助他，使得这些作家和诗人比一般的作家、诗人更有水平。所以大学出来的作家都不一样。所以大学教育、北大教育使得我在理论的研究方面契合起来了。我从兴趣出发，从阅读诗歌到写作诗歌，到诗歌写作不成了又转回到理论，仍然保持了我的兴趣。

最近，我整理自己的图书，我发现自己还是很勤苦的。别看我这个人爱玩，喜欢美食，喜欢美景，其实我还是很用过一番工夫的。我最近看了下我找出来的笔记。那时候，没有这么发达，得到资料很难，拿到这本资料，古代诗歌，很多外国诗，很多诗歌理论，我都把它抄下来。我的笔记本，可以找到的几本，都是抄写的。现在看起来很容易得到的材料，但是，我是手抄的。做了很多的卡片，凡是与诗歌有关的卡片——古典的也好，外国的也好，都弄在了一块。抄卡片这个办法不知道大家现在还用不用，非常有用。百度我也知道，我一点杜甫，杜甫就出来了，一点《茅屋为秋风所破歌》，马上就点出来了，很便捷，但是跟手抄不一样。我劝大家年轻的时候，多做些这样的工作，就手抄。手抄可以练字，我们汉字不易忘记。现在，电脑使得我们字都不会写了，我这个学者我都不会写字了。这个字怎么写，马上查《新华字典》，哦，这个字是这样。因为长久不用就不知道字怎么写了，因为电脑代替我了。一个可以练字，一个通过抄写可以熟悉资料。这是功夫所在，可能很笨，现在快捷的时代，大家不再喜欢这个，但是我是这么成长过来的，就是抄卡片。刚才说的作笔记、抄卡片、剪报、归类，我的一些诗歌理论就是这么积累下来的，还有阅读。阅读，我告诉大家我读了多少——我现在敢于在新诗方面发表意见，我敢于这么自信，是因为我读过，真读了。在大学，我们六个研究诗集的同学，把北大图书馆新诗理论、诗集，装了一面包车，跑到北京和平里找了地方住下来，大家读。一面包车的诗集，这是50年代，诗集没有现在这么多，差不多中国现代诗和当代诗都搬过去了。我们读了，读了以后，就有发言权了。你说田间《赶车传》怎么回事？我读过，现在的人未必读田间《赶车传》。田间和艾青究竟是怎么回事？田间的创作是在什么时候？《赶车传》是怎么回事？赶车怎么"赶"赶到人民公社，最后赶到天上去了？我读过我敢讲，我敢讲就敢批评，批评就是评论。所以，我得到的经验就是，你没读过就不要讲话，你读过就可以讲话，对于文学评论而言是这样的。我好像是凭兴趣读书，但是兴趣到达后，我坚持了几十年。我坚持的是什么呢，就是诗歌评论，而且，诗歌评论中当然要有古典诗歌、外国诗歌，这是一个范围。我就攻一点——中国当代诗。这个阅读一直坚持到目下，不管是82岁高龄也好，"八零后"高龄也好，随便你怎么说，我还在读。这是兴趣。

我劝大家没兴趣就不要做了。你找自己有兴趣的事，坚持几十年。但几十年很漫长，坚持十年、八年嘛，可能兴趣再转换。有些学者就是这样，兴趣转换，转而做别的。我有个朋友严迪昌，他在苏州大学当教授，开始研究新诗，跟我一样。后来他转而研究清诗，在清诗他成了个专家，这可以转移。从中国新诗到清诗转移，这是很自然的，这很好。这个转换还是有道理的，不是从这个跳到物理学。当然有些天才是这样的，但是很少的。我觉得顺其自然地发展下去，但要坚持下去。功夫不靠天才，靠勤奋。我刚才讲的，剪报、作笔记、写卡片，通过自己这样书写的过程中积累下来的知识就变成你自己的了。现在有些速成，一下子一点就知道，写论文也这样。其实，我们老一辈不是这样做学问的，我不知道我们是不是变成老朽了，是不是显得很守旧了，不知道。但是我个人是这样做过来的。所以说，我不知不觉地成为一个读书人，不知不觉地成为北大教授，成为学者。这里头有许多的社会环境的组成，但是个人坚持还是很重要的。而且，不知不觉，这四个字看起来很轻松，但其实是很沉重的。包括少年时代，包括求学，包括认字，包括升学，包括后来的就业，强迫的阅读和自由选择的阅读结合起来，使得小有收获。

讲到了自己，再讲讲我的专业以外的事情，我的专业博士点是中国现当代文学的中国当代文学的方向，我做的大量工作是中国新诗史的研究和中国新诗的批评，特别是着重在当代诗歌方面。那么，一个人认准了一点，不是太枯燥了吗？不是太单调了吗？一辈子只做一件事情，对不起我们短短的人生。其实我有很多有兴趣的，除了新诗以外。我今天也跟大家披露一下。我常常感到我做得不够，我的精力不够用。其实，我对人类艺术、对建筑、对服饰、对音乐，包括对美食、烹调，我都有兴趣。但是，我的专业、教学、研究占了很多时间，没办法做这些事情。开句玩笑话，弄不好的话，我可能成为美食专家。我收集了很多菜谱，重要的饮食活动我都把它记下来。这些菜是怎么做的，拍下照片。其实这个学问可以做起来，不过要很花工夫，我现在没有这工夫。一个菜下来，它的原材料是什么，它的火候到什么地步，它怎么放配料，咸淡怎么合适，菜出来是什么样子的，这里面学问大了。何总以为我爱吃蚝，北京那边的朋友以为我爱吃肉，爱吃猪蹄、蹄膀。爱吃是个爱好，这样说名声好像不太好，但实际上我爱的是美食。我觉得这里面的学问很大，中式美食和西方菜完全是两个路子。西方菜是拼凑，当然它这里也有很多学问，它的香味出来，它用特别的香料把它泡制，或酒啊，或什么，但我们是没有的。它腌制后讲究样子，要配上东西，它乱配。而我们中国即使是土豆，土豆块、土豆泥、炸土豆、土豆条，都各有各的学问。我们的土豆烧牛肉是混在一块的，土豆里面有牛肉味，牛肉里面有土豆味，很像中国的中医，学问大着呢！我很惭愧，即使我只写面条，我也写不过来。中国这么大，这么丰富，要用我们一生去研究也研究不过来。所以有点遗憾。说是我的名声不好，好像是好吃。其实，我是看到了里头有学问。开始我们出版比较贫乏的时候，我是见一本菜谱买一本，现在还保留着，有几十册的菜谱。另外我有很多剪报，面条也剪，包子也剪，淮扬菜也剪，上海菜、本帮菜我也剪，但是没时间整理出来。

刚才我讲了这么多的学问，还有一个，我非常看重历史，越到年纪大了以后，我对历史书的尊敬甚至超过了文学。刚才我鼓吹的大家乱翻书。其实这个不全面，乱翻书是一个道理，但是精读书又是另外一个道理。有几本书，我是非常喜欢的，我告诉尹昌龙他们要读《万历十五年》。有一些书，我自己读了，我觉得非常好。像《第三帝国的兴亡》，过去我买的旧本，旧本是三卷本。写的纳粹怎么形成，各种大战是怎么进行，各种战役怎么介绍。作者的笔墨非常严谨，使用的史料非常严谨，这本书我是非常喜欢的。《史记》读起来很难，很难懂，语言距离也很多，但《纲鉴易知录》这是一部很好的书，是经常翻的书，珍藏在那。几大名著里面，年轻时喜欢《红楼梦》，年纪大了就喜欢《三国演义》，因为它跟历史有关。除了跟历史有关，因为它是演义，本身是野史，这里面的英雄气概、侠义精神，为了一个目标、一个信念，可以轻易舍弃生命，特别动心、深刻。所以说，人寿有时而尽，学海却是无涯，做不过来怎么办呢？留着兴趣慢慢享受。读书就是享受人生，享受阅读的快感，丰富自己的情感，用美好的心情面对生活，用美好的心情面对世界、面对社会。然后，通过我们自己的阅读感染更多的人，呼唤更多的人来阅读，我想，这也是深圳提倡读书，有个重大节日的一个初衷吧。我尽可能提纲挈领地把昨天晚上的思考告诉大家，大家看看我这不成功的人生当中的一点点阅读心得，大家能领会到我这种心得，我就很满意了。谢谢大家！

2014 年 11 月 29 日，在深圳书城讲书会第四期上的演讲

北大是一本读不完的书

　　谢谢你们邀请我参加这样隆重的迎新大会，我已经很久没有参加这样的大会了。大约六十多年前，那时的我和你们一样年轻，也是这样梦一般地开始我们青春幻想的生活。开学了，当时的系主任杨晦先生给我们训话，基本是两条：其一，我们中文系不培养作家；其二，你们要学好语言课。

　　先讲第一条，中文系不培养作家。说实在话，当年报考中文系的，并不知道什么文学研究，多少总抱着一种作家梦。这一盆冷水，且不说浇醒了包括我在内的许多人，首先把当年的青年作家刘绍棠给吓跑了。他 1954 年入学，不到一年就退学了。我们多数人是留下了。我上学时徒有诗名，其实那时我已清醒地知道自己不适合做诗人，一是缺乏才情，二是时代不对。但我们对杨主任的话听不进去，他要我们专心做学者、专家，《诗经》要从头到尾一篇一篇地读，告诫我们不要学姚文元、李希凡，不要被路边的野草闲花所招惹。杨先生知道我有诗人情结，不放心我，直到毕业留校，他还托人带话：告诉谢冕，要上套。"上套"是北方对从事劳动的骡马说的，即遵守"规矩"之意。

　　再讲第二条，我们入学时首行五年学制，当时中文系语言专家云集，系里给我们安排了许多语言课：王力先生的古代汉语和汉语诗律学，周祖谟和朱德熙先生的现代汉语，魏建功先生的音韵学，高名凯先生的语言学概论，袁家骅先生、岑麒祥先生、林焘先生等包括《方言学》在内的形形色色的语言课，我们的五年培养计划排得满满的，压得我们喘不过气。我们不满，告到系主任那边，杨晦先生答话很干脆："好好学，语言和文学是有机联系。"同学们仍然不解，我们年级最调皮的同学叫孙绍振，他在三角地贴大字报，画了一只大公鸡，公鸡的一只脚踩着语言，另一只脚踩着文学，标题是："有鸡联系"。

中文系培养不培养作家，中文系要不要学语言课，现在似乎都不成问题了，可在我们当年，实在是很纠结的问题。当然，随着我们学习的深入，作家梦、诗人梦也都逐渐淡漠，我们都先后自觉不自觉地"上套"就范了。我之所以重提这些话题，意在说明何为北大的传统，何为中文系的传统，推广一些说，想强调的是我所理解的北大精神。

北大建校至今已一百二十周年，一贯遵循的是蔡元培校长的立校思想，这就是："循思想自由原则，取兼容并包之义。"作为伟大的教育家，蔡元培不仅尊重和鼓励学生独立思考，而且强调在学期间要奠定厚实的专业基础，不仅如此，蔡先生还特别强调学生的全面发展，不仅是德育和智育，而且还有体育和美育。今天到会的还有范曾先生，他是北大画法研究院院长，他的研究院就是蔡元培时代的产物。不仅是画法，还有歌谣，还有足球，还有第一次招收女生，北大始终是开风气之先的地方。

说到不培养作家，这并非杨晦主任的独创，他是在秉承蔡元培校长的办学理念，北大要求有宽广的学术基础，想当作家的同学一进校就埋头写作，可能影响他在有限的时间打下丰博的学术根基，从而影响他未来的发展和贡献。这份苦心我们当年并不理解。至于我本人，在此种压力下，作家梦（或者叫诗人梦）只能就此断了念想。我热爱诗歌这种文体，我只能把诗歌作为一种爱好。但即使停留在业余爱好上，我还是遵循北大教育我的，倾毕生之力，做好自己喜欢的一件事。

中国的学术史上出现许多专才和天才，我不是。我遵循北大的要求，老老实实做一名学者，打基础，不断扩大和充实我的知识面。开始的时候做文艺理论，后来做现当代文学，再后来做诗歌，诗歌研究后来成了我的专业。诗歌的领域十分宽广，我只做中国诗歌；中国诗歌还是十分宽广，我只做现代诗歌；现代诗歌还是太宽广，我只做当代诗歌。一个人精力有限，除非像王国维、闻一多那样的天才，一般人一生能做的事很少。我认定，我的一生能做好一件事就是我的福分。这是北大教我的，后来我同样教给了我的学生：踏踏实实做一件事，争取在这个领域拥有发言权，这就要付出你的一生。前面我列举了中文系语言学上的许多权威，王力也好，朱德熙也好，魏建功也好，他们无不如此，为一种学问，付出毕生的努力。

北大是一本丰厚的书，我用一生的时间读它。我永远是北大的一名学生，我现在退休了，但我还在读它，我没有毕业，我是你们永远的同学。

2017 年 9 月 7 日于北京大学，这是在北京大学中文系 2017 年度开学典礼上的致辞

重铸一代风流

在北大文学讲习所建立的时候，我想起此前与这命名相关的两个机构。一个是 20 世纪 50 年代在北大成立的、以何其芳为所长的文学研究所；另一个是源自延安鲁艺、以丁玲为所长的文学讲习所。前者与北大关系密切，当时就是隶属于北大的。后者与北大虽无直接的亲缘关系，但因为是事关文学的，我们同样感到亲切。这两个文学机构，一个标明"研究"，一个事关"讲习"，都使我联想到今天我们建立的这个机构的任务和职能。望文生义，也许，如今这个挂靠在北大中文系的实体机构，它的诞生与存在离不开"研究"，也离不开"讲习"！

从学生时代到留校当教师，我可以说是北大中文系的老人了。我有自己的记忆。记得系主任杨晦先生明确说过：中文系不培养作家。他告诫我们要认真读书，不要被"路边的野草闲花"所诱惑。而且指名道姓地要我们不要学某某某和姚文元——这两人年轻就发表文章，很让中文系的同学动心。杨先生这么一说，就把那时已经入学一年的刘绍棠给吓跑了。我从汪曾祺的文章中读到，西南联大的罗常培主任，也说过不培养作家的话。这是老话，大家听听则可，也不必认真。

以我个人的见解，作家真的不是中文系能培养出来的。西南联大可以聘请沈从文当教授，但沈从文能成为作家，却非西南联大之功。禀赋、勤奋、丰富的人生阅历，理想与怀抱，加上敏锐的感受力、飞扬的想象力，以及丰富的表现力，使沈从文成为杰出的作家，因此也使他成为出色的教授。汪曾祺的情况也近似。我认识曹文轩的时候，他已经是作家了，他也不是北大中文系培养的，刘震云也不是。曹文轩或者刘震云的写作才能，可能与北大有关，更与他们自身的感悟、积累和修养有关。

但是，老北大、西南联大、现在的北大，从来都不拒绝作家，而且从来都欢迎作家。如今，不仅是北大中文系，而且还专门成立了文学讲习所，我们请莫言先生来指导我们的工作，是一个开头，我们更准备接纳更多的作家和文学爱好者到北大来。这动因，不是今日才有。我揣测，这一定是北大感到了一种庄严的使命和神圣的召唤：作为一所文、理、工、农、医、包罗万象的综合性大学，它所培养的学生不仅应当是德、才、体、美等方面十分健全，而且还应当是有着丰富的文学修养，使之最终拥有丰沛的人文精神。

新成立的文学讲习所也许承担不了培养作家的任务，但是它可以完全胜任提高作家素养和充分发扬作家才能的职能。未能成为作家的，使之接近和具备成为作家的条件和素质，已经成为作家的，在这里可以受到良好的训练，得到文学史和文学知识的提高和充实。从这个意义看，成立文学讲习所不仅没有违背杨晦先生的初衷，而且是发展了和拓宽了他的办学理想：不仅是中文系，而且是全体的北大学生，都要接受文学的教育。文学是一种"无用之用"的学科，但是文学作用于人的心灵。从梁启超到蔡元培，都在反复讲文学可以强国新民的道理。鲁迅和郭沫若先后弃医从文，也是感到了新时代要有新精神，而新精神的养成，则依靠新文学的传播。

作为后人，我们总怀想遥远的、惊世骇俗的魏晋风度，也总神往伟大的、博大恢宏的汉唐气象，岁月匆匆，百年忧患，我们甚至缅怀清末民初的悲凉与刚烈。一个时代有代表那个时代的精神气象。曹文轩经常强调文学的优雅和文学能够让人变得优雅。告别粗鄙，拥抱崇高，让我们培养的学生从学识、人格，直至举止、修辞都得到人文精神的熏陶，让我们成为不仅有知识、有教养，而且有风度的、优雅的一代学人。这也许就是孔子说的，"文质彬彬，然后君子"[1]的境界。

面对新的、伟大的时代，重铸一个景仰魏晋、光大汉唐，乃至接续清末民初的伟烈精神的、新的一代风流，这应当是北大期之未来的、久远的目标。而这，也是我的一个梦，一个对于今日北大的期望与憧憬的梦。

2021年5月4日，于北京大学中文系，这是在北京大学文学讲习所揭幕会上的致辞

---

[1] 语见《论语·雍也》："子曰：质胜文则野，文胜质则史。文质彬彬，然后君子。"［宋］朱熹《四书章句集注》，上海：中华书局，1983年版。

走在前列的身影

他引领了一门学科

1957 年，时年 24 岁的严家炎以同等学历考入北京大学中文系，成为攻读文艺理论副博士研究生，师从杨晦、钱学熙教授。不久，由于工作需要，他被改任中文系教师，从此开始了他的中国现代文学的教学和研究工作。1960 年严家炎为中文系 1957 级讲授中国现代小说课程。这一年，严先生完成关于《创业史》的第一篇论文，并发表在《北京大学学报》上。

往后数年，他被安排参加现代文学史教材的编写工作。开始协助主编改稿。在这些工作中，他一直是唐弢先生的有力助手。严家炎的才华、学养与能力得到导师的器重。1964 年《中国现代文学史》初稿近六十余万字完成。严家炎协助主编修改、重写、整理这些文稿。这一年，主编唐弢先生突发心脏病住院，严家炎接力主编未竟的工作。

这段时期，社会动荡，业务受阻。严家炎没有中断他的研究工作，在艰难中先后写出《关于梁生宝形象》《梁生宝形象和新英雄人物创造问题》等论文。严家炎因他丰厚的学识和优良的工作，为北大和学界留下深刻的印象。1989年12月13日，王瑶先生在上海病逝。1990年，在杭州举行的中国现代文学研究会年会上，严家炎以他杰出的学术贡献和影响力，接替去世的王瑶先生被选举为会长。

严家炎秉承唐弢、王瑶等一代宗师的学术传统，开始立足中国现当代文学的学术领域，由于他的勤勉和会心，他很快就赢得学界的承认，成为这一学科的标志性人物。他的务实求真的言行准则与北大学术独立、思想自由的立校精神相结合，引领着中国现当代文学学科以及北大中文系（他长期担任中文系主任）科研教学事业健康发展。

严上还要加"严"

严家炎有鲜明的治学风范。概而言之就是：严谨的求证，严密的表述，无处不体现着他严格的学术精神，也无处不发扬着他严正的言行立场。严谨、严密、严格、严正，一个"严"字贯穿他为人、为文、立论、行事的一生行止。我注意到，《严家炎文集》十卷的安排，第一卷不是写作较早的"知春"，也不是我们熟知的、最能体现他的治学精神的"求实"，而是不按照年代排列的系列的"考辩"文章。将"考辩"列为十卷之首，显然是作者特意安排并着意强调的。

《考辩集》收集了严家炎最重要的一批文章：中国现代文学的"起点"问题，新体白话的起源问题，所谓五四"全盘反传统"问题，《文学革命论》作者的"推倒""古典文学"问题，中国文学的现代性问题等。这些都是我们这些从业者耳熟能详的一般"不疑"的，或"人云亦云"的，甚而已是"定评"的问题。然而，严先生偏不，"从来如此，便对么"？他要寻根刨底，偏要在众人不疑，且多半有结论处提出疑问并锲而不舍地往深处开掘，从而寻求真相和真知。

举例说，关于中国现代文学的起点，都说起自"五四"，严先生认为"似有不妥"。他列举黄遵宪《老残游记》《孽海花》《海上花列传》，特别是陈季同小说《黄衫客传奇》的实践，提出现代文学的起点应当提前到 19 世纪 80 年代。他称自己的这一论断是他为现代文学史研究奠下的第一块"基石"。考辩成了严先生治学的重中之重，是他学问的前锋。关于严先生的治学与为人，年来谈论颇多，其实无须多言，用他的姓名即可概括。人们戏说他是"严上加严"，简而言之，即自始至终的一个"严"字。严先生告诉我们，做学问不能讨巧，必须下真功夫、苦功夫，必须严上还要加"严"。

严先生是最早、也最坚定肯定姚雪垠历史小说《李自成》的学者，他写出了长篇专论《李自成初探》。为此目的，他反复阅读原作，阅览《明史》相关部分，以及明末清初的诸多野史。没有充分的准备，严先生轻易不会发言，更不会下定论。"我尽量谨守着这样一条原则：让材料说话，有一份材料就说一分话，没有材料就不说话。"[①] 他的话坚定而自信，对于我们无疑有着极大的警策意义。

---

① 严家炎：《时代催生文学的现代化》，《文艺报》2021 年 6 月 21 日。

雍容中见奇崛

严先生为人儒雅、沉潜、思维细腻，平时语气轻缓。初识，往往给人以不苟言笑的印象。事实并非如此，这往后再说。先说治学，他对人、对己，尤其为文、立论都极为严苛。但他绝非四平八稳之人，有事实为证。柳青的《创业史》问世，舆论一片叫好。叫好的基点，在作者创造了梁生宝这一代表时代潮流的"新人"形象上。严先生经过认真阅读、思索，论定《创业史》中最成功的形象不是梁生宝而是梁三老汉。[①]20世纪60年代初、中期，中国文化界和学术界是什么氛围？过来人心知肚明。严家炎这篇文章的写作和发表，显然"不合潮流"。他的严肃的思考所体现的"学术"和"审美"精神，显然具有很大的挑战性。事实是，他的"学术"冒犯了"潮流"！在这点上，你可以说他"迂"，但我却读出了他令人起敬的刚正！

严家炎求实的学术精神，作为学者的勇气所显示的理论锋芒，就隐藏在他那有条不紊的和从容不迫的姿态中。这就是我们面对的严先生。他的学术行止远不止《创业史》这一端，它贯穿他治学的全过程：关于萧军批判，关于丁玲《在医院中》的辩证，关于巴金《家》的评价，以及他主张将鸳鸯蝴蝶派和旧体诗词入史，等等，均闪现着他坚定的理论立场。这种理论的锋芒，尤为突出地体现在他对金庸武侠小说的评价和定位

---

① 严家炎：《谈创业史中梁三老汉的形象》，《文学评论》1961年6月。

上。1994年10月25日，严先生在北京大学授予金庸荣誉教授会上致辞称："一场静悄悄的文学革命。"当日可谓"语惊四座"，而他坚持，证明他一旦认清了事实，他就有勇气不容置疑地、尖锐而果断地判断并立论。

始终前行的身影

严家炎在多次接受记者访谈中，总是对学术的前途充满信心：真诚永远不会老，"严寒"过去是新春。他的表面上严肃的叙述，内里却是充满温馨和热情。北大中文系在反右中有过一个"同仁刊物"事件，一份拟议中叫作《当代英雄》的刊物，几乎一网打尽全系的青年教师和研究生成为"右派"。时隔多年，严家炎不忘故人旧事。他为此写《五十七年前的一桩冤案》。这篇文章，严先生一改历来行文严肃的习惯，劈头就是："1956年，仿佛是个没有寒冬而只有暖春的年份。"这不是一般的抒情笔墨，严先生笔下饱含了沉重和忧思。当年这批青年才俊，正是受诱人的早春气象的鼓动而陷入苦难的深渊的！

除了大家熟知的"严上加严"，严先生还有一个绰号："过于执"，简称"老过"。"过于执"是当日流行的一部戏曲中的人物，指他遇事死板、固执。这正好"套"上了一个"严上加严"的严先生。"老过"在鲤鱼洲农场用皮尺"精密"丈量田埂高度的"事迹"广为流传，一时成为"美谈"。这不是"八卦"。说真话，先生有时行事是有点"执"，不是固执的执，而是执着的执。执着于他的文学信念，执着于他的审美理想，对此，他是分毫不让的。但一般行事他都没有"过"，说他过，是夸张了。鲤鱼洲逸事，他只是错把农事学术化了。我对严先生的总的评语是："执近于迂，终及于严。"我对他是充分理解的。

我与严先生在北大共事数十年，深知他是一个言必严、行必决的人。我从他身上不仅学到做学问的道理，而且学到做人的道理。那年风传严家炎要当北大的副校长了，我闻之大喜，私下里给他"下达"了就任后要做的"三项任务"。[①] 后来时局有变，副校长之议告停，我的"指示"也失效了。但我对严先生的信任不变。他在我们这些同辈人中，是最早在学问和事业上取得成功的人，我始终奉他为鼓励前进的榜样。在这篇发言的最后，我要仿效严家炎回想五十多年前那场冤案的笔调，写下我的也并非抒情的结束语："公元某某某某年，仿佛是个没有暖春而只有苦夏的年份。"这一年的夏天出奇的热，一个坚定的身影，行进在一支队伍的最前列！

我们尊敬的严家炎先生，他在学术和事业上走在队伍的前列，也在人生和社会责任上走在队伍的前列。致敬始终勇敢前行的严家炎先生。

　　2021年10月10日于北京大学中文系，10月16日改定，这是在严家炎学术思想研讨会上的发言

---

　　① 此乃戏言，却是真意。三项任务者，一立，二破。一立，在校园为马寅初先生立铜像；二破之一，拆除未名湖边大烟囱；之二，撤校园门卫（此前北大未设门卫）。

青春万岁

亲爱的来宾，亲爱的朋友，亲爱的老师们和同学们，尊敬的女士们和先生们！谢谢你们组织了这次聚会，谢谢你们莅临这个盛会，你们来自中国和世界的各个地方，你们为一个平常的生命和它辛苦而又坚持的人生祝福，你们的友谊和温情使我蒙受着春天般的温暖。真诚地谢谢你们！

2022 年已经把大部分的时光留在了我们身后。2022 年到来的时候，我收到一份礼物，彩绘的一品红，鲜艳的红，带着露珠，题目是："青春万岁"！我喜欢这礼物，更喜欢它的题名，它使我想起一篇标题相近的文章。民国五年，公元 1916 年，原先的《青年杂志》由沪迁京，落户北京大学，改名为《新青年》。陈独秀先生作《新青年》一文以纪其事。这一年，27 岁的李大钊发表《青春》长文 [1]：春日载阳，东风解冻，远从瀛岛，反顾祖邦，肃杀郁塞之象，一变而为清和明媚之象矣。他呼唤"青春之民族，青春之国家"，"进前而勿顾后，背

---

[1] 李大钊：《青春》，《新青年》第 2 卷第 1 号，1916 年 9 月。

黑暗而向光明，为世界进文明，为人类造幸福"。

李大钊在文中吁呼的青春中国的远景，已经成为我毕生的理想和追求。人生很短，生命无常。事业也好，写作也好，一般都难以永存，包括一个人的生命。世间万物，春秋代序，无非总是一个过程，称得上"万岁"而能长存的，也许唯有前面提及的"青春"二字。我从童年开始就与战乱为伍，青春年华被无情的岁月所吞噬。曾经有一首诗寻找丢失在草地上的钥匙^①，而我和我们这一代人则是丢失了青春，而且在漫长的岁月中寻找青春。

接连的战乱和无休止的动荡，剥夺了我们的青春，剥夺了生活的宁静，也剥夺了正常的工作和自由的思考。就我个人而言，我的青春是人到中年才开始。我珍惜这迟到的青春，为此，我竭力争取这时代给予我的难得的机缘。我希望我所拥有的日子都充满"清和明媚"的青春之气。亲爱的朋友们，谢谢你们对我的祝福。我希望我把现在的年龄倒过来读，我希望我是永远的十九岁！我要和你们一起祝愿"进前而勿顾后，背黑暗而向光明"，为人类友爱，为世界和平，为社会进步，为家人健康幸福，永远一起默念"青春万岁"！

2022 年 4 月 9 日于北京大学，2022 年 11 月 6 日定稿。

这是 2022 年 11 月 6 日北京大学研讨会上的答谢词

———————

① 梁小斌:《中国我的钥匙丢了》。

一个穷孩子进了贵族学校

校长、老师、来宾们、同学们，大家好。回到母校特别的兴奋，因为这是我度过少年时光的地方。1945年，二战结束，日本人投降，我们庆贺抗战的胜利。就是那一年，我结束小学阶段，进了我们的学校。我的小学，是在这附近的一所小学，如今的麦顶小学亦即当年的独青小学，最后是在仓山中心小学度过的。小学毕业我开始了中学学习。我进了我们学校，当时叫私立福州三一中学。我进这个学校很不容易，为什么呢？因为，这是当时英国圣公会办的学校，三一中学是贵族学校。穷人家里的孩子，进不来，再加上当时物价不断地攀升，钞票不值钱，学校交学费需要用实物大米交。你想想看，我们朝不虑夕，吃了上顿，没下顿，哪有能力用几百斤的大米来交学费？那个时候，老师们也很苦，拿不到薪水。拿不到薪水怎么办呢，就从学生的学费中，分一些大米，聊以度日。以我家的经济状况，我怎么进的这所学校呢？我要感谢我的小学老师，今天我要向大家介绍这个老师的名字——李兆雄先生。

李先生在仓山中心小学任教，教我们唱歌、教我们语文。

唱歌呢，唱很快乐的歌，有时也唱进步的歌，如《山那边哟好地方》《你是灯塔》之类。有时候也唱一些圣诞歌、圣歌。李先生是一位很虔诚的基督教徒，他用基督的爱心，来抚慰我们这些年轻的、受伤的心灵。小学毕业了，前途茫茫。李先生就用他的爱心帮助了我，他通过他的大哥李兆铨先生（李兆铨先生是三一中学的校董）帮助我进了三一中学。学校规矩，校董可以"批条子"，减免一些优秀学生的学费，当然不能全免，如果学费需交大米 100 斤，他给我减免 40 斤，我交 60 斤。我就是这样进学校的。也就是说，李先生帮助我这个穷孩子进了贵族学校，我一个穷人的孩子，我能够进这所学校，享受良好的教育，我感谢学校的博大胸怀，感谢它接受了我。

刚才我们校长、党委书记都说过，这个学校是很开放的，是主张自由独立的。大家想想，1945 年以后，到我离开学校的1949 年，中国的局面是怎么样的？方生未死之间，黑暗与黎明交会之时，我作为一个少年，我一心向着革命，我要告别黑暗，我要追求光明。学校是教会办的，教会学校希望我们信基督，但学校没有强迫我们信教。它给我们自主选择，我那时选择了革命，我选择了走向解放战争的前线。

这个过程说起来，很复杂，但是对我来说当时是度日如年。一个学期下来，我的成绩还不错。三一中学办学照搬英国的那一套，宽进窄出。一个班级从入学到毕业，有严格的淘汰。初一甲班，初一乙班，初一丙班，180 人。按成绩高低排序。甲班第一名，就是全年级的第一名；乙班第一名，就是全年级的第 61 名；丙班第一名，就是全年级的第 121 名。每一学年按学生的实际成绩重新排序。我的学习不算好，还算努力，我总是在前面，甲班的第一名不敢想，福州话，叫头名哥，头名哥很不简单，全年级最高的，我不够格。我只能在第8名到第11名之间游移。我在学校是好学生，听老师的话，努力学习。但是我数学不好，数理化都不好。我就喜欢文学，热爱文学，想当文学家。我要感谢文学、感谢诗歌，它让我学会什么是美好的人生，什么是光明的前途。我是在语文老师、在诗歌和文学的鼓舞下，努力学习，健康进步的。

当然，我作为三一中学的学生，严格地说是不合格的。第一，外语不好，英语是第一语文，我没学好；第二，足球是三一中学的特长，但我不会踢足球。学习偏科，外语又学不好，这学生就不算好学生。但是我喜欢文学，我感谢文学和诗歌，引导我们走正确的人生道路。在我困难的时候，它鼓励我。所以，我在人生的成长过程当中，要对"五四"以来的先辈，一个是巴金先生，一个是冰心先生。他们始终是我的精神导师。巴金先生的《家》《春》《秋》，你们看过没有我不知道，也许你们不会喜欢，但是他教我怎么反抗旧社会、怎么反抗黑暗、怎么追求自由光明。冰心先生呢，她是福州人，我和她是同乡加同宗。她教我怎么爱，爱家乡、爱祖国、爱友谊、爱亲人、爱朋友、爱母亲。这两位前辈，是引导我人生的启蒙老师。

我在三一中学，度过的日子前后有四年。首先，要感谢学校的博大胸怀，她容纳我这个思想好像有异端的学生。我不信宗教，但是我爱上帝，我尊重上帝。但是那时我崇尚的是革命。也许你们听起来很幼稚，但是，黑暗中国，需要一代青年走向前线，为告别黑暗、追求光明而奋斗。我选择这条道路，我不后悔。我觉得，这是三一中学教我的，给我一个追求自由的心灵、给我一个自由选择。我在北大也是教文学的，今天到会的有我的同事和朋友，有我的博士学生，我比他们年长，他们都是我的学生辈，他们也都在为诗歌和文学做贡献。但是，我觉得人生道路是需要老师来引领，引领我们向上，引领我们进步。我的一个孙女，在英国念的中学，经常一个人在外面，我给她的微信就三个词：安全、健康、快乐。今天我要与你们分享。学习的事，当爷爷奶奶的管不了。他们自己能够自主学习，所以，我就只讲安全、健康、快乐。我今天也把这个话，送给大家。

当然我作为一个老师，我希望大家学习不断地进步。老师教你们的，你们要努力学习。不一定要争取"头名哥"，学习好了就行。不一定要第一名，也不一定要北大、清华。很多学生差一分进不了北大，很懊丧，没有必要。许多学校都很好。不一定非北大清华不可，北大清华就那么大，大家都去，不可能，差半分都不行。所以不要这样。努力学习就可以了。

但是，我要告诉大家的，热爱文学，热爱诗歌，更重要的是热爱生命。为什么我说要安全呢，你们在家附近上学，也要注意安全。注意来往车辆，要爱护自己的身体。要使得自己健康。能够抵抗非典，能够抵抗现在的疫情，要有健康的身体才能快乐。要很快乐地进行学习。这是我的人生哲学。无非就是6个字，健康、快乐、安全。学问的道理很多，同学们将来的路还很长，要把握个度。你们做什么不要紧，要对社会有贡献，对社区、对人群有贡献就好了，你们的理想不一定是要做什么了不起的人物。

我们每个人都了不起，我们把自己做好，就是对社会的贡献。回过头来，说到学校，三年疫情，大家在这里都是一会儿阴一会儿阳、阴阳多变、阴阳交替。好端端的生活，被疫情打乱了。我今天回到学校，我庆幸我居然活下来了。活下来不容易，我的一些朋友都倒在路上，都告别了我们。我们活着，就要珍惜。这是因为，我们健康、我们快乐。我们有健康的身体，快乐的心情，面对各种灾难。

我这次回来，看学校有很大的变化。这三年，我们在疫情当中，在廖书记的领导下，居然把外面的展示厅弄起来了，我特别欣慰。因为，这是要延续、拓展三一中学的百年历史。三一中学是五口通商以后建成的，外国人进来，办医院，办海关，做商贸，办教育。福州的南台、仓前山地区，一个三一中学，英国人办，一个英华中学，美国人办。还有女中，像毓英中学、陶淑中学等。我们三一中学和英华中学是男校，见不到女孩子也好，专心学习，不分心，也很好。

外国人进了中国以后，带来了西方文化，西方文化对我们是陌生的。我们有很悠久的丰富的东方文化，他们没有。那西方文化，我们也没有。我们需要向西方学习，学习先进的科学技术，来充实我们自己，来壮大我们自己。所以，我们三一中学（福九中），最后改成福州外国语学校。

外国语学校有法语班、英语班、德语班、日语班、西班牙语班，我今天和廖书记说，还要办阿拉伯语班，她说在考虑，这里还有印尼语班等。这个就是延续了三一中学的传统，把教育工作，做得更加的自由、开放，更加的丰富多彩，使得我们中国人走向世界，能够和世界的先进文明和先进文化，并肩前进，共同创造人类美好的未来。

我要跟大家说的，也就是这一些。这些都是我这一生的经验。学问是要做的，要做好学问是要努力去做的。但更重要的是，同学们身体一定要好，心情一定要好。快乐健康，健康然后快乐，快乐才能健康。出门在外，路上行走，包括自己的各方面都要安全。老师都是教你们语文、数学，都是科学技术；我作为一个老人，我教你们的是这个。大家前途远大，也许会遇到很多的困难，但是我遇到的困难，不比你们少，我过来了。你们今天不知道什么叫饥饿，我知道。你们不知道什么叫母亲的眼泪，我知道。母亲的眼泪是什么呢，这一天全家的饭都没有了，明天怎么过，流眼泪。现在没有这样的母亲了，母亲有笑容，母亲会给你们非常好的东西，非常美的衣服给你们穿，非常精美的食物给你们吃，这是你们的幸运。

一百年了，中国从非常贫穷的状态，到今天非常富有的状态。我们要珍惜这一切。我们要用自己微薄的力量，为这个社会，更加进步，更加光明，我们全体人民更加快乐，而奋斗。谢谢大家。

　　2023 年 6 月 14 日，于福州外国语学校，苍山故地，这是在福州外国语学校欢迎会上的即席发言

2